デジタルマーケティング大全

新時代の
ビジネスモデルを
切り拓く

東京工科大学教授

進藤美希

[著]

東京 白桃書房 神田

序　文

Boldly go where no man has gone before.
人類未踏の宇宙へ，勇敢に出発しよう。

Captain James T. Kirk，by Gene Roddenberry（1966）*Star Trek*

　私たちを取り巻く社会やビジネスは，大きく進化している。デジタル技術の発展は，これまでにない広範な影響を人々に与えている。

　本書は，デジタル時代に，新しいビジネスを立ち上げようと挑戦する，ビジネスパーソン，マーケター，学生，研究者，生活者のためのものである。日々変化する環境にあって，どのように新しいビジネスに挑戦していったらいいのか，自分の生活はどう変わっていくのかといったことに，関心を持つ方々に，ぜひ読んでいただきたい。

　本書では，デジタルマーケティングの体系を提示する。そして，デジタルマーケティングを進める上で必要な，デジタルトランスフォーメーションとデジタル技術について紹介する。デジタルマーケティングの実際については，製品開発方法や広告の方法，生活者とのコミュニケーションの方法や新しいメディアの活用方法，コミュニティの運営などについてくわしく説明していく。

　日本のデジタル化，デジタルトランスフォーメーション，デジタルマーケティングは，他国と比較して立ち遅れた状況にある。本書を通じて日本のデジタル化の推進に貢献し，日本経済復活の一助になることを願っている。

　この本はどこから読んでもよいように構成されている。目次をご覧いただき，ご自分に関係が深い章や，興味をひかれた項目から，お好きに読み進め，ビジネスや研究に活用していただければと思う。

　本書は，最新のデジタルマーケティングについて，わかりやすく解説して

いるが，同時にそこにある深さや複雑さを損なわない説明を心掛けた。表面的な流行にとらわれることなく，理論，歴史，技術，最新の研究成果を踏まえて，デジタルマーケティングの本質に迫っている。

　また，本書には，さまざまな企業等についての具体的なケース（事例）を多数掲載した。デジタル時代のビジネスの現実にふれ，ご自分のビジネスの進め方についてのヒントを得ていただけるだろう。

　本書が最終的にめざしているのは，読者の自由な構想と，未来への意思を加速させることにある。デジタル時代のビジネスにおいては，既存の枠組みをとりはらい，限りなく自由に考え，未来への意志を持って前進することが，成功の鍵であるからだ。デジタルマーケティングとは，それを手助けする仕組みや方法論ということができる。

　そこで，本書では，デジタルマーケティングを以下のように定義しようと思う。

　「人々が，自由な構想のもと，未来への意思を持って，デジタル技術を活用して，新しい価値創造の仕組みを作り，そこで創造したさまざまな価値を，社会に伝え，他の人々と共に進化していくことをめざす，マーケティング活動」

　そして，デジタルマーケティングを以下の公式で定義する。

　デジタルマーケティング＝構想×未来への意思

　デジタル時代においては，既存のビジネスが破壊され，市場からの退場が加速する。その一方で，デジタル技術そのものを生み出し，またそれを活用して新しいビジネスモデルを作り上げていく人々も登場する。この挑戦を行う上で，根本的に大切になるのが，「構想×未来への意思」である。あなたは何をしたいのか。どのような未来に向かって進んでいきたいのか。世界をより良い場所とするために何ができるのか。こうしたことを，意思を持って構想し，具体的にまとめることが，デジタルマーケティングの第一歩となる。

　それから，デジタル技術を活用して，新しいビジネスモデルを作って，生活者をまきこんでいこう。

　従来のマーケティングでは，ターゲットを選定し，ターゲットにふさわしい製品を大量に提供して効率化をはかることが重視されていたが，デジタルマーケティングでは，全く違う発想でビジネスを展開する。生活者との関係も，企業から生活者へメッセージを一方的に発信するといったものではなく，コミュニティを活用して双方向のコミュニケーションをとるものに変化する。

　以上のように，ビジネスやマーケティングの方法は大きく変化した。変化の激しい時期は，足元がゆらぎやすい，不安な時期ということができる。反面，新しいチャンスに満ちた，すばらしい時期ということもできる。

　勇気を持って未踏の宇宙に出発すれば，新しい世界を切り開くことができるだろう。

　本書の構成と概要について述べる。

　本書は3部から構成されている。

　第1部では，デジタルマーケティングの仕組みについて記す。デジタルマーケティングのフレームワーク，技術環境，デジタル経営戦略，ビジネスモデルとイノベーションについて考察する。

　第2部では，デジタルマーケティングを推進する具体的な方法について述べる。デジタル時代の製品戦略，価格戦略，流通戦略，広告戦略，ブランド戦略を扱う。

　第3部では，デジタルコミュニケーションを推進する具体的な手法について述べる。コミュニティやメディアのあり方について論じると共に，ソーシャルグッドを，デジタル技術を用いてどう実現するかについて考える。

目　　次

第1部　デジタルマーケティングの仕組みを知る

第2部　デジタルマーケティングを推進する

第3部　デジタルコミュニケーションを推進する

第11章　価値の伝達：デジタルコミュニケーション　203

第12章　コミュニティを活用する：デジタルコミュニティ　227

第13章　メディアを活用する：デジタルメディア　239

デジタルマーケティングの
仕組みを知る

第1部の概要

　第1部では，デジタルマーケティングの仕組みについて記す。

　第1章では，デジタルマーケティングのフレームワークについて述べる。ここで，本書で考えるデジタルマーケティングの定義とフレームワークを示し，本書全体の見取り図を示す。次にインターネットマーケティングからデジタルマーケティングへの変貌について議論する。デジタルが，既存のビジネスを破壊していく事例についても吟味する。

　第2章では，どんな技術環境にビジネスパーソンが直面するのかについて見ていく。具体的には，プラットフォームとなるインターネットについて確認したあと，ソフトウェア，AI（人工知能），IoT（Internet of Things），ビッグデータ，について考えていく。

　第3章では，デジタルトランスフォーメーションを実現するための，デジタル経営戦略について見ていく。そもそもデジタルトランスフォーメーションとは，何であるのか，それを起こしたいと思った場合，何から考えればよいのかについて述べる。

　第4章では，価値創造の仕組みを作るための，ビジネスモデルとイノベーションについて議論する。デジタルマーケティングの成否は，ビジネスモデルをどう設計し，どうイノベーションを起こすかにかかっている。新しいアイデアを実現可能にして利益を生み出すビジネスの基本構造，すなわちビジネスモデルの設計について詳述したあと，イノベーションについて考察していく。

第1章

デジタルマーケティングのフレームワーク

Ch-ch-ch-ch-changes
　　Turn and face the strange
変われ
　　振り返って未知のものに向き合え

　　　　　　　　　　　　　David Bowie（1971）"Changes"

はじめに

　デジタルマーケティングは，つねに発展し続けている分野であり，確立した分野ではない。体系化も完成しておらず，定義もさまざまである。そのため，デジタルマーケティングに関心を持つ人はそれぞれ自ら考えていかなければならない。体系や定義については，技術や時代の速度が速すぎるために，この先も，決定的なものが出てくるとは考えにくい。

　しかし，見取り図は必要だ。そこで，この章では，本書で考える「デジタルマーケティング」について，定義することからはじめて，デジタルマーケティングのフレームワークについて述べる。これはそのまま本書全体のガイドとなるだろう。

　続けて，「デジタル」と「マーケティング」の意味と歴史について見ていく。また，「インターネットマーケティング」と呼ばれていた領域が「デジタルマーケティング」に進化した理由について考察するとともに，「デジタルエコノミー」「デジタルディスラプション」について解説する。

信サービスの発展により，以前は街のあちこちに見られたリアル店舗のレンタルビデオ店がなくなったようなことが例として挙げられる。こうしたデジタルによる破壊現象は「デジタルディスラプション」と呼ばれる（総務省，2021）。

　デジタルディスラプションによって，市場から退場させられる企業がいる一方で，デジタル技術そのものを生み出し，またそれを活用して新しいビジネスモデルを作り上げようと，果敢に挑戦する企業も生まれている。この挑戦を行う上で，根本的に大切になるのが，「構想×未来への意思」である。自分たちは何をしたいのか。どのような未来に向かって進んでいきたいのか。人類の未来にどのように貢献できるのか。世界をより良い場所とするために，自分たちは何ができるのか。こうしたことを，意思を持って構想し，具体的な理念としてまとめることが，デジタルマーケティング推進の第一歩となる。

　デジタル時代にふさわしい構想を持ち，理念を設定したあとは，企業のあり方のすべて，すなわち，人材，組織，戦略等を根本的に考え，設計する作業が必要になる。その際，忘れてはならないのが，「デジタル技術」を本業で，社内で，また，社外で，コミュニティやメディアで，どのように活用するかについての戦略策定である。前述したIoTをはじめ，AI（人工知能）なども最大限活用する必要がある。それにより，先端的なITシステムを社内外で構築，活用できるようになり，斬新なビジネスが展開可能になって，企業は大きな変化を経験する。このような変化は，「デジタルトランスフォーメーション」と呼ばれる。Stolterman and Croon Fors（2004）は，デジタルトランスフォーメーションを，「人間の生活のさまざまな面において，デジタル技術が引き起こし，影響する変化」と定義している。

　次に，企業は，デジタルトランスフォーメーションしたビジネスにふさわしい，新しい「仕組み」を作ることになる。デジタル技術は公開・標準化されているものも多いので，製品などの差別化だけでは競争に打ち勝つのが困難な場合がある。そこで，簡単に他社に真似できない競争優位を作り出すため，ビジネスの基本構造，すなわち，ビジネスモデルで差別化する必要がある。次に，モデルを基に，必要な構成要素を組み立てて，その実現形を示し

たビジネスアーキテクチャを設計する。このような仕組みを整えることで，企業は，イノベーション，すなわち，技術や仕組みの革新を，意図的に，かつ，継続的に起こすことができるようになる。

革新的なビジネスモデルと，イノベーションを起こす仕組みができたところで，「マーケティング」のあり方を進化させ，価値の可視化をはかる。マーケティングマネジメントを行う際には，伝統的なマーケティング，すなわち，製品（Product），価格（Price），流通（Place），広告（Promotion）を重視したマーケティングを推進するが，それぞれの中身はデジタル技術を活用して進化したものになる。

最後に，作り上げた価値を伝達する「コミュニケーション」を行うフェーズに入る。企業と社会をつなぐ役割を果たすプラットフォームとなるのは，メディアとコミュニティである。メディアとしては，テレビ，新聞，雑誌，ラジオなどの伝統メディアも重要であるが，現代の主軸メディアはインターネット，特にソーシャルメディアとなる。インターネット，ソーシャルメディアにおいては，これまで発信の場を持てなかった一般の人々，「生活者」からの発信が可能である。そのため，企業と生活者は双方向のコミュニケーションが可能になる。

コミュニティとは，どのようにつきあっていったら良いだろうか。伝統的な地域コミュニティも重要であるが，主軸のコミュニティは，インターネット上のコミュニティとなる。インターネット上のコミュニティを主催するのは，企業やクリエイター，プロフェッショナルたちの場合もあるが，一般の人々，生活者である場合も多い。生活者はコミュニティを通じて発信し，企業と共に新しい文化を作り上げていく。

こうした一連の活動が，デジタルマーケティングである。

上記で，本書で考えるデジタルマーケティングについて述べたが，説明が必要な言葉もあったように思う。そこで，上記で何気なく使ってしまった，「デジタル」「マーケティング」などの用語について次に解説していこう。

1-2　デジタルとは何か

　デジタルマーケティングという言葉を構成する前半の言葉，「デジタル」とは，何を意味するのだろうか。英語のデジタルという言葉は，15世紀に使われていた，指やつま先を示す語が語源とされる。現代的な意味のデジタルは，数字0および1の系列として表される信号，データを意味し，「アナログ」という言葉と対比して用いられる（Oxford Dictionary, 2021）。アナログ的な表現では，ある情報を連続量として表すのに対し，デジタル的な表現では，ある情報を離散的に表すことであるともいえる（蔡, 2021）。このデジタル的な表現に基づく技術がデジタル技術である。デジタル技術を使うことで，コンピュータや，ネットワークなどは大きく進化した。さらに，現代では，このデジタル技術がビジネス，マーケティング，産業に適用されて，進化を促している。

　なお，ビジネスなどにおいて，「デジタル化」というとき，英語ではdigitization と digitalization の2つの言葉が想定される。前者の digitization はアナログな形式をデジタルな形式に置き換えることを示し，後者の digitalization はビジネスモデルの変革のためにデジタル技術を活用し，新しい価値創造の機会を生み出し，デジタルビジネスに移行するプロセスであるとされている（今井, 2020；Gartner, n.d.）。

　また，「産業のデジタル化」というときに，具体的には何を意味するかについて，根来（2019）は，それは，

(1)モジュール化：インタフェースを標準化することによって，個々の部品を独立に設計可能になること

(2)ソフトウェア化：駆動する部分の制御が人と機械的仕組みで行われるのではなく，ソフトウェアによって行われること

(3)ネットワーク化：すべてがネットワークにつながること

　という3つの要因に分解できると述べている。そして，この3つにより，産業が，階層に分かれ，分かれた階層にそれぞれの担い手が生まれ，さらには，階層を支配する独占的なプラットフォーム事業者が出現したと指摘している。

1-3　マーケティングとは何か

デジタルマーケティングという言葉を構成する後半の言葉,「マーケティング」とは, 何を意味する言葉だろうか。マーケティングという言葉は,「営業」「販売」「流通」という意味だという誤解を受けることが多いが, そもそも最初から, そのような狭い意味でこの言葉が使われてはいなかった。

マーケティングという概念が登場したのは20世紀初頭のアメリカである。この時代, アメリカでは, 資本主義経済の急激な発展がおこり, 自動車会社のフォード, 化学会社のデュポンなどの大企業が誕生しはじめた。その中でさまざまな問題がおこった (ショー, 1992)。

これらの問題への解決策を20世紀初頭において提示したのが, マーケティングの父ともいわれるショーであった。ショーは, 企業活動を科学的に研究し, (1)原材料の形態を変化させる生産活動, (2)商品の場所と所有を変えるマーケティング活動, (3)生産活動およびマーケティング活動を支援・補完する促進活動に分類した。そして, マーケティングにおいては需要の創造が重要であることを示した (ショー, 1992)。

歴史的に見て, マーケティングという言葉を定義しようという試みはいろいろある。その中で代表的なものをいくつか挙げておく。

「マーケティングは製品を創造し (中略), 顧客のニーズを満足させる」(Levitt, 1960)

「マーケティングの理想は, 販売を不要にすることである」(ドラッカー, 2001)

「マーケティングとは, 企業および他の組織がグローバルな視野に立ち, 顧客との相互理解を得ながら, 公正な競争を通じて行う市場創造のための総合活動である」(日本マーケティング協会, 1990)

「マーケティングとは, 顧客, 得意先, パートナー, 社会一般にとって価値ある提供物を, 創造, 伝達, 配送, 交換するための活動であり, 一連の制度, プロセスである」(American Marketing Association, 2013)

マーケティングの定義はさまざまであり, 時代によっても変わっていることがわかる。

　次に，マーケティングのフレームワークがどのように変わってきたのかについて述べる。

　つい最近まで，主流だった，「伝統的な20世紀型のマーケティングのフレームワーク」では，自分の会社がどんな製品を発売したいかを最初に考えるのではない。所属する業界にはどんな企業がいるか，その競合状況はどうなっているかを考え，それから，自分の会社が参入できそうなポジションを見つけて，どんな製品を出すかを決め，顧客に提供する，という手順を踏んでいる。つまり，他社との比較，分析を中心においたマーケティングである（図1-2）。

　このマーケティングのフレームワークを代表する研究者は，コトラーである。デジタル時代を迎え，そのコトラー自身が，新しいマーケティングのフレームワークを，時代に合わせて，何度も提示しつづけている。2022年現在で，1.0から5.0まで，改訂が行われている。

　まったく違った方向からのアプローチもある。経験経済のもとのマーケティングである。経験経済の概念は，パインとギルモア（2000）が提案したもので，彼らは，20世紀型のサービス経済から21世紀型の次世代の経済的発展段階への移行は，「経験を提供すること」で可能になると主張した。ここでいう「経験」とは過去の体験という意味ではなく，顧客が感じる身体

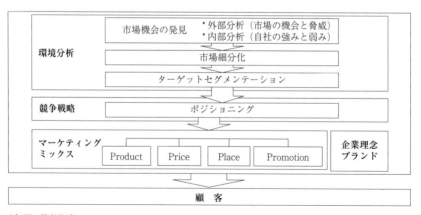

（出所）著者作成

図1-2　伝統的な20世紀型のマーケティングのフレームワーク

的・精神的・美的な感動や共感を指す。感動を与える経験に対して，人は進んでその代価を支払う。こうした経済行為が，21世紀経済においては重要になるという指摘である。背景には，大量生産・大量消費経済から，知識や創作を中心とする知識経済へ移行しつつあるという変化もある。

　次に，「インターネットマーケティング」のフレームワークについて紹介しよう。インターネットが広く活用されるようになって，1990年代後半から，マーケティングでもインターネットの活用を重視するようになった。

　たとえば，ハンソン（2001）によるインターネットマーケティングの提案がある。ハンソンは，インターネットマーケティングの基本的フレームワークとして，DNI（Digital, Network, Individual）を提示している。Dとは，デジタル技術のことであり，コミュニケーションコストを低下させ，コミュニケーションの質的変化（双方向，リアルタイムのコミュニケーション）をもたらすものである。Nとは，ネットワークのことであり，多くの人が，アクセス可能なネットワークにおいて，相互交流を享受し，バーチャルバリューアクティビティ（virtual value activity）を展開することができる。Iとは，個別対応のことであり，ネットワークが企業と顧客とをダイレクトに結びつけることにより実現する。

　インターネットマーケティングのもうひとつの提案として，進藤（2009）の提案がある。進藤は，インターネットマーケティングを，「基盤となるインターネット，コンピュータ技術に基づき，価値創造の仕組みを作り（ビジネスモデルの設計，イノベーション），創造された価値を顧客に提供するために可視化して，メディアを通じて顧客やコミュニティに提供する仕組み」，と定義した。

　これらの時代を経て，マーケティングは，インターネットマーケティングから，さらに，デジタルマーケティングへ発展していくことになる。

1-4　インターネットマーケティングからデジタルマーケティングへの変貌

　インターネットはすでにデジタル技術を活用していたのに，なぜ，2010

年代ころから，「インターネットマーケティング」ではなく，「デジタルマーケティング」という言葉が多くの人に使われるようになったのだろうか？

　1つ目の理由は，デジタルという言葉が広く，日常的に使われるようになったからである。

　2つ目の理由は，デジタルによる創造的破壊が社会のいたるところで進行し，デジタルトランスフォーメーションが企業などにとって喫緊の課題になったため，マーケティングでもデジタルという言葉を使うほうがふさわしいと考えられるようになったためである。

　3つ目の理由は，インターネットのようなサイバーワールドからだけでなく，物理世界，すなわちフィジカルワールドからも，マーケティングデータを得られるようになったからである。インターネットだけでなく，より広い世界からデータを得られるようになり，リアルタイムに，多様なデータが入手できるようになった。さらにAIなどの新しい技術も活用できるようになり，さらに多様なデータが活用できるようになった。そのため，インターネットマーケティングという言葉が示す限定的なイメージよりも，デジタルマーケティングという言葉が示す広範なイメージのほうが適切となった。

　4つ目の理由には，顧客と企業をつなぐメディアやコミュニティがさらに進化したことが挙げられる。インフラストラクチャを想起させるインターネットという言葉よりも，コミュニケーションの含意が強いソーシャルメディアという言葉のほうがビジネスやメディアで多用されるようになり，インターネットという言葉がマーケターの関心からはずれてきた。

　5つ目の理由は，インターネットが，巨大プラットフォーム企業によって独占されるようになり，昔のインターネットが持っていた自由な空気が薄れたため，インターネットという言葉より，無色透明な言葉であるデジタルが使われるようになったためである。

　以上のように，「インターネットマーケティング」よりも，「デジタルマーケティング」のほうが，用語の指し示す範囲は広くなり，多様な領域を含むようになった。しかし，実のところ「デジタルマーケティング」という言葉を，多くの人が使うようになった本当の理由は，新しいマーケティング用語が必要になったからではないだろうか。フレッシュな用語を使い，看板をか

けかえることで，新しい時代の気分を味わうことが大事だったということは指摘できる。

　さて，以上のようにインターネットマーケティングはデジタルマーケティングという言葉に置き換えられ，進化した。

　では，デジタルマーケティングは，本書以外では，どのように定義されているのだろうか？　いくつかの定義を紹介しよう。

　Chaffey and Ellis-Chadwick（2019）は，デジタルマーケティングを，「デジタル技術とメディアを活用してマーケティングの目標を達成すること」と定義している。

　Kannan（2017）は，デジタルマーケティングを，「企業が顧客やパートナーと協力して，すべての利害関係者のために価値を共同で創造し，伝達し，提供し，維持するための，テクノロジーを活用した適応的なプロセス」と定義している。

　牧田（2017）は，デジタルマーケティングを，「データドリブンでターゲット消費者へ製品やサービスを認知させ，消費者の購買前行動データに基づいて，興味・関心・欲求を醸成し，購買データを取得する。購買データと購買後の消費者の評価データをもとに製品開発，サービス開発への示唆を得る。これらのデータを，EC チャネルとリアル店舗から取得し，同時に，消費者に最適な購買体験を提供する，一連の活動をいう。これらの活動の目標は，消費者との関係性を深め，最終的に消費者のエージェント（代理人）となることである」と定義している。

　本書では，前述したように，デジタルマーケティングを「**人々が，自由な構想のもと，未来への意思を持って，デジタル技術を活用して，新しい価値創造の仕組みを作り，そこで創造したさまざまな価値を，社会に伝え，他の人々と共に進化していくことをめざす，マーケティング活動**」と定義している。そして，デジタルマーケティングを以下の公式で定義する。

デジタルマーケティング＝構想×未来への意思

　デジタルマーケティングには，このように，たくさんの定義があるので，

さまざまな定義を確認した上で，読者のかたそれぞれが，自分の定義を作ってほしい。

1-5　デジタルエコノミーの幕開け

さて，デジタルマーケティングの背景には，デジタルエコノミーの進展がある。タプスコット（1996）は，「インターネットによって，ネットワーク化された知識の時代の経済社会」を，「デジタルエコノミー」と呼んだ。この用語は，アメリカの商務省がレポートに採用したことにより，広く知られるようになった。

コトラー他（2002）は，デジタルエコノミーに対応するニューエコノミーという言葉を「インターネット，テクノロジー，グローバリゼーションが結びつくことによって創出された経済」と定義している。同書では，デジタルエコノミーという用語もニューエコノミーという用語と特に厳密な定義や区別なく使われている。

では，デジタルエコノミーは，マーケティングにどんな変化をもたらしたのか。

経済学では，伝統的に，マーケットに市場透明性が実現すれば，自由競争が行われ，最適な環境が実現すると考えてきた。しかし現実の市場は透明ではなく，どこにどんな生産者がいて，どんなことを一緒にできるのか，どこに自分の顧客がいるのか，といったことさえ，わからなかった。しかし，インターネットの登場と発展によって，適当な相手を探して取引したり，顧客を簡単に見つけ出したり，市場データを容易に知ることが可能になった。

また，新しいアイデアに基づいてビジネスを立ち上げることがこれまでよりも容易になり，さまざまな業界への参入障壁が下がりはじめた。以前は，大金と業界の知り合いがいなければ参入できなかったような業界にも参入できるようになった。流通についても，距離の壁をこえ，世界中から注文を取ることが可能になった。

コトラー他（2002）は，こうしたデジタルエコノミーにおいて，消費者は顧客となり，新しいケイパビリティ（能力）を得ることができると，指摘し

ている。

　顧客が新たなケイパビリティを得たことにより，企業は顧客を一方的に操作することはできなくなった。要望を聞いて，それを実現する努力を行う相手に変貌した。そのため，顧客を起点にして事業を進める必要が生まれた。ゆえに，マーケティングの担当者は，伝統的に行ってきたマーケティングの多くを再考しなければならなくなった。もちろん，いままでの強みを捨てる必要はないが，同時に新しい戦略をとる必要が出てきた。

　インターネットとコンピュータの普及は，もうひとつ，大きな変化を起こした。グローバリゼーションの深化である。これについてはフリードマン(2008) が豊富な例を挙げて描き出している。インターネットによって，いまや，24時間いつでも，世界のどことでも，コミュニケーションが可能になった。アメリカ人がパソコンの故障について問い合わせる電話がアメリカ国内ではなく，海外につながり，現地人のオペレーターによって受け付けられるといったことが普通に行われている。

　大量生産・大量消費を追い求めた20世紀型の工業化社会では，企業が工場を建てて，そこで作った製品を消費者に提供するという，主として国内を対象にしたビジネスが中心だった。

　しかし，今は違う。ソフトウェアや，音楽などの，知識や人間の創造性を生かした製品や，サービス，コミュニケーションがビジネスの中心に躍り出た。これらのビジネスは，工場のような，お金のかかる設備を持たなくても，才能とアイデア，そしてちょっとした行動力さえあれば，誰でも始めることができる。製品を売るにあたっては，なにも，実際の店舗に流通させなくとも，ホームページを自分で作って，そこから世界中に販売することができる。デジタルエコノミーとはこのような世界を表現している言葉である。

1-6　デジタルディスラプション：デジタルが破壊していく

　デジタルエコノミーという言葉には比較的，明るい印象があるが，その後，使われるようになった，「デジタルディスラプション」という言葉には楽観的な印象はない。むしろ，破滅を前にして，とまどっている，企業側の

困惑が感じられる言葉である。

英語の disruption とは，破裂，分裂，崩壊を意味する言葉である（小学館，2012）。デジタルディスラプションとは，デジタルによる創造的破壊を意味する（ウェイル他，2018）。デジタルによる破壊的イノベーションを，デジタルボルテックスと呼ぶこともある。ボルテックス（vortex）とは渦という意味であり，あらゆる業界はデジタル化の波に飲み込まれつつあることを示している（根来，2019）。渦に巻き込まれて，海の底にひきずりこまれるとなると，おだやかではない。

どうしてこのようなイメージが，広く共有されるようになったのだろうか。現代は VUCA の時代といわれている。これは Volatility（変動性），Uncertainty（不確実性），Complexity（複雑性），Ambiguity（曖昧性）の頭文字を合わせた言葉である。変化が激しく，かつ非連続的であるために，従来の方法を使うことができず，先行きが見えない環境であることを示している（ケイン他，2020）。デジタルディスラプションは，こうした時代を背景に起こっている現象であって，企業の不安を反映している言葉であると言うことができる。

デジタルディスラプションは，企業にとっては脅威であることは確かであるが，チャンスでもある（ウェイド他，2017）。デジタルディスラプションが現在起きていることは，誰もが理解しており，チャンスであることもわかっているはずだが，ほとんどの企業は十分な対応をしていない。この知識と行動のギャップは，デジタルディスラプションを過小評価することからきている（ケイン他，2020）。デジタルディスラプションは，早く対応しないと，非常に深刻な結果をもたらすものであり，決して過小評価して，無視したり，やりすごそうとしたりしてはならない。

ケーススタディ①

Netflix　ブロックバスターのデジタル破壊

デジタルディスラプションの事例として，アメリカのレンタルビデオチェーンのブロックバスターを，動画配信サービスの Netflix がデジタル破壊した例を見ていこう。

　ブロックバスターは，1985年に創業したアメリカのレンタルビデオチェーンである。映画館に行かないでも，自宅のテレビで手軽にエンタテインメントを楽しめる利便性が，生活者から好評を得て，大きく発展していた。2004年時点では，9000店以上のリアル店舗を展開し，アメリカのビデオレンタル市場最大のチェーンであった（小久保，2013）。

　一方のNetflixは，1997年に，リード・ヘイスティングスらにより創業された（平山，2020）。リード・ヘイスティングスは技術者でもあり，デジタル時代がどのようなものになるかを非常によく理解しているという強みを持っていた。Netflixは創業当初はDVDを郵送してレンタルするサービスと，DVDの販売などを行っていたが，1998年には，オンラインで注文を受けるDVDレンタルサービスを開始している。しかし，Netflixは，DVD販売ではAmazonに勝てないと判断し，当時売上げの97％を占めていたDVD販売から撤退し，レンタルに集中するという意思決定を行った。さらに，1999年には，毎回課金する方式から，定額制に課金方式を変更している。

　Netflixの経営は必ずしも順風満帆だったわけではなく，2000年に資金が不足した際に，ヘイスティングスは，Netflixを5000万ドルでブロックバスターに売却しようと提案し，断られている。ブロックバスターが，この提案を断った理由は，2000年時点では，まだ，オンラインの市場が小さかったこと，ブロックバスターが自社でオンラインサービスを提供しようとしていたこと，大株主であるバイアコムの意向，などが挙げられている。事実，ブロックバスターは「ブロックバスターオンライン」を2004年に開始している（清水，2020）。

　しかし，ブロックバスターにはNetflixほどの技術力はなく，デジタルへの理解も足りず，また，多数存在したリアル店舗も重荷となり，次第にビジネスは下降線をたどるようになる（ロジャース，2021）。過去に成功したビジネスの当事者においては，成功している既存事業と新規事業の相克，共食い現象（カニバリゼーション）はいつも大きな課題になり，今日，成功している既存事業（ブロックバスターの場合にはリアル店舗）をやめて，明日成功するかもしれないが保証はない新しいビジネス（オンラインの動画配信サービス）を選ぶことには，非常な困難を伴うのである。ブロックバスターは，店舗とオンラ

インを併用したサービスを始めて人気となり，一時的に盛り返した時期もあった。だが，顧客は次第に，ビデオオンデマンドの動画配信サービスを始めた Netflix に流れていった。

　ビデオオンデマンドとは，いつでも好きなときに好きな動画，ビデオをオンラインで見ることのできるストリーミングサービスである。このサービスに加入すれば，ビデオを借りるためにわざわざ，リアル店舗に出かけて行く必要もなく，観終わったビデオを返しに行く必要もない。うっかり返し忘れてしまったり，返しに行く時間がとれないときに発生する，延滞金もない。この便利なデジタルサービスに顧客を奪われ，ブロックバスターのビジネスは急速に衰退していった。そして，2010年には，米連邦破産法11条の適用を申請，2014年に最後の300店舗を閉鎖した（ロジャース，2021）。

　一方の Netflix は，苦境に立つことが何回かあったものの，2007年にアメリカでビデオオンデマンドの動画配信サービスを開始したことで，新たなビジネスモデルを確立していった。Netflix のビデオオンデマンドサービスは，優れたインタフェース，ビッグデータに基づいたリコメンデーション，シンプルな料金プラン，多様な作品の提供，字幕や吹きかえをつけた作品を世界同時に一斉配信する方針，などの特徴を持っていた。サービスは人々に受け入れられ，アメリカ国内のみならず，世界各国へサービスを広げていった。2021年末では，世界190か国以上に展開し，有料会員数はグローバルで2億2200万人となった（阿部，2022）。

　同社は，その後，動画配信のプラットフォームビジネスのみならず，豊富な資金力を活かして，自社でのオリジナル作品の制作にも力を入れるようになった。エミー賞やアカデミー賞を受賞するような高評価の作品，また，16億万時間を超える視聴を獲得するようなヒット作を制作している（阿部，2022）。その後，コロナ禍による影響や Disney+ などのライバルが顧客を増やしたこと，高成長の限界が近づいてきたこと，などにより広告付きの動画配信サービスの導入がなされた。将来に全く懸念事項がないわけではないが，Netflix がデジタル時代の覇者となったことに異論をはさむ向きは少ないだろう。

　ブロックバスターと Netflix の歴史，経緯を見ていると，ブロックバス

ターにもチャンスはあり，Netflix にも脅威はあったことがわかる。両者の立場が逆転する可能性もあった。しかし，Netflix のほうが，より，デジタルによる環境変化と，チャンス，脅威を理解しており，技術への理解もあった。さらに自由で厳しいカルチャーデック（企業文化）も功を奏して，デジタル環境に適応し，飛躍していったということができるだろう（ケイン他，2020）。

　しかし，次に起こる環境変化をとらえて，Netflix を打ち倒すようなサービスが，いつ生まれてもおかしくない。チャンスはいつでも誰にでも訪れる。

まとめ

　この章では，本書で考える「デジタルマーケティング」について定義することからはじめて，デジタルマーケティングのフレームワークについて述べた。続けて，「デジタル」と「マーケティング」のそれぞれの意味と歴史について記した。さらに，「インターネットマーケティング」が「デジタルマーケティング」に進化した理由について考察するとともに，その背景となった「デジタルエコノミー」「デジタルディスラプション」について解説した。最後に，アメリカのレンタルビデオチェーンのブロックバスターを動画配信サービスの Netflix がデジタル破壊した例を見た。デジタルの世界は，非常に厳しい競争が繰り広げられる場ではあるが，優れた技術への理解や企業文化によって，いつでもチャンスをつかむことのできる世界であるということができる。

第2章

どんな技術環境で
ビジネスを進めるのか：
デジタル技術環境

> O brave new world
> なんてすばらしい新世界
>
> William Shakespeare (1611) *The Tempest*

はじめに

　この章では，デジタルマーケティングを推進しようとする人が，直面する技術環境とその変化について，重要な項目をピックアップして述べていく。ビジネスの前提条件となる技術の変化への理解は，技術者ではないマーケター，文系の人にこそ，重要である。

　デジタルマーケティングは，デジタル技術をベースにするマーケティングである。つまり，技術の本質を知らないで，成功することはできない。しかし，マーケターであるあなたが，プログラムを書いたり，サーバーを構築したりする必要はない。ただ，本質的に重要な技術的背景を知って，その上で，ビジネスを組み立てていけば，成功する確率は格段に上がるだろう。

　そのために，この章では，重要な技術環境について見ていく（図2-1）。

図2-1　本章で扱う技術の位置づけ

2-1　基盤となるプラットフォーム：
インターネットの成立から非民主化，そして Web3.0へ

　最初に，デジタルマーケティングの基盤となるプラットフォームであるインターネットについて見ていこう。

　インターネットとは，TCP/IP 技術に基づくコンピュータネットワークのことである。技術的な特徴は TCP/IP のそれとほぼ一致する。ゆえにインターネットを理解するためには TCP/IP を理解する必要がある。

　TCP/IP は，TCP（Transmission Control Protocol）/IP（Internet Protocol）のことである。P，すなわちプロトコルとは，やりとりの手順を意味する。IP とは，すべてのコンピュータに割り当てられた IP アドレスを元に，複数のネットワークを相互接続してパケットの送受信を行うためのプロトコルのことをさす。しかし，転送の途中でパケットが失われることがある。そのため，本質的には「IP は信頼性のないプロトコル」とされている（進藤, 2009）。

　ここから，インターネットを通した通信は，必ずしも保証がされない，信頼性のないものであるという特徴が生まれる。インターネット接続を提供する事業者も，通信の完全性を保証はできず，ベストエフォート，つまり，できるだけ努力はするが結果はわからないということを言明している。この，本質的な信頼性のなさは，常に，考慮しておかなければならない。

　また，TCP/IP では，IP アドレスの概念を用いている。この IP アドレスとは各機器に固有の番号（ネットワーク上の住所の番地のようなもの）のことである。ネットワーク上で転送されるパケットは IP アドレスに基づいて次々に転送されていく。インターネットを統制する人は誰もいないのに，通信が可能なのは，この仕組みが存在するためである。現在使われている IP アドレスには，IPv4と IPv6がある。IPv4は，32ビット幅で約43億個のアドレスが提供可能である。しかしインターネットの発展とともに接続される機器が増え，IP アドレスが不足してきた。この問題に対応するために，IPv6が開発された。IPv6では128ビット幅で約340澗個のアドレスを管理することができる（JPNIC, n.d.）。

　次にインターネットの歴史を振り返ってみよう。インターネット誕生のきっかけとなったのは，MIT（マサチューセッツ工科大学）のリックライダーが1962年にまとめた，地球規模のコンピュータネットワークに関するアイデアである。このアイデアには今日のインターネットの多くの要素が含まれている。リックライダーは DARPA（アメリカ国防高等研究計画局）のコンピュータ研究プログラムの初代責任者となった。また MIT のロバーツは，ARPANET（アメリカ高等研究計画局ネットワーク）の構想を1967年に発表している。ARPANET は世界初のパケット通信のネットワークとして構想された（Internet Society, n.d.）。ARPANET は1969年に，カリフォルニア大学ロサンゼルス校，カリフォルニア大学サンタバーバラ校，ユタ大学，スタンフォード研究所，の4拠点を接続することからスタートした（Internet Society, n.d.；JPNIC, 2022）。

　さらに1974年には DARPA のカーンとスタンフォード大学のサーフが TCP/IP の最初のバージョンを発表した（JPNIC, 2022）。こうして開発されたインターネットの特徴はオープンアーキテクチャーネットワークとして設計されたことにある。オープンアーキテクチャーが採用され，リファレンス実装のソースコードが開示されることで，別々に開発されたさまざまなコンピュータやネットワーク機器が，互換性を持ってつながることが可能になった（Internet Society, n.d.）。1983年には，学術研究と軍事技術の双方に利用されていた ARPANET から軍専用の MILNET（Military Network）が分離された（JPNIC, 2022）。

　1990年には，インターネット上の情報にアクセスする仕組みとしてWWW（World Wide Web）がヨーロッパ合同原子核研究機構（CERN）において，バーナーズ＝リーらによって開発された。WWWは，もともとは，インターネット上の学術知識の共有をめざして開発されたもので，ハイパーリンクによって，相互に関連付けられていくという特徴を持つ（進藤，2009）。

　以上のような経緯を経ているため，1990年代初頭までは，インターネットを使う人は，研究者，技術者が多く，あまりビジネスには使われていなかった。インターネットは自由に議論したり情報をやりとりしたりする場であり，民主的な活動が繰り広げられていた。

　続く1990年代半ばからは，一般家庭でもダイヤルアップによるインターネット接続が容易に可能になり，加えて，多様なブラウザが登場することで，さまざまな情報がウェブ上で提供されるようになった。さらに，マイクロソフトによるWindows95のオペレーティングシステム（OS）の提供開始により，Web1.0の時代が本格的に始まった。技術の発展と多様な事業者の参入による競争の激化でインターネット接続料金は下がっていった。インターネット接続やパソコンの性能の劇的な向上と値段の低下，続くスマートフォンの登場が，インターネット，コンピュータの普及と一般化をもたらした。

　そして，1990年代後半には，Amazon（1994年創業），Google（1998年創業），Facebook（2004年創業）といった，プラットフォーム企業が登場して巨大化し，インターネットをめぐる環境を大きく変えた。巨大企業が提供するソーシャルメディアやサービスの多くは生活者に無料で提供されたので，情報の発信やコミュニケーションが容易にできるようになった。それは，反面，巨大企業の提供する私的でクローズドなサービスを多くの人が日々使い，知らず知らずのうちに囲い込まれることにもつながった。この時代のことをWeb2.0と呼ぶ。Web2.0の時代は，モバイルが大きく発展，普及した時代でもあった（進藤，2009）。

　Web2.0の時代に，結果として，インターネットは，自由で民主的な場から，巨大企業が支配する場に急激に変貌していった。巨大企業が仕組みやルールを作り，多くの人々は，システムの中身や本質を知らされず，サービ

スをただ使っているだけという状況になった。また，人々の個人情報が巨大企業に集められ活用されるようになり，広告ビジネスが拡大した。現代の人々は自分の個人情報が使われていることはあまり意識しないで，無料に感じられるサービス（本当は利用者は自分の個人情報や，広告を見る時間を対価として支払っている）を，日々，長時間使っている。

　こうした，急激な，インターネットの非民主化，独占化に対し，WWW の父，バーナーズ＝リーらは，強い危機感を抱いた。2016年に Decentralized Web Summit（2016）を開催するなどして，巨大企業が支配する，現在の中央集権的なインターネットを変えようと，呼びかけた。

　この章の冒頭にかかげたエピグラフを「O brave new world（なんてすばらしい新世界）」としたのは，インターネットが置かれている支配的，独占的な状況を表現するのにふさわしいからである。この言葉はシェイクスピアの作品『テンペスト』からの引用である。『テンペスト』の終幕近くで，ヒロインが言うセリフが，「O brave new world（なんてすばらしい新世界）」である。このセリフには，皮肉が込められている。ヒロインは絶海の孤島で育ち，人間との接触がなかった。つまり，出会った相手がどういう人間なのか判断することができない。孤島に外から来た人は，必ずしも良い人々ではなく，むしろ，悪人といってもよいのだが，ヒロインはそれがわからず，感嘆しているのだ。

　このセリフをそのまま引用して題名にしたのが，ハクスリーが1932年に出版した『すばらしい新世界』（2017）という小説である。小説では，人間は工場で生まれ，階級に分けられて徹底的に管理されている。管理社会を描いたディストピア小説として，もっともよく知られているもののひとつである。Web2.0時代のインターネットは，ハクスリーの描いたような，巨大企業により徹底的に管理されているディストピアになりつつある。

　しかし，そもそもなぜ，プラットフォームは独占化しやすいのだろうか。根来（2019）によると，プラットフォームは，顧客に価値を提供する製品群の土台になるものであるが，プラットフォーム型のビジネスは，一人勝ちの状況が生じやすい。その訳は，プラットフォームでは，「先発優位性」「規模の効果・収穫逓増性」「ネットワーク効果」などが働くからである。一方で

一人勝ちにならないように働く要因（攪乱要因）もある。技術の進歩により，プラットフォームを脅かす新しいプラットフォームは次々に登場する。また，一人勝ちの状況が生じているビジネスにおいても，工夫次第で新規参入者は一定のシェアを得ることができる。つまり，インターネットは，完全にディストピアになってしまったわけではなく，ビジネスチャンスはいつもある。

　こうしたなかで，バーナーズ＝リーが提唱したセマンティックWebや，2014年にウッドが提唱したWeb3を踏まえて，2010年代後半から，Web3.0の考え方が広まってきた。Web3.0とは，ブロックチェーン技術を利用して構築される分散型ウェブのことである（會田，2022）。ブロックチェーン技術とは，情報通信ネットワーク上にある端末同士を直接接続して，取引記録を暗号技術を用いて分散的に処理・記録するデータベースの一種である（総務省，2018）。ここから，Web3.0は，人やシステムの面で分散性を高め，企業・組織ではなくユーザー自身でデータの所有・管理の役割を担うことをめざしているということができる（會田，2022）。非民主化，独占を特徴としたWeb2.0に対し，分散を特徴とするWeb3.0には大きな可能性があるが，2022年現在では，本格的な社会への実装の緒に就いたばかりであり，発展が期待される（表2-1）。

表2-1　Webの変遷

Web以前	1960 ～ 1990年代初頭	研究者，技術者のためのネットワーク
1990年，WWWが開発される		
Web1.0	1990年代半ば～	インターネット，コンピュータの普及と一般化
Web2.0	1990年代後半～	巨大企業による独占，非民主化，モバイルの発展
Web3.0	2010年代後半～	分散型ウェブ，ユーザー自身による管理

（出所）各種資料から著者作成

2-2　さまざまな機能を実現するプログラム－ 1 ：ソフトウェア

　前項では，プラットフォームとしてのインターネットが，Web1.0，Web 2.0，Web 3.0と変化してきたことを述べた。

　次に，プラットフォーム上でさまざまな機能を実現するプログラムとソフトウェアについて見ていこう。プログラムとはコンピュータが行う処理をプログラミング言語によって記述したものである（小学館，n.d.a.）。これに対しソフトウェアとはプログラムをまとめたもので，製品化されたものも多い（アスキー，n.d.）。ソフトウェアは社会を動かす上で欠かせないものになっており，日々多くの人が使っている。スマートフォンのアプリもアプリケーションソフトウェアというソフトウェアである。

　そこで，この項ではコンピュータのソフトウェアはどのような歴史をたどってきたのかについて確認することで，欠かせない技術環境となっているソフトウェアについて理解していこう。

　そもそもコンピュータのソフトウェアは，プログラミング言語により記述することで実現されるものである。プログラミング言語で記述されたものを，ソースコードという。ソースコードは，ソフトウェアの設計図であり，実装でもある。

　このソースコードを公開して，共有し，自由に，多くの人の協力を得てよりよいソフトウェアを作っていこうという考え方は，コンピュータの歴史の最初から存在していた。だが，デジタル化，情報化の進展でソフトウェアのビジネス的価値が増すにつれ，ソフトウェア会社は利用者にソースコードを隠蔽して機能だけを使えるようにした製品を提供することが多くなった。ソースコードには，業務上のノウハウや，特許となるような処理方式のアイディアが反映されているためである。こうした，非公開型のソフトウェアのことをプロプライエタリソフトウェアという。しかしソースコードを非公開とすると，ソフトウェアに欠陥があったとしても，利用者には修正できない。このような状況を見て1984年にストールマンが本来のソフトウェアのあり方について訴えたのが GNU 宣言である。

　ここで定義されたフリーソフトウェアは，

(0)目的を問わずプログラムを実行する自由

(1)プログラムがどのように動作しているか研究し必要に応じて修正を加え取り入れる自由

(2)身近な人を助けられるようコピーを再頒布する自由

(3)プログラムを改良しコミュニティ全体がその恩恵を受けられるよう改良点を公衆に発表する自由

という，4つの自由を備えたソフトウェアのことを意味する。

　フリーソフトウェアではソースコードが公開されているので，多くの人がコミュニティに参加してソースコードにアクセスし，欠陥の修正や改良を行う結果，信頼性が高いすぐれたソフトウェアとなりうる。ストールマンは1985年にフリーソフトウェア財団を設立し，さらに，フリーソフトウェアの思想を示すライセンスとして GNU GPL（GNU 一般公衆利用許諾契約書）を発表している。

　このフリーソフトウェアという考え方，運動に対し，オープンソースソフトウェアとは，語源的，一般的には，プログラムのソースコードが開示されているソフトウェアのことをいう。正式には，オープンソースイニシアティブが策定している定義に準拠する形態でライセンスされるソフトウェアのことで，コミュニティで開発が進められる点に特徴がある。

　1984年にストールマンの始めたフリーソフトウェア運動は多くのソフトウェアを生み出したが，オペレーティングシステム（OS）の中核モジュールであるカーネルの開発は難航した。こうしたなかで，当時フィンランドのヘルシンキ大学大学院生だったトーバルズがここを埋める Linux カーネルを開発した。彼は Linux コミュニティを統括しつづけて，世界中の技術者とともに，巨大なシステムを作り上げていった。

　フリーソフトウェアは Linux カーネルといういわば最後のピースを得たことで OS としての全体機能が実現し，ビジネスを含む広範囲な領域での活用への道が開けた。

　しかし，フリーソフトウェア運動は社会運動というイメージが強いこと，また，「フリー」という語が無料を連想させ（実際には「自由」を意味する），かかわるすべてが「無償」であると誤解を受けることから，企業等にも受け入

れやすい新しい用語が必要になった。

　そのためのマーケティング用語として，1998年に，レイモンドらによって，オープンソースという言葉が生み出された。このネーミングは成功し多くの企業がオープンソースを活用しはじめ，コミュニティに協力をはじめた。レイモンドは，オープンソースのスポークスマンとして，幅広く活動している。

　こうして生まれたフリー／オープンソースソフトウェアについてはソフトウェア利用権そのものに直接課金できないが，技術サポート，コンサルテーション，教育など，ビジネスのチャンスは多く存在する。

　現在，オープンソースは，巨大プラットフォーム企業の基幹システムでも広く採用されている。また，身近なところでも広く使われており，社会を支える基盤となっている（進藤，2009）。

2-3　さまざまな機能を実現するプログラム－2：AI

　次に，プログラムの2つ目として，重要な技術環境となったAIについて見ていく。AIとは人工知能のことである。社会に対し大きなインパクトを与える技術という意味で，特に注目されている。

　そもそも，AIとは何だろう。映画などに登場するAIのなかには，ロボットやアンドロイドに搭載されたAIが出てくることがある。フィクションに登場するAIのイメージにひっぱられすぎるのは，AIの実態を理解する上では望ましくない。McCarthy（2007）は「AIとは，知的な機械，特に知的なコンピュータ・プログラムを作る科学と工学のことである。人間の知能をコンピュータで理解するという類似の課題に関連しているが，AIは生物学的に観察可能な手法に限定する必要はない」と定義している。

　現実的なAIはどのように研究されているのだろうか。人工知能学会（n.d.）によると，人工知能の研究には2つの立場があり，ひとつは人間の知能そのものを持つ機械を作ろうとする立場であり，もうひとつは人間が知能を使ってすることを機械にさせようとする立場である。実際の研究のほとんどは後者の立場であり，現代の人工知能の研究では人間のような機械を作っ

ていることはあまりない，と解説されている。

　次に，AI の歴史を振り返ってみよう。現代につながる AI の研究は，1950年代にはじまったが，これまで，第1次，第2次，現在の第3次ブームがあった。第1次ブームは，1950年代後半に起こった。コンピュータによる推論や探索ができるようになり，さまざまな問題に対する解を提示できるようになったことから，ブームが起こったとされる。第2次ブームは，1980年代に起こった。コンピュータが推論するために必要な情報を，コンピュータが認識できる形で記述した知識を与えることで，AI が実用可能な水準に達し，多数のエキスパートシステム，すなわち，専門家のように振る舞うプログラムが生み出されたとされる。第3次ブームは，2000年代に起こった。ビッグデータと呼ばれる大量で多様なデータを用いることで AI が知識を獲得する機械学習が実用化された。さらに，知識を定義する要素を AI が自ら得る深層学習が発展したことでブームが起こった（総務省，2016a）。

　AI も，プログラムであることには代わりはないが，他のプログラムとは異なる特色を持つ。AI の中核となるプログラムは，たとえば，大量のデータを学習してその中から特徴をとらえる，あるいは微妙な変化を発見することができる。人間のように見て（画像認識をして），観察し，多くの場面やエピソードを学習し，異変を感知し，変化を予測し，行動計画を導き，あるいは，最適なバランスを見出したりすることが可能である。また，それらの応用として，絵を描いたりすることもできる。

　つまり，AI をベースとしたシステムでは，AI のエンジンのプログラムを変更することなく，データから学習してある種のデータ上の経験を獲得することによって，自らの判断や行動を変化させることができる。その結果，あたかも，人間と同様な知能があるかのように見える働きや，創作を行うことが可能になっている。

　AI は，身近なところでも，広く活用されている。たとえば，スマートフォンの音声応答アプリケーション，自動運転車のシステムなどである。しかし，AI を活用するための社会環境やルールの整備はこれからである。整備が進めば，AI が社会にもたらすインパクトは，いっそう，大きくなると考えられている（総務省，2016a）。

　次に，AI が社会に与える影響について考える。AI が発達すると，それまで人間にしかできないと思われてきたことであっても，AI が代わってできるようになる可能性がある（日本経済新聞，2019）。

　AI にかぎらず，革新的な技術は，人に取って代わることで，人間の職をなくす結果を生んできた。しかし同時に，新しいビジネスを生み出し，人間の新しい職を作ってきた（総務省，2016b）。

　19 世紀にイギリスで起こった産業革命では，機械によって，熟練工の雇用が失われたという面は確かにあった。同時期には著名なラッダイト運動が起こっている。これは，1810 年代に起こった，職人や労働者による機械打ち壊し運動のことである（小学館，n.d.b）。個々の熟練工にとって，産業革命は，失業という恐ろしい事態をもたらした反面，新しいビジネスの発生により実質賃金が上昇し，利益が労働者に分配されたという面もあった（安達，2014）。

　とはいえ，技術の進化を止めることはできない。技術は，進化するものであり，それにあらがうことは，まったく不毛といってよい。そうではなく，人間はそれをいかに活用するかを考えることで，より社会を発展させることができる。では，社会として，AI にどのように向き合ったらよいのだろうか。AI は要素技術のひとつであると考え，AI を活用する際の責任の所在を検討する必要がある（井田，2017）。

　AI は，特別な技術ではない。従来からある技術に加えるかたちで，AI を考える必要がある。人間にとって，現在，使うことが可能な技術をさまざまに組み合わせて，社会をより豊かにするために活用し，社会を発展させていくことが望ましい。責任の所在という点については，社会として検討していく必要がある。AI の深層学習の場合には，結果は出るがプロセスは説明できず，現行の法律における責任論の体系との親和性がないため，大きな問題になる（井田，2017）。

　こうした課題がありながらも，AI は，重要な技術として，社会にとりいれられている（柿本他，2020）。

2-4　サイバーとフィジカルを融合させる技術：IoT

　この章では，デジタルマーケティングを推進しようとする人が直面する技術環境の変化について，重要な項目をピックアップして述べている。ここまでプラットフォーム（インターネット）とプログラム（ソフトウェアとAI）について述べてきたが，次に重要な技術環境として，IoTについて見ていこう。

　従来は，マーケティングに活用可能なデータは，主としてインターネットのようなサイバー世界から得ていた。しかし，現在は，サイバー世界だけでなく，現実の世界，すなわち，フィジカル世界（物理世界）からも，たくさんのデータが入手できるようになった。サイバー世界とフィジカル世界が収斂していく事象はサイバーフィジカルコンバージェンス（Conti, et al., 2012）と呼ばれ，これを用いたシステムをサイバーフィジカルシステムという。

　サイバーフィジカルシステムとは，フィジカル世界のさまざまな現象から膨大なデータをサイバー世界に収集して分析し，実社会にフィードバックすることで社会システムやサービスの最適化をはかるためのシステムである。社会システムの効率化のみならず，防災や環境保護など実世界の諸課題解決に貢献すると期待されている（国立情報学研究所，2012）。

　このサイバーフィジカルシステムを実現するために欠かせない技術がモノのインターネット，すなわちIoT（Internet of Things）である。では，モノや環境から情報を得る技術というのはどのように発展してきたのだろうか。

　IoTのコンセプトが生まれる下準備をしたのはユビキタスという考え方である。ユビキタスとは「神は遍在する」を意味する，ラテン語由来の英語である。ユビキタスのコンセプトは1988年にXEROX　PARCのマーク・ワイザーが提唱した。ユビキタスネットワークとは，いつでも，どこでも，誰でも，何でも，つながっているネットワークであって，環境中に多くのコンピュータを組み込むことで，コンピュータの存在を意識しないで，状況に応じた最適な情報の利用ができる情報システムおよびネットワークのことをいう（進藤，2009）。

　ユビキタスの要素のうち，いつでも，どこでも，誰でも，は，モバイルによってある程度，実現してきた。しかし，何でも，という要素は必ずしも実

現しなかった。何でも，とは，コンピュータ上の情報だけではない，あらゆるものがつながるネットワークを意味し，リソースは人間，組織，商品，等のすべてになる。この，リソースとする，という意味は，識別する対象として認識できるようにする，ということである。たとえば，人間に対しては個人IDの付与と管理，物品に対してもコードの付与と管理が必要になる。

　次にIoTのコンセプトが生まれる下準備をしたのはセンサーネットワークの技術である。センサーネットワークとは，センシング機能，計算処理能力，通信機能を持った小型センサノード同士が，無線で自律的に情報の流通を行い，収集したデータからその場に適したアドホックネットワークを形成してサービスを提供するネットワークのことである。主要な用途は環境をモニタリングすることである。小さなセンサーが無数に集合してネットワークを作り，そのネットワーク全体が点のデータだけではわからない面や空間のデータを提供する（阪田他，2005）。

　応用例としては，住宅に火災報知器を設置する際に単に炎を関知する熱センサーや，ガス漏れ検知システム，振動センサーを組み込んだ住宅の防犯システムなどがある。また，建物に人間を感知するセンサーを組み込んでおけば，大地震でその建物が倒壊したときに，中にいる人を救助するのに役に立つ（阪田他，2005）。

　センサーを使ったシステムは，単体からネットワーク型に進化し，広範囲の環境情報を把握することができるようになった。将来的には，センサーがいたるところに遍在し，かつ，必要なときにいつでも任意のネットワークが簡単に作れるようになると考えられている。これは，ユビキタスセンサーネットワークと呼ばれている（阪田他，2005）。

　ユビキタスセンサーネットワークが実現すれば，生活者のまわりには，居場所や感情をキャッチするセンサーが無数にばらまかれ，そして，必要に応じてそのセンサーが，最適な動作をしてくれ，最適なネットワークに自動的につないでくれるようになる（阪田他，2005）。

　こうしたシステムが実用化すれば，目の不自由な方であっても，ひとりで，行きたい場所に行くことができる可能性が生まれる。具体的には，杖と，道路にセンサーを埋め込んで誘導するようなシステムが開発されてい

る。これは，ユニバーサル社会の実現に向けた取り組みのひとつといえる（坂村，2006）。

　次にコンテキストアウェアネスネットワークについて述べる。コンテキストは通常文脈と訳されるが，ここでは人間のおかれている周辺の諸々の状況をいう。従来のコンピュータでは，キーボードからの入力などを通じて人間からコンピュータへの明示的な指示を与える必要があった。一方，ユビキタス社会では，生活世界に溶け込んだ多数のコンピュータネットワークが連携して，能動的に人間に働きかけ，人間の生活を支援してくれるようになることが目標となっている。これを実現するためには，コンピュータは，人間のおかれている現実空間の状況（コンテキスト）を認識（アウェアネス）した上で，さまざまな情報（個人情報，情報へのアクセス履歴など）と組み合わせて最適なサービスを提供するとされている（阪田他，2005）。

　さて，上記のようなさまざまなシステムやネットワークの検討を経て，現在実用化されているIoT技術とは，まとめると，どのような技術なのだろうか。まず，IoTのシステムには，モノとセンサー，通信ネットワーク，コンピュータシステムが必要である。これらを使い，センサーでモノから情報を取得し，モノを相互接続する通信ネットワークを経由してデータを送受信する。そのデータを，クラウドなどのコンピュータシステムに蓄積しビッグデータ化してAIなどで分析する。こうして社会をスマートに動かす技術がIoT技術である（小泉，2016；SAS，2021）。

　野村総合研究所（2018）は，日本の国内IoT市場は，2024年には7兆5000億円を超える規模になると予測し，IoTが企業のITシステム発展の原動力になるとしている。

　IoTは，身近な場，たとえば，小売業などでも導入が進んでいる。IoTが店舗に導入されれば，買い物客は，店に入って，欲しい品物を手に取り，そのまま，会計もしないで出ていくことができる。買い物客は入店したと同時に，カメラによる顔認証やモバイル端末による認証などで，誰であるかが特定される。商品それぞれにチップがついていて，買い物客が手に取ったことがセンサーで認識される。商品の対価の支払いについては，自動的に，買い物客のアカウントに記録され，請求されるので，レジで精算する必要もない

というわけだ。こうしたシステムの初期の例としては，Amazon Go（WIRED，2016）があり，日本でも，さまざまに展開されている（流通ニュース，2020）。

2-5　収集されるデータ：ビッグデータ

　これまで述べてきたような，技術がビジネスで使われるようになった結果，ビッグデータが生まれた。

　ビッグデータとは，社会のデジタル化，IoT や AI の実用化により発生し，また，収集が可能となった，大容量のデータのことをいう。ビッグデータの特徴としては，データの流通量（Volume of Data）が大容量であること，データの速度や更新頻度（Velocity of Data）が高いこと，データ種別の多様性（Variety of Data）があること，データの価値（Value of Data）が高いことが挙げられる（総務省，2012）。

　ビッグデータという言葉は，1990年代半ばには登場していたが，広く使われるようになったのは，膨大なデータが実際に生まれてからのことである。ビッグデータがそれまでのデータと違っていたのは，ソーシャルメディア，位置情報データ，IoT のデータなどの非構造化データを含んでいたこと，データを管理し活用するためのストレージ（保管）とアクセシビリティ（活用）が進化していたことである（ロジャース，2021）。

　ビッグデータは，どんなところで取得されたかによって分類することができる。政府が提供する「オープンデータ」，企業が提供する「産業データ」，個人が提供する「パーソナルデータ」といった分類である。政府が提供する「オープンデータ」とは，政府や地方公共団体などが保有する公共情報について，データとしてオープン化されたもののことである。企業が提供する「産業データ」とは，暗黙知をデジタル化・構造化したデータや，工場等の生産現場における IoT 機器から収集されるデータ，IoT が付属するマシンからのセンシングデータ等の M2M（Machine to Machine）データ，などのことである。個人が提供する「パーソナルデータ」とは，個人の情報，移動・行動・購買履歴などを含むデータのことである。また，改正個人情報保護法を踏まえ，特定の個人を識別できないように加工された情報も含まれる（総

務省，2017）。

　こうしたビッグデータを有効活用することで，企業は効率的なマーケティングが実現できるとコトラー（2013）は指摘している。しかし一方で，企業などがビッグデータに依存することへの注意を促す人もいる（西本，2014）。

　井上（2014）は，企業がビッグデータを用いてマーケティング戦略を構築する際に留意すべき点をいくつか挙げている。第1にビッグデータを活用すれば新たなマーケティング戦略への示唆が生まれると考えてはならないということを指摘している。ビッグデータに頼るのではなく，企業は，仮説や戦略をあらかじめ持っていることが望ましい。その仮説を検証したり，戦略を推進する上での具体的な戦術を考えたりするという局面においては，ビッグデータは大きな力となる。第2に，ごみからはごみしか出てこないということを指摘している。データがきちんと目的を持って集められ整えられたものでなければ，ビッグデータならぬゴミデータとなってしまい，集めても意味がない。第3に行動データと態度データを区別して活用すべきであると指摘している。生活者の行動と行動意図は同じものではなく，その行動は，どんな意図のもとで行われたのかということを考察しなくてはならない。その他にも留意すべきことは多い。

　以上のように，課題はあるものの，ビッグデータはマーケティングにとって，非常に重要なものになったことは間違いない。

ケーススタディ②

日本経済新聞　IoT を紙面に大胆に活用

　IoT を有効に積極活用しているケースとして，日本経済新聞社の例について述べる。

　インターネットが社会の基幹メディアとなるに従い，人々はニュースをスマホなどを通じてインターネット経由で見ることが多くなり，新聞の市場規模は減少傾向にある。これに対応するため，新聞各社においては，デジタル化をめざした動きや電子版の新聞を発行する試みが広く行われてきた。しかし，リアル店舗をかまえ，宅配によって新聞の黄金期を支えた販売店のネッ

トワークを簡単に廃止することには，さまざまな困難が伴った。また，高齢の読者には紙への愛着，電子版への抵抗があることもあり，デジタル化への道は容易ではなかった。そうしたことから，主な新聞社の多くは，電子版への移行に成功しているとはいいがたい。

　しかし，日本経済新聞社は，積極的にデジタル化に取り組んで，例外的に成功している。電子版のアクセス数等についての詳細データも公表している。2022年 4 月〜 6 月において，日経電子版のトップページアクセス数は約 3 億6810万 PV/ 月，日経電子版会員数（2022年 7 月 1 日時点）は約578万となっている（日本経済新聞社，2022）。

　日本経済新聞社では，また，IoT，AR をはじめとした新しい技術の導入に力を入れている。なお，IoT は，モノのインターネット，Internet of Things の頭文字で，形のない情報ではなく，物理的に形のあるモノを，ネットワークにつなげてリソースとする技術のことをいう。一方，AR とは，Augmented Reality の頭文字で，拡張現実を意味し，たとえば，新聞に印刷された QR コードにスマートフォンをかざすと，映像が再生されるようなサービスが提供されている。

　これらを踏まえ，日本経済新聞社　メディアビジネス クロスメディアユニット　広告 IoT 化推進室　室長　村山亘氏に対し，2019年 9 月11日にインタビューを行った。インタビューにおいて，まず，広告主から新聞広告の効果はわかりづらいところがあるという指摘があったことが語られた。また，新聞はこれまではインターネットとの連携が弱かったこともあり，実態以上にイメージが低下していることが課題であったとのことだった。そして，これらの課題解決に向けて新聞広告効果の可視化と，インターネットとの連携，新聞のリブランディングが行われた。さらに社としての強い意志を示すために，「日本経済新聞　新聞広告 IoT 宣言」を発表したとのことだった。なお，この宣言は高い評価を得，2019年度の新聞協会賞を受賞している。

　現在，多様な広告効果の測定法を用いているが，そのひとつとして，モバイル端末などを活用して電子版を新聞紙面に近い形で読んでいる紙面ビューアーの読者の閲読データの活用を行っている。そして，各広告面の表示数や

滞在時間データなどを取得し，広告が掲載された当日に広告主に対し，速報レポートを作成している。測定データを見ると，日経の読者は広告のなかでも，イベントの告知広告や，経営トップの登場している広告，講演の登壇者の顔写真といった，一見地味ながら，情報の多い広告をよく見ている事実などが明らかになった。その結果は広告のクリエイティブにも活かされている。

　広告主のブランディングに役立つ広告の実現に向けても，さまざまな試みを行っている。日経新聞はもともとブランディング広告に強いが，ブランドリフト効果をリアルタイムで測定できることをめざして，紙面ビューアーのデータ，広告に対するアンケート調査データなどを活用している。

　アプリである日経 AR については，これを活用することで，新聞紙面だけで完結しない，読者に関与してもらう表現が可能になっている。AR を活用したリアルとの連動例としては，日経平均株価に連動して味を変える「日経ブレンド」というコーヒーを提供したキャンペーンがある。ここでは，コーヒーカップのスリーブ自体をマーカーにして，日経 AR を使うと編集委員の相場解説動画を見ることができるようにした。結果として，新聞とリアルを連動した新しい体験を提供することができた。

　デジタル化が進んだとしても，変えない点としては，新聞社としての取材の姿勢，Fact の重視の姿勢がある。今後とも，Fact を重視しつつ，読者や参加者のユーザビリティを上げて，付加価値を高めていくことをめざしている。

　日本経済新聞社は，以上のように新聞ならではの信頼性やブランド力を活用しながら，紙であることの課題をデジタル技術の活用で克服し，紙面とデジタルの相乗効果を高めていた。日本経済新聞単独出稿のブランディング広告出稿は数多く，SNS でも頻繁に話題になるなどしており，今後のますますの発展が期待される（進藤，2021）。

（注および謝辞）
「【ケーススタディ②】日本経済新聞　IoT を紙面に大胆に活用」は『日経広告研究所報』
（進藤美希（2021）「伝統メディアにおける広告ビジネスのデジタル・トランスフォーメー

ションに関する研究：デジタル広告効果研究会報告」『日経広告研究所報』，vol.317,
pp.18-27）に掲載されたケースに現時点における情報を加えて加筆修正したものである。
元になるインタビューは，日本経済新聞社　メディアビジネス クロスメディアユニット
広告 IoT 化推進室 室長 村山亘氏に対し2019年 9 月11日に行った（肩書は当時のもの）。
ご協力に心から感謝申し上げます。

まとめ

　この章では，デジタルマーケティングを推進しようとする人が，直面する
技術環境の変化について，重要な項目をピックアップして述べた。デジタル
マーケティングを進める人が，技術の本質を知らないで，成功することはで
きない。とはいえ，マーケターが，プログラムを書く必要はない。ただ，本
質的に重要な技術的背景を知って，その上で，ビジネスを組み立てていただ
ければ，成功する確率は格段に上がるだろう。

　そのために，この章では，重要な技術環境について本質に迫りつつ詳細に
検討した。そして新聞のデジタル化に挑戦する日本経済新聞社のケースにつ
いても紹介した。

　これらの技術環境の変化を理解して，マーケターがデジタルマーケティン
グを推進すれば，大きな成果が得られるであろう。

第3章

デジタルトランスフォーメーションを実現する：デジタル経営戦略

> The game is afoot.
> 獲物が飛び出したぞ。
> Sherlock Holmes, by Arthur Conan Doyle（1905）*The Adventure of the Abbey Grange*

はじめに

　デジタル技術の進化と社会のデジタル化は，企業に変革を迫っている。デジタル技術を基盤とした企業（デジタル企業）の時価総額が増加していることもデジタル化への関心を高めている（今井，2020）。また，2020年からの世界的なコロナ禍は予想外のかたちで，デジタル化の推進力になった。この時期に，マイクロソフト CEO のナデラは，「2年分に相当するデジタル変革が2カ月で起こるのを見た」と述べている（マイナビニュース，2020）。

　では，そもそも企業がデジタル化するとは，いったい，どんなことだろうか？　デジタル化したいと思った場合，まず，何から考えればよいのだろうか？　この章では，そうしたことについて，記していく。

3-1　デジタルトランスフォーメーションとは何か

　企業がデジタル化することについては，「デジタルトランスフォーメーション（DX）」という用語がよく使われる。では，デジタルトランスフォー

メーションとはどんな意味だろう。定義は非常にたくさんあるので，それら
を紹介することからはじめよう。

　デジタルトランスフォーメーションという言葉を最初に使ったのは，スト
ルターマンであるといわれている。ストルターマンらは，デジタルトランス
フォーメーションを，「人間の生活のさまざまな面において，デジタル技術
が引き起こし，影響する変化」と定義している（Stolterman 他，2004）。この
定義は，デジタルトランスフォーメーションを企業のデジタル戦略の一形態
としてではなく，社会のデジタル化の視点で定義したものだということがで
きる（市川，2021）。

　ストルターマンは2022年になりDXの新しい定義を発表している（Stolterman，
2022）。企業などのプライベートセクターのDXの定義としては，「デジタル
トランスフォーメーション（DX）は，企業がビジネスの目標やビジョンの達
成にむけて，その価値，製品，サービスの提供の仕組みを変革することであ
る。DXは顧客により高い価値を提供することを通じて，企業全体の価値を
向上させることも可能にする。DXは戦略，組織行動，組織構造，組織文
化，教育，ガバナンス，手順など，組織のあらゆる要素を変革し，デジタル
技術の活用に基づく最適なエコシステムを構築することが必要である。DX
は，トップマネジメントが主導し，リードしながら，全従業員が変革に参加
することが必要である。」としている（デジタルトランスフォーメーション研究所，
2022）。

　日本でよく利用されている定義には，IDC Japan（2017）によるものがあ
る。IDC Japan（2017）は，デジタルトランスフォーメーションを，「企業が
外部エコシステム（顧客，市場）の破壊的な変化に対応しつつ，内部エコシス
テム（組織，文化，従業員）の変革を牽引しながら，第3のプラットフォーム
（クラウド，モビリティ，ビッグデータ／アナリティクス，ソーシャル技術）を利用し
て，新しい製品やサービス，新しいビジネス・モデルを通して，ネットとリ
アルの両面での顧客エクスペリエンスの変革を図ることで価値を創出し，競
争上の優位性を確立すること」と定義している。この定義は，経済産業省
（2018a, b）によるDXレポートでも引用され，ビジネスにおけるデジタルト
ランスフォーメーションの定義として広く用いられることになった。

　一方，ウェイド他（2019）は，デジタルトランスフォーメーションを，「デジタル技術とデジタル・ビジネスモデルを用いて組織を変化させ，業績を改善すること」と定義している。

　この IDC Japan（2017）やウェイド他（2019）の定義から，デジタルトランスフォーメーションとは，単に企業内の局所的なデジタル化ではなく，全社のビジネスモデルを変革する，非常に大きな取り組みであることがわかる。

　だがすべてを同時に実行することはむずかしい。企業が着目するポイントによって，いくつかの類型がデジタルトランスフォーメーションにはある。市川（2021）は，デジタルトランスフォーメーション（DX）を以下の3つに分類している。

(1)新サービス・市場創出型 DX（ビジネスモデル改革型）：デジタル技術を利用して，新たな製品・サービスを提供すると共に顧客への付加価値・市場を創出し，新たなビジネスモデルを構築する DX

(2)事業プロセス改革型 DX（ビジネストランスフォーメーション型）：デジタル技術を利用して，既存の社内外の事業プロセス全体の改革・効率化を行う DX

(3)組織・業務改革型 DX（フューチャーオブワーク型）：デジタル技術を利用して，組織の働き方や業務のプロセスの改革を行う DX

　現実の企業においては，上記のどのような類型のデジタルトランスフォーメーションを実行しようとしても，さまざまな障害が生まれ，実行は困難だと感じられる場合もあるだろう。とはいえ，デジタルトランスフォーメーションは，企業にとっては，行うべきかどうかという問題ではなく，いつ，どのように行うかという問題である（ウェイル他，2018）。デジタルトランスフォーメーションの実行については，選択の余地はなく，実行しなくては今後，企業は生き残ることはできない。そのくらい重要なミッションといえる。

　では，企業がデジタルトランスフォーメーションを実現するためには，どのような事柄を実行していけばよいのだろうか？　日本経済新聞（2019）は，デジタル変革に不可欠な6要素として，変革への意欲，変化に強い現代的な基幹系システム，組織と人，経営層の覚悟，IT パートナー，国の支援を挙げている。IDC Japan（2017）は，内部エコシステム（組織，文化，従業員）

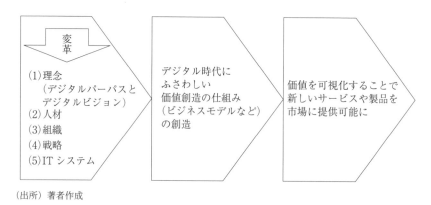

（出所）著者作成

図3-1　デジタルトランスフォーメーションの機序

の変革を牽引しながら，第3のプラットフォーム（クラウド，モビリティ，ビッグデータ／アナリティクス，ソーシャル技術）を利用することが重要だと述べている。

　これらをまとめると，企業がデジタルトランスフォーメーションを実現するためには，(1)理念（デジタルパーパスとデジタルビジョン）(2)人材　(3)組織　(4)戦略　(5)IT システムを変革していく必要があることがわかる。これにより，デジタル時代にふさわしい価値創造の仕組み（ビジネスモデルなど）を作ることができる。そして，価値を可視化することで新しいサービスや製品を市場に提供可能となる。

　では，次項からこの(1)〜(5)について，詳細に検討していこう（図3-1）。

3-2　理念：デジタルパーパスとデジタルビジョンを策定しよう

　最初に，デジタルトランスフォーメーションに必要なパーパスとビジョンについて述べる。

　パーパスとは，企業の社会的存在意義や目的を意味する。「我々は何者か」，「我々が充足すべき世界のニーズは何か」という2つの問いの重なる領域としてパーパスは定義できる（BCG，ブライトハウス，n.d.）。デジタルトランスフォーメーションを実現するという文脈で考える場合，企業の本業や社

会的存在意義，目的は変化しない場合もあるだろう。通信会社の例で考えて
みよう。もし，通信会社の社会的存在意義は，アナログの固定電話の運用で
あると定義してしまうと，デジタル時代には，存在意義を失うことになる。
だが，通信会社の社会的存在意義は，人々のコミュニケーションを促進する
ことであると定義すれば，デジタル時代においても，大きな存在意義があ
る。あなたの会社のパーパスは，デジタルによる既存の制度の破壊に対して
耐性があるだろうか。そのことを検証するために，デジタル時代のパーパ
ス，すなわち，デジタルパーパスを，書き起こしてみることをおすすめした
い。

　次に，ビジョンについて見てみよう。ビジョンとは，企業がめざす将来の
姿，未来に向けた方向性を意味する（グラムコ，n.d.）。デジタルトランス
フォーメーションを実現するという文脈で考える場合には，デジタル化のな
かで，企業がめざす将来の姿ということになる。まずは，こうした，将来の
あるべきイメージをステイクホルダー（顧客，株主，地域社会，社員，経営者な
ど）みんなで共有しないと，さまざまなデジタルトランスフォーメーション
に向けた試みが，バラバラな方向を向くことにもなりかねない。

　デジタルトランスフォーメーションがめざす方向は，それほど幅広くない
から，バラバラにはならないとお考えだろうか？　ところがそうでもない。
ある人は，顧客のユーザーエクスペリエンスを重視して，インタフェースに
集中したいと考えているが，ある人は，社内のシステムの高度化を重視し
て，AI の導入に注力したいと考えているかもしれない。もちろん，どちら
も大事だが，経営資源はかぎられており，すべてを実施することはできな
い。こうした齟齬が生まれることを防ぐためにも，デジタル時代にふわさし
いデジタルビジョンを策定してデジタル化の方向性を定め，企業全体のデジ
タル戦略の方向性を定めて全員が共有することは重要である（野村総合研究
所，2020a）。このデジタルビジョンは，マーケティングのスローガンとして
ではなく，リアリティに根差したものとして策定し，社内で共有する必要が
ある。たとえば，バーバリーの CEO は，バーバリーのデジタルビジョン
は，「顧客はどんな機器からでもどんな場所からでもバーバリーのすべてに
アクセスできるようになる」ことだ，と語っているが，こうした具体的なイ

メージがあり，ステイクホルダーの間で共有されていることが望ましい（ウェイド他，2019）。

　しかし，非常に変化の速いデジタルビジネスの世界で，長期目標のようなものが役に立つのだろうか，という疑問も湧いてくるだろう。だが，方向性もなく，短期目標を立てることは，組織を間違った方法に導く。つまり，デジタルビジョンは，現在の技術で可能になるステップのようなものとして設定すべきではなく，むしろ，遠い未来をイメージしつつ，方向性を具体的に考えるというやり方で設定するほうがよい（ケイン他，2020）。

3-3　人材：デジタル人材を採用し育成しよう

　この項ではデジタルトランスフォーメーションに必要な人材について述べる。

　まず，必要なのはデジタルトランスフォーメーションを推進するデジタルリーダーである。デジタルリーダーのスキルとして重視されるのは，前項で述べたデジタルパーパスとデジタルビジョンを策定する能力である。そして，デジタルリーダーはデジタルパーパスとデジタルビジョンを社内で共有するとともに，社内外の人々を動かして，それらを実現する仕組みを作っていく。こうした一連の作業を行うデジタルリーダーには，高い問題解決能力が求められる。逆にいうと，デジタルリーダーはデジタル技術に精通した技術者でなくても，かまわない（ケイン他，2020）。とはいえ，もちろん，デジタル技術の本質を理解する能力は必要だ。

　デジタルリーダーは，CDO（チーフデジタルオフィサー）と呼ばれることもある。CIO（チーフインフォメーションオフィサー）の役割が，情報システムの運用や既存のビジネスの効率化であったのに対して，CDOの役割は，より戦略的なものになる。すなわち，デジタル技術を活用して，ビジネスモデルを革新していくことにある（ロジャース，2021）。

　デジタルリーダーのもうひとつの重要な役割は，デジタルトランスフォーメーションに必要な人材を採用し，育成することである。技術側の人材としては，まずは，デジタルストラテジストを採用する必要がある。デジタルス

トラテジストは，CDO を助け，技術戦略を策定する。このデジタルストラ
テジストのもとに，デジタルアーキテクト（システム全体の構造をデザインする
人材）やデジタルエンジニア（サービスを実装する人材）などが集められて活躍
する（野村総合研究所，2020a）。

　ビジネス側の人材としては，デジタルマーケターが必要になる。デジタル
マーケターは，従来のマーケティング知識だけでなく，デジタル技術の知識
を兼ね備えた人材であることが求められる。

　デジタル人材に対して，企業は，継続して学習し成長する機会を与えつづ
けると同時に，本人にとって面白い仕事に挑戦する機会を与えつづけて，そ
の企業でがんばっていこうというモチベーションを維持していく必要があ
る。さらに，彼ら／彼女らには，リーダーシップをとる機会を与えなければ
ならない。そうすることで，価値あるデジタル人材は，企業へ定着してくれ
る可能性が高まる（ケイン他，2020）。なお，こうしたデジタル人材を獲得
し，育成し，評価し，処遇してモチベーションを維持するためには，デジタ
ル人材をタレントとしてマネジメントができる人材管理システムも必要に
なってくるだろう（野村総合研究所，2020b）。

　しかし，現在の日本では，上記のような状態が生み出せている企業はごく
まれである。

　特に，デジタルエンジニアの不足が顕著であり，深刻な問題になってい
る。

　では，現在，デジタルエンジニアの母体となる，IT 技術者は，世界に，
日本に，どのくらいいるのだろうか？　ヒューマンリソシア（2020a）による
と，世界の IT 技術者数は，推計2136.5万人であり，国・地域別でみると，
1 位アメリカ477.6万人，2 位中国227.2万人，3 位インド212万人，4 位日
本109万人となっている。人口に占める IT 技術者の割合が高いのは，1 位
アイスランド，2 位スウェーデン，3 位エストニアであり，日本は32位で
ある。日本の IT 技術者は，人口に対する割合で低くなっており，不足が深
刻な問題になっている。

　また，情報通信技術関連を専攻した IT 分野の大学等の卒業者数は，世界
全体では年間約151.2万人となっている。国別では 1 位インド55万人，2 位

アメリカ14.8万人，3位ロシア9.3万人である。日本では，情報通信技術関連を専攻したIT分野の大学等の卒業者も，不足している。一方，インドではこうした人材の育成に積極的で成果をあげており，結果，世界の情報通信技術専攻の大学等卒業者の1/3以上がインド人となっている（ヒューマンリソシア，2020b）。

　なぜ，日本ではIT技術者が育たないのだろうか。そのひとつの理由として，日本のIT技術者の年収の低さが挙げられる。IT技術者の給与（年収）ランキングを見ると，1位スイス（92,500USドル），2位アメリカ（83,389USドル），3位イスラエル（79,511USドル）となっており，日本は42,464USドルで18位にとどまっている（ヒューマンリソシア，2020c）。また，IT技術者の平均年収について，日本経済新聞（2021）は，30代エンジニアについては，日本が526万円，アメリカが1238万円となっていると指摘しており，その待遇には一人当たりのGDPの差以上の開きがある。そもそも，日本では，IT技術者は，若い人が勉強してめざしたいと思えるような処遇を受けていないのだ。

　続けて，グローバルな視野から見たときの，日本のIT技術者の特徴や課題について見てみよう。第1に挙げられることは，IT技術者として，情報系，工学系，理学系の大学の高等教育をうけていない者が多いことである。

　第2に挙げられるのは，デジタル技術に関するスキルが低く，AI・データサイエンス等に関する高いスキルを持つ人材が少ないことである。また，ディレクター，プロジェクトマネジャー，コンサルタント，アーキテクトなどの高給を得られる職種ではなく，デベロッパー，テスター，オペレータ，サポートデスクなどの低給与の職にとどまっているIT技術者が多い。

　第3に，日本のIT技術者の人材流動性が低いことが挙げられる。日本のIT人材の転職意向は欧米に比べて低く，保守的で，需要に対して十分な人材の流動性は生まれていない（井口，2017）。欧米では，IT人材が，ITベンダー，ユーザー側組織のIT部門，大学などの異なるセクター間で転職を繰り返すことで，ビジネス経験と技術の幅を広げていく場合も多いが，日本ではそうなっていない。そうなっていない理由としては，日本ではITベンダーや大学等で通用するレベルのスキルを持つものが少ないということもある。

　第 4 に，日本の IT 産業の構造が，ユーザー企業のシステム開発を元請けのシステムインテグレーターが受注して，下請け，孫請けに業務を回す，多重下請けの受託開発型業界構造となっていることが，IT 技術者の年収を低くしている。多重下請け構造のなかで，日本の IT 技術者の多くは，発注者のユーザー企業ではなく，下請け，孫請けの企業に勤務しているため，中間マージンが抜かれて，低賃金になる傾向がある。

　以上のように，一般に，日本の IT 技術者は情報系・理工系の大学高等教育を受けていない者が多く，スキルが低く，保守的であり，かつ多重下請けの業界構造により搾取されているため，年収が低いままであり，デジタルエンジニアとして活躍するには程遠い状態にある。

　こうした状態から日本の IT 技術者を救い出し，デジタルエンジニアとして育てていくことは，日本におけるデジタルトランスフォーメーション実現のために不可欠である（進藤・鈴木，2021）。

3-4　組織：オープンなエコシステムでつながり失敗ができる組織

　人材については前項で述べた。この項では，組織について述べる。

　デジタルトランスフォーメーションに成功している企業の組織は，まず，デジタルトランスフォーメーションを引き寄せる組織文化を持っている。組織文化とは，組織の規範や信念，基本的な価値観などを示すもの（ケイン他，2020）である。この組織文化を形成するためには，前述したパーパスやビジョンの策定，共有が前提となる。

　デジタルな組織は，また，デジタル環境の変化とスピードに対応することができる体制となっていなければならない。そのためには組織をモジュール化（部品のようにばらばらにしておき，組み合わせ可能な状態にしておく）して，必要に応じてすばやく，クロスファンクショナルチームを作ることができるようにしておくことが望ましい。さらに，外部の人材や組織も含めた，オープンなネットワークを作っておくことが望ましい（ケイン他，2020）。このような，オープンで分散型の組織は，イノベーションを起こすのには向いているが，意思決定に長い時間がかかり，モジュール間でのすりあわせや，調整コ

ストが必要な場合もある。デメリットもあることを意識して，必要に応じて，トップダウン型の意思決定をも組み合わせる。

　とはいえ，既存の組織から，デジタルな組織への移行は容易ではない。組織を変革しようとする取り組みは，ほとんどが失敗に終わると言われている。過去の遺産のために，がんじがらめの状態になりやすいからである。こうした状況下で，変革に取り組む場合，オーケストレーションという概念を用いることが有用であると，ウェイド他（2019）は指摘している。オーケストレーションとは，交響楽団で多くの楽器の演奏家がひとつになって楽曲を演奏するように組織を動かすことを意味する。つまり，デジタル化に必要な楽器とその演奏家を選び，集中した状態で，個々の演奏，すなわち専門能力をフルに発揮してもらいながら，全体がひとつになって美しい音楽を作ってゆくというイメージである。

　しかし，デジタルトランスフォーメーションを行っていく際には，さまざまな失敗がおこるはずである。実際に変革をになうメンバー，社員，専門家らが，もし失敗したら，自分が個人として責められたり，辞めさせられたりするのではないか？　と，こわごわ仕事に取り組んだのでは，とても変革に成功することはできないだろう。そこで，個々人が失敗を恐れないですむ「心理的安全性」のある組織を作る必要がある。ここでいう心理的安全性とは，皆が気兼ねなく意見を述べることができ，自分らしくいられる文化のことだ。そこでは失敗した場合の報復への不安なしに行動することができる。心理的安全性が確保されていれば，ミスは迅速に関係部署に報告され，すぐさま修正が行われて，的確なデジタルトランスフォーメーションが実現する。このように，デジタルトランスフォーメーションをめざす組織において，心理的安全性を確保することは，欠かせない要件である（エドモントン，2021）。

3-5　戦略：とにかくスピード

　ここまでデジタルトランスフォーメーションに必要な人材，組織について見てきた。続けて戦略について述べる。

　そもそも戦略とは何だろうか。

　戦略（strategy）という言葉の起源は古い。strategy という言葉は，古代ギリシア語，ラテン語の strategos に起源があり，語源的には，軍事的指導者を意味していた（琴坂, 2016a）。

　現代の経営戦略に関する研究では，企業の外部環境に対応し，内部資源を活用することが重視されてきた。企業の外部環境をモデル化して経営戦略を体系化したのがポーター（1995）である。ポーター（1995）は「5つの力」のフレームワークを提案した。5つの力とは，「業界内の競合」「新規参入の脅威」「代替品の脅威」「売り手の交渉力」「買い手の交渉力」のことである。これは当該企業が所属する業界内部の環境だけでなく，業界自体を取り巻く環境について俯瞰的に見ることで，競争優位を確立しようという提案である。一方，企業の内部資源に着目して経営戦略を体系化したのが，バーニー（2013）の「リソース・ベースド・ビュー」の理論である（琴坂, 2016b, 2018）。

　しかし，デジタル時代においては，常に外部環境は大きく変化し，業界の定義そのものがゆらいでおり，内部資源のありようも固定的なものではない。そのため，ビジネスを計画通り進めることは難しく，あらかじめしっかりした経営戦略を立てておくよりは，環境変化に迅速に対応することが重要になってきている（琴坂, 2016b）。

　Mintzberg 他（1985）は，経営戦略は実行の中から次第に形作るものととらえた。この考え方は「創発的戦略」と呼ばれている。創発的戦略とは，事前に計画されず，偶発的な行動によって実行されるが，結果的に成功した場合，経営戦略として認知されるものとされている（琴坂, 2016b, 2018）。

　変化の速いデジタルの世界で，創発的戦略を実行する方法論としては，「アジャイル」と呼ばれる戦略がある。agile とは機敏なことを意味する英語である（小学館, 2012）。アジャイルという言葉がビジネスにおいて用いられるようになったのは，ソフトウェア開発の世界からである。原則は，2001年に発表された「アジャイルソフトウェア開発宣言」に定義されている。この宣言は著名な開発者17名によって起草された。以下の価値観を有するソフトウェア開発を「アジャイルソフトウェア開発」と名付けている。

　　　プロセスやツールよりも個人と対話を
　　　包括的なドキュメントよりも動くソフトウェアを

　　契約交渉よりも顧客との協調を

　　計画に従うことよりも変化への対応を

（「アジャイルソフトウェア開発宣言」，2001）

　アジャイル開発は，顧客のニーズを理解することは難しく，技術の移り変わりも早いため，前もって，いろいろなことを完全に設計することは無理があると考え，開発前に仕様を完全に決めないで，ある程度動くソフトウェアを成長させながら作成する開発手法である（平井，2019）。

　アジャイルの手法はソフトウェア開発の成功確率を劇的に高めた。その後，ソフトウェア開発以外の幅広い業界でも，取り入れられるようになった（Rigby 他，2016）。アジャイルの手法は早く物事に取り組むだけではなく，フィードバックや顧客との対話や交流を重視すること，機能横断的なことにも特徴がある。そのため，アジャイルの導入はイノベーションを加速させる（平井，2019）。ゆえに，デジタルトランスフォーメーションを実行する上で，アジャイルの方法は有用である（ウェイド他，2019）。

　速さを重視した戦略としては，アジャイル以外にも，OODA LOOP という方法がある。OODA LOOP は第一次・第二次湾岸戦争の際に，アメリカ海兵隊や特殊部隊で軍事行動を行う際に実践されていた方法であり，O（Observe：観察），O（Orient：情勢判断），D（Decide：意思決定），A（Act：行動）のサイクルを，高速，機敏に回す軍事戦略の方法である。OODA はビジネスにも応用が可能であり，スピードが求められるビジネスの中で優位を築くための方法として注目されている。さらに，近年では，デジタル技術の発達により，O（観察）の対象がビッグデータになり，O（情勢判断）は AI で行うことができるようになり，D（意思決定）・A（行動）も AI や IT で行うことが可能になったことで，さらなるスピードアップが実現している。そのため，不確実性が高く，非定型的な業務には適した方法として，OODA LOOP は企業でも採用されてきている。

　従来，多くの日本企業が採用していた P（Plan），D（Do），C（Check），A（Action）サイクルは，計画（Plan）を重視し，定型的な業務には適していた。しかしデジタルの時代に求められる機敏さに PDCA サイクルは欠けていたため，OODA LOOP が提案された（リチャーズ，2019）。

3-6　IT システム：先端 IT システムがどうしても必要

　この項では企業のデジタルトランスフォーメーションを推進するのに必要な IT システムについて述べる。

3-6-1　企業の IT システムの進化

　振り返ると，企業の IT システムは，メインフレームの時代，クライアント・サーバーの時代，インターネットやウェブを活用する時代をへて，デジタルトランスフォーメーションの時代，すなわち，多様なプラットフォームやクラウド，IoT，AI，データを活用する時代に入った。しかし，多くの企業においてデジタルトランスフォーメーションの時代に求められる IT システムと現状の IT システムの間には大きなギャップがあり，システムの刷新が求められている。

　刷新を行おうとする企業は，これまで使ってきた古い IT システム，すなわち，レガシーシステムをどうするかという課題に直面する。レガシーシステムには技術面の陳腐化，システムの肥大化，ブラックボックス化などの問題がある。対応しようとしても，各企業のレガシーシステムは多様で，メインフレームを使ったものもあれば，オープンレガシーと呼ばれる，オープン系の技術を使ったウェブシステムなどもあり，刷新は容易ではない。このレガシーを刷新する手法としては，リインターフェース（インタフェース部分のみ刷新），リホスト（ハードウェアを刷新），リライト（機能は変えず別の言語でシステムを再構築），リプレース（パッケージ製品や SaaS などの外部サービスに置き換え），リビルド（スクラッチで 1 から作り直す）などがある（野村総合研究所，2020a）。

　また，刷新に成功したとしても，活用されなければ意味がない。IT システムを刷新したにもかかわらず，活用されずに，機能不全に陥っている企業も多く存在する。こうした事態に陥らない運用方法や戦略を，各企業は検討し続ける必要があるだろう（メラ他，2021）。

　さて，以下からは，デジタルトランスフォーメーションに必要な先端 IT

システムについて詳細に述べていこう。

3-6-2　アーキテクチャとプラットフォーム

　デジタルトランスフォーメーションに必要な企業の先端 IT システムについて検討する際，最初に考える必要があるのは，どのようなアーキテクチャとプラットフォームにするかである。アーキテクチャとは，IT システム全体の構造のことであり，刷新されたデジタル時代のビジネスモデルを実現可能なものを選ぶ必要がある。プラットフォームは，IT システム全体の基盤のことであり，デジタル時代のビジネスモデル，アーキテクチャを支えうるものとして構築する必要がある（野村総合研究所, 2020a）。

3-6-3　ネットワーク，サーバー，クラウド

　企業が先端 IT システムを構築する際の次の課題は，ネットワークやサーバーをどのように設計するかということである。現在は，サーバーについては，自社で保有する（オンプレミスと呼ばれている）のではなく，外部のサービス（クラウド）を活用するのが一般的である（西川他, 2019）。クラウドとは，データやソフトウェアを，ネットワーク経由で，サービスとして利用者に提供するものである。企業は以前，サーバー，ソフトウェア，データなどを，自社で保有していた。しかしクラウドサービスを利用することで，保有の手間や経費をかけることなく，ビジネスを推進することができるようになった（総務省, 2013）。ネットワークについても，以前は，企業ごとに専用線に基づく社内ネットワークを自社で構築していたが，現在は，IP 技術を活用したネットワークサービスが使用されている。複数のユーザーで共用する回線を仮想的な専用ネットワークとして利用するサービスは VPN（Virtual Private Network）と呼ばれている。

　クラウドにしても VPN にしても，自社で持たずに外部のサービスを使うことで，コストの削減が可能になったことは明らかだが，基幹システムの重要部分を外部のサービスに依存する危険性は意識しておく必要があるだろう。

3-6-4　IoT

さて，先端 IT システムでは IoT の活用が望まれる。企業は，IoT を活用することで，サイバーワールドからだけでなく，フィジカルワールド（物理世界，現実世界）からも，多様なデータを取得できる。IoT の本質と詳細については 2 章ですでに述べたので，ここではその活用例を紹介しよう。

フィジカルワールドからのデータを取得するために，ドローンを使う企業がある。ドローンを使うことで，空中からの，きわめて鮮明な映像を含むデータ取得を低コストで実施できるからである（アンダーソン，2019）。

より現実的な IoT のシステム分野としては，ファクトリー IoT と呼ばれるものがある。これは，製造業，特に工場において，工業機械，機器の故障予測・検知や，産業用ロボットの制御・協調作業，製造・配送工程でのトレーサビリティなどにおける IoT の活用をさす（野村総合研究所，2020b）。

3-6-5　AI

次に，AI の活用について見ていこう。AI の本質と詳細については 2 章ですでに述べたので，ここでは，これまでの IT システムと AI の違いについて，広告業界を例に引きながら確認していこう。

これまでの IT システムで通常用いられてきたプログラムは，基本的に，ソースコード（コンピュータ・プログラムの詳細設計とその実現を記述したもの）に書かれた通りに動くものである。万一，プログラマが間違えてプログラムを書いても，間違えた通りに愚直に動くという意味である。つまり，在来のIT システムのプログラムは記述された通りに，定められた通りの動作をする。記述に間違いがあれば，間違いは人がひとつずつ修正しなければならなかった。しかし，正しい指示（命令）が行われたならば，通常は，指示通りに正確に動作する。

企業に導入されてきたこれまでの IT システムは，このようなプログラムをベースに作られたものである。そのため，正しく設計され，正しくプログラムが記述されていれば，業務の自動化や，定型的作業の効率化などにおいて，企業の発展に大きく貢献することができるシステムとなりえた。

しかし，これまでの IT システムは，新しい価値の創造，ビジネスの革

新，あるいは，クリエイティブな領域において，ふさわしいものだったとは言い難い。つまり，20世紀的な工業製品の生産には役に立ったが，21世紀的な知識産業，クリエイティビティが問われる産業において活用するには，本質的に，これまでのITシステムには問題が多かったのである。

　広告業界は，まさに，新しい価値の創造やクリエイティビティが重要な業界であり，これまでのITの活用は限定的な分野にとどまっていた。ではAIはどうだろう。AIも，プログラムであることには代わりはないが，これまでのプログラムとは異なる特色を持つ。AIの中核となるソフトウェアは，大量のデータを学習してその中から特徴をとらえる，あるいは微妙な変化を発見することができる。人間のように見て（画像認識をして），観察し，多くの場面やエピソードを学習し，異変を感知し，変化を予測し，行動計画を導き，あるいは，最適なバランスを見出すことが可能である。また，それらの応用として，絵を描いたりすることもできる。

　AIをベースとしたシステムでは，AIのエンジンのプログラムを変更することなく，データから学習してある種のデータ上の経験を獲得することによって，自らの判断や行動を変化させることができる。その結果，あたかも，人間と同様な知能があるかのように見える働きや，創作を行うことが可能になっている（進藤，2018）。

3-6-6　データ

　次に，データの活用について見ていこう。「データは新しい石油である」という言い方をされることがある。データは，企業に発展の機会をもたらす，巨大な潜在能力を持つ（コトラー，2020）。今や，データは，企業のあらゆる部門にとっての活力源であり，時間をかけて開発され，展開されるべき戦略資産になりつつある（ロジャース，2021）。なお，ロジャース（2021）は，アナログ時代からデジタル時代にかけてデータの戦略的前提がどう変化したかについて，表3-1のようにまとめている。

表3-1　アナログ時代からデジタル時代にかけてデータの戦略的前提がどう変化したか

アナログ時代	デジタル時代
企業内でデータ構築するには金がかかる	データはあらゆるところで継続的に作られる
データの保存と管理が課題	データを価値ある情報にすることが課題
企業は構造化されたデータのみを活用	非構造化データも活用され価値を創出
データは縦割りの部門の中で個別に管理	データの価値は部門間で連結されて生じる
データはプロセス最適化のための手段	データは価値創出のための主要無形資産

（出所）ロジャース（2021），p.111

　サイバーフィジカルコンバージェンスの進展で，ビッグデータが企業で容易に取得，活用できるようになり，企業には，構造化データも，画像や動画，メールといった非構造化データも大量に流入するようになった（清水，2018）。そこで，各企業では，データウェアハウスとともに，データレイクを用意するようになった。

　データウェアハウスは，トランザクションシステム，業務データベース，基幹業務アプリケーションからのリレーショナルデータを扱うものである（AWS, n.d）。一方，データレイクは，量，形式にかかわらず，あらゆるデータを蓄積・管理し，発生したままの形式の構造化データ，非構造化データを，リアルタイムで取り込むものである。データウェアハウスと異なり事前にデータ構造や取得元を設計しておく必要がなく，用途が決まっていないデータも取り込む。つまり，データレイクは，企業において，データ活用のための事前処理を極力削減したデータ基盤である（清水，2018）。

　データウェアハウスやデータレイクの整備が進んだことで，得られたデータの分析のため，多くの企業がデータサイエンスを活用するようになった。データサイエンスは，データから有用な情報・知識を引き出すための基本原理のことをいい，その目標は，意思決定の改善にある。データサイエンスでは，データから有用な知識を抽出するために，段階分けされたプロセスに従い，体系的に処理する。

　データに基づく意思決定は，データ主導型意思決定（DDD：Data Driven Decision）と呼ばれる。DDD は，データ分析に基づいて意思決定を行うことであるが，人が積んだ経験や，経験に基づく直観を組み合わせて用いる意思

決定も引き続き重要であり，データによる意思決定と人による意思決定が二者択一のものであると考える必要はない。AIやコンピュータに任せることができる部分は，意思決定も自動化することで，人は，人にしかできない部分に集中する時間を得ることができるようになるだろう（プロヴォスト他，2014）。

　データを最大限活用している企業の例として Netflix を紹介しよう。Netflix は，会員データの管理だけでなく，コンテンツに関するメタデータをデータベースに保存している。それによって，例えば，古い映画で修正が必要な個所を AI が特定して削除するなどして業務の自動化を図っている。こうしたデータを活用する姿勢は徹底しており，同社は売上の1割弱をクラウドへの投資やデータベースの構築などにあてている（ハーバード・ビジネス・レビュー編集部，2019）。

3-6-7　プライバシーガバナンス

　最後に，プライバシーガバナンスについて考えてみよう。企業がビッグデータを容易に収集，活用可能な時代になり，生活者の側では，プライバシーに対する不安が高まっている。こうした生活者の不安に対応するため，企業は，プライバシーガバナンスの策定，運用に取り組む必要がある。

　プライバシーガバナンスとは，プライバシー保護のための企業統治の仕組みである。これを作るためには，企業は，生活者のプライバシー保護に対する姿勢を明文化して責任者の指名を行う。それから，実施体制を作り，運用ルールを作り，生活者に対して説明していく，という手順を踏む（野村総合研究所，2020b）。

ケーススタディ③
radiko　ラジオのデジタルトランスフォーメーションに成功

　デジタルトランスフォーメーションに非常に成功したケースとして，ラジオ業界の radiko について紹介する。

　従来型のアナログのラジオの業界は，テレビ，新聞などの他の伝統メディ

アと比較しても，市場の縮小が早くから始まっていた。そのため，関係者の危機感は強く，デジタル化に挑戦しようという意思決定が迅速に行われた（進藤，2021）。

　こうしたなかで誕生したのが，ラジオ業界としての共通デジタルプラットフォーム「radiko（ラジコ）」である。radiko はパソコンやスマートフォンを使って全国のラジオ局の番組を聴くことができるデジタルサービスであり，2010年に設立され，サービスの実験を開始した。radiko は災害時の情報インフラとしての役割を果たすとともに，難聴取エリアの解消にも取り組んできた。そして，2020年 9 月には，民放ラジオ全99局が参加する，日本における真のラジオのデジタルプラットフォームとなった（radiko，2022）。

　新型コロナウイルスの感染拡大の影響によって，生活者が在宅で過ごす時間が増えたことも radiko への追い風となった。2020年春には月間ユニークユーザー数が過去最大の900万人に到達した。さらに，民放ラジオ全99局のラジオ番組を日本全国どこででも聴くことができる月額385円（税込）の有料サービス『ラジコプレミアム（エリアフリー聴取）』の会員登録数は，2022年 8 月に100万人に達した（radiko，2022）。

　この radiko 代表取締役社長 青木貴博氏に対し，2019年 3 月26日にインタビューを行った。なお，インタビューは2019年に実施したため，以下の記述は2019年時点の予定が語られているとともに，コロナ禍により生活者の変化も起こっていることを明記しておく。

　さて2019年のインタビューにおいて，広告効果の測定について質問したところ，従来のアナログラジオでは，広告主に対し，2 カ月から 3 カ月に 1 回のデータしか提供することができず，インターネット広告のような速報性や詳細性がない点が課題であるという指摘があった。この点を解決するため，2018年から，オーディオアドの実証実験を開始し，音声メディアでターゲティング配信ができるようにした。オーディオアドとはデジタル音声広告のことである。オーディオアドでは，通常のラジオ放送で流れている CM を，リアルタイムで，radiko で差し替えて配信する。これにより，利用者個人に合わせてターゲティングされた，最適な CM を届けることができる。このオーディオアドでは，インターネット広告と同じようなサービスがラジ

オの広告でもできる。広告主に対しては，詳細なデータなどを提供することができ，要望に応えられるようになる。

　さらに，ターゲティングされたCMを聴取したユーザーが，その後，どういう行動を起こしたのか，広告された商品の購買などに至ったのか，という，いわゆるコンバージョンまでの導線を作っていく。コンバージョンまでの導線を作る上では，通常のラジオとは異なり，radikoでは，スマートフォンなどの画面を利用者が見ていることも多いという特性を生かすことが可能となる（進藤，2021）。

　オーディオアドについて，2022年において，radikoは，全国各地の放送局から差し替え可能な広告枠を取得し，それぞれが持つ良質なコンテンツの間に広告を挿入することが実現している。運用型の音声広告配信，プログラマティック配信も可能となっている。スマートフォンアプリで聴く生活者に対しては，サイマル（ライブ）放送とタイムフリーの広告枠に広告が配信できる。また，位置情報や興味関心などサードパーティーデータを利用したターゲティングが可能になっているとともに，他のデジタル広告との連携配信が可能となっている。オーディオアドはこのように，2019年に語られた構想をもとに，現実のものとなり，大きく発展していることがわかった（Otonal，2022）。

　広告主のブランディングに役立つ広告としては，ラジオは以前から番組に冠をつけたり，広告や商品を番組に溶け込ませることが得意で，プロダクトプレイスメント（番組のなかで自然に企業の商品を用いることで，結果的に広告効果を得る手法）も行ってきた。

　2022年時点では，ラジオメディアの広告はスキップされにくく（完全聴取率98%/実績平均），ブランドに対する好意・興味関心・利用意向の醸成にも高い効果を発揮することがわかっており，ブランドリフトが実現可能な広告の提供を行っている（Otonal，2022）。

　一方で，ラジオの要である出演者の重要性，番組作りの重要性は変わることがない。ジャニーズの番組を解禁した2019年4月は一気にプレミアム会員が増えた。こうしたことを見ると，出演者，コンテンツの強さが実感される。

　こうした著名なパーソナリティが語りかける信頼のおけるコンテンツに広告配信が可能であることは，広告主にとっては安心感のもととなり，通常のインターネット広告で不安が残るブランド棄損につながるおそれはないことも，radiko のオーディオアドの特長となっている（Otonal, 2022）。

　青木氏は，ラジオだけでなく，オーディオコンテンツ，音声コンテンツ全体を発展させるため，radiko は貢献していくと述べた。

　以上のように，radiko は，局や地域を超えて，これまでのビジネスの進め方を大きく変え，デジタルトランスフォーメーションに成功し，新しいデジタル広告を提供しているということができる（進藤, 2021）。

（注および謝辞）
「【ケーススタディ③】radiko ラジオのデジタルトランスフォーメーションに成功」は『日経広告研究所報』（進藤美希（2021）「伝統メディアにおける広告ビジネスのデジタル・トランスフォーメーションに関する研究：デジタル広告効果研究会報告」『日経広告研究所報』vol.317, pp.18-27）に掲載されたケースに現時点における情報を加えて加筆修正したものである。元になるインタビューは，radiko 代表取締役社長 青木貴博氏に対し2019年3月26日に行った（肩書は当時のもの）。ご協力に心から感謝申し上げます。

まとめ

　この章では，デジタルトランスフォーメーションの定義からはじめて，それを企業で実行するために必要な，理念，人材，組織，戦略について述べた。そのあと，デジタルトランスフォーメーションに必要な先端 IT システムの実際やデータについて説明した。そして最後に，デジタルトランスフォーメーションを実現した radiko の例について述べた。

　デジタルトランスフォーメーションの実現には，既存のビジネスとのカニバリゼーションの克服など，さまざまなむずかしさがある。しかし，現在では，やらないという選択肢はなくなっており，一日も早くデジタルトランスフォーメーションを実現することがすべての企業にとって重要である。

第4章

価値創造の仕組みを作る：デジタルビジネスモデル・デジタルイノベーション

This is my design.
これがわたしのデザインだ。

Will Graham, by Bryan Fuller（2013）Hannibal

はじめに

　デジタルマーケティングの成否は，ビジネスモデルを，どう設計し，イノベーションを起こすかにかかっている。そこで，本章では，新しいアイデアを実現可能にし，利益を生み出すビジネスの基本構造，すなわちビジネスモデルの設計について詳述したあと，イノベーションについて考察していく。

4-1　ビジネスモデルがなぜ大切なのか

　デジタルマーケティングの領域では，これさえやればうまくいくという方法はなく，企業は試行錯誤を繰り返している。しかし，提供する製品，サービス，技術の差別化だけでは競争に打ち勝つことは困難である。なぜなら，単品としての製品，サービスで他社を一歩リードしたとしても，すぐに真似され，追いつかれてしまうからである。また，デジタル技術は公開・標準化されているものも多いので，製品などの差別化だけでは競争に打ち勝つのが困難な場合がある。そこで，簡単に他社に真似できない競争優位をつくり出

すため，ビジネスの基本構造，すなわち，ビジネスモデルで差別化する必要
がある。

　ビジネスモデルは，多くの構成要素，たとえば，顧客のコミュニティ，
パートナー，技術，製品，サービス，メディアとの関係などからなる，複雑
な体系である。ひとつの要素だけを真似しても，全体像を再現することはで
きず，体系を構築するのには長い時間がかかる。ゆえに，競争優位の源泉と
なりうる。

　では，20世紀においても，ビジネスモデルは，主要な競争優位の源泉で
あったのだろうか。そうではない。従来は，同一業界における同一規模の企
業は，類似したビジネスモデルを必然的にとってきた。業界内の供給業者，
流通業者などのパートナー，顧客との関係は，業界が同じならば，ほぼ，同
じであったからである。

　しかし，現在では，デジタル化による技術の融合，業界間の融合，グロー
バル化が進み，従来の枠組を越えたビジネスを展開することが可能になって
いる。誰をパートナーにし，誰を顧客にし，どんな価値を提供するかを，自
由に選択できるように変化した。だからこそ，ビジネスモデルについて考え
なおさないといけない時代になった。

　ビジネスモデルを構築しようとする際，過去の成功例や，他社のケースを
参考にしようとしても，あまり役に立たないことが多い。ビジネスを取り巻
く環境は日々変化しているからである。また，このビジネスモデルなら必ず
うまく行くという，汎用性のある正解もない。デジタルビジネスは，まだ成
熟しておらず，黄金律もない。ゆえに，ビジネスモデルは，手順を踏んで，
自分で設計しなければならない（進藤, 2009）。

4-2　ビジネスモデルとは何か

　ビジネスモデルについて考えるにあたり，最初に，モデルとは何かについ
て，考察する。モデルとは「基本構造のこと」である。ビジネスの基本構造
がビジネスモデルであり，システムの基本構造がシステムモデルである。同
様に，産業の基本構造が産業モデルである。

ビジネスモデルには，以下の要素が含まれている。

(1) ビジネスに参加するプレイヤー

(2) プレイヤーの役割分担

(3) プレイヤーの間でやりとりされるサービス，役務

(4) プレイヤーの間でやりとりされるお金の流れ

これらの要素を含むビジネスモデルを記述するのには，図や絵で示す方法，数式で示す方法，言語で示す方法などが考えられる。

次に，具体的なビジネスとして動画配信サービスを例にとって，ビジネスモデルを考えてみよう。プレイヤーとしては，顧客，配信事業者，コンテンツホルダ（映画などのコンテンツの権利者），各種権利者などがいる。顧客は動画を見るというサービスの購入を行う。配信事業者はインターネット上での動画の配信を行う。コンテンツホルダは権利等のとりまとめを行う。権利者は作品制作を行う。

動画配信ビジネスにおける，お金のやりとりには，主として利用者課金と広告の 2 つの可能性がある。まず，利用者課金のビジネスモデルを見てみよう。これはサブスクリプションモデル（顧客に定期的に一定金額を払ってもらうモデル）の場合もあれば，コンテンツごとに課金する場合もある。顧客は，サービスを受けるにあたり対価を，配信事業者に支払う。配信事業者は，コンテンツの使用料金を，コンテンツホルダや各種権利者に分配する。各種権利者に対する分配はコンテンツホルダから行う場合もある。

次に，広告のビジネスモデルを見てみよう。顧客は，無料で動画を見ることができるが，そのかわり，広告も視聴しなければならない。配信事業者は，広告主から広告料を得て，動画と合わせて広告を顧客に配信する。配信事業者は，コンテンツの使用料金を，コンテンツホルダや各種権利者に分配する。各種権利者に対する分配はコンテンツホルダから行う場合もある。広告料についてもコンテンツホルダや各種権利者に分配されることがある。

この 2 つのビジネスモデルを見比べてみると，以下の差があることがわかる。

(1) 広告主がビジネスモデルに参加する（広告モデル）/ しない（利用者課金モデル）

(2) 顧客は料金を支払う必要がある（利用者課金モデル）/ ない（広告モデル）

(3)顧客は広告を見る必要がある（広告モデル）/ ない（利用者課金モデル）

(4)配信事業者は広告主を探す必要がある（広告モデル）/ ない（利用者課金モデル）

　2つのモデルにはメリット，デメリットがそれぞれある。利用者課金を選んだならば，お金を払ってくれる顧客を多数集めなければならないという難しさが生まれる反面，広告主は探さなくてもよい。広告モデルを選んだならば，広告主を探すという難しさが生まれる反面，顧客はお金を払わなくてもよいので，顧客の数を集めることは容易になる。どちらを選ぶのがよいかは，経営者の目標や，サービスの方向性，配信するコンテンツの内容，コンテンツホルダの意向などによって変わってくるだろう。

　つまり，ビジネスモデルとは，ひとつのビジネスに対してひとつだけが絶対に正しい正解として考えられるものではなく，いくつもの可能性があり，よく検討した上で決める必要がある（進藤，2009）。

4-3　ビジネスモデルの設計手順

　次に，デジタルビジネスにおける，ビジネスモデルの設計手順を示す（進藤，2009）。

（手順1）ビジネスモデルの設計は，明示的な目標を関係者の間で共有することからはじめる。当該ビジネスが，利益を追求することを目標とするのか，既存の業界に新しく参入することを目標とするのか，顧客数の拡大を目標とするのか，などによって，方針は大きく異なる。目標や意識が関係者の間で共有できているだろうという楽観的な見通しではじめてしまうと，後の段階になって，こんなにも意識が違っていたのかと愕然とすることがよくある。段階が進んでいくほど，挽回することはむずかしくなるので，最初に，よく目標を確認しておくことが重要である。

（手順2）デジタル技術の特質を反映したモデルを設計する。デジタル技術の特質に反したサービスを，実現するには困難が伴う。この基本的なミスマッチに由来した失敗例は非常に多い。

（手順３）デジタル技術の特質について十分配慮できたならば，次に行うことは，設計しようとするビジネスモデルと，システムモデルの一致をはかることである。デジタルビジネスの実現においては，何らかのシステムを必要とすることがほとんどであるが，経営者，マーケター，エンジニアがよく話し合いもせずにプロジェクトを進めてしまうことがある。

　しかし，これでは成功はおぼつかない。なぜなら，ビジネスモデルを設計する際に，システムについて考慮しないと，技術的に実現不可能なビジネスモデルを設計してしまう可能性があり，逆に，システムモデルを設計する際に，ビジネスモデルとの整合性をはからないと，ユーザーにとって使いにくいシステムができてしまったり，先端的ではあるが非常に高くつくシステムを設計してしまう可能性があるからである。

　20世紀型のビジネスにおいて技術やシステムはビジネスを下支えする存在であって，ビジネスモデルの設計にあたっては，それほど重要ではなかったかもしれない。しかし，デジタル技術に関連するビジネスにおいては，技術やネットワーク，システムの性質，技術者の資質がビジネスを規定する重要な要素になる。

　ゆえに，マーケターはシステムモデルの設計を，エンジニアに丸投げしてはいけない。エンジニアはビジネスモデルの設計を，マーケターに丸投げしてはいけない。両者は，デジタル技術の特質に配慮しつつ，システムモデルとビジネスモデルの一致をはかるために，協力していかなければならない。

　ビジネスモデルとシステムモデルの一致をはかるためには，設計にあたって，システムモデル側とビジネスモデル側でやりとりしながら，評価基準を決めて，デザインレビューをして，徐々に両者を作り上げてゆくという手順をとる。システムモデルを担当するエンジニアは，最初に，達成したいシステム上の目標を定める。そしてデジタル技術の特質を反映したシステムモデルを設計していく。一方，ビジネスモデルを担当するマーケターは，ビジネス上の目標を定め，ビジネスモデルを共に実現するパートナーを選ぶ。

　以上で基本的な構造が確立したので，システムモデルとビジネスモデルの基本的な構造の不一致がないかを確認するため，デザインレビューを行う。レビュー終了後は，実際に顧客に提供するサービスを設計する段階に入るこ

とが可能となる。

　ビジネスモデル側は顧客に受け入れられやすいサービス設計を開始し，システムモデル側に必要な要求仕様を伝える。同時に，レベニューストリームを決めていく。

　サービスの要求仕様を受け取ったシステムモデル側は，システム設計を開始する。ここで，ビジネスモデル側は，商用サービスで提供するサービスの内容を確定することが可能になる。そして，システムモデル側とビジネスモデル側は，サービスが商用サービスとして提供可能な水準に達したか，最終的なデザインレビューを行う。水準に達したことが確認できた場合，システムモデル側は，設計したシステムを実装する。一方，ビジネスモデル側は，顧客獲得に向けた活動を開始する（図4-1）。

（手順４）ビジネスモデルとシステムモデルが設計でき，さらにそれらの一致をはかることができたら，次にアーキテクチャを設計する。モデルだけで

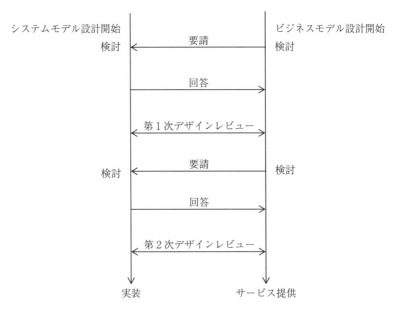

（出所）著者作成

図4-1　ビジネスモデルとシステムモデルの一致をはかる

表4-1　モデルとアーキテクチャ

モデル		アーキテクチャ	
ビジネスモデル	ビジネスの基本構造	ビジネスアーキテクチャ	ビジネスモデルを元に，必要な構成要素を組み立てて，実現形を示したもの
システムモデル	システムの基本構造	システムアーキテクチャ	システムモデルを元に，必要な構成要素を組み立てて，実現形を示したもの

（出所）著者作成

は実装できないからである。モデルとは基本構造のことであったが，アーキテクチャとは，モデルを元に，必要な構成要素を組み立てて，その実現形を示したもののことをいう（表4-1）。

　アーキテクチャはモデルとは異なり，目的性がある。すなわち，何かの目的を達成するために構築される。アーキテクチャのうち，ビジネスについてのアーキテクチャはビジネスアーキテクチャであり，ビジネスモデルを元に，必要な構成要素を組み立て，実現形を示している。

　また，システムについてのアーキテクチャはシステムアーキテクチャであり，システムモデルを元に，必要な構成要素を組み立て，実現形を示している。このうち，システムアーキテクチャには，物理アーキテクチャ（サーバ群，ネットワーク等のハードウェアによって構成される仕組み）と論理アーキテクチャ（ソフトウェアによって実現される仕組み）が含まれる。

（手順５）アーキテクチャが設計できたら，次は，それを実装し，実装後の運用方法について考える。運用ができなければ，ビジネスモデルは絵に画いた餅になってしまう。調整機能は誰がになうのか，また，何か問題が起こった場合にどう対応するのか，責任分界点を明確にし，ルールを決めておかないと，事故が起こった際に，対応に遅れが出る。

　このような手順で，デジタルビジネスのビジネスモデルは設計可能である。デジタルビジネスのビジネスモデル設計について，図4-2にまとめて示す。

　以上述べてきたようにビジネスモデルは重要であるが，ビジネスモデルを設計するだけでは，不十分だという主張もある。

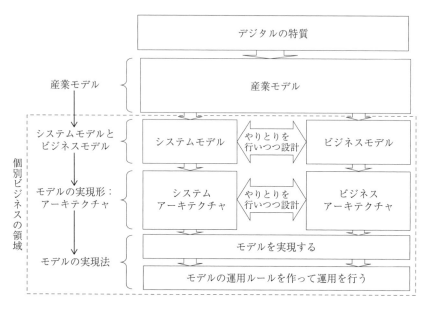

（出所）著者作成

図4-2　ビジネスモデル設計のステップ（まとめ）

　楠木（2010）は，ビジネスモデルの概念は，全体の「かたち」をとらえることができるものだが，構成要素の因果論理が巻き起こす「流れ」や「動き」の側面をとらえにくく，静止画的な戦略思考になりがちであることを指摘している。この欠点をおぎなうために，時間展開を含んだ因果論理が確認できる戦略ストーリーを描くことを推奨しており，実務家にとって有用な提案となっている。

4-4　イノベーションがなぜ大切なのか

　次に，イノベーションについて述べる。イノベーションとは，技術や社会制度などの革新のことである。なぜデジタルマーケティングでイノベーションを扱うのか。デジタルに関係するものすべてがイノベーションをもたらしているわけではないが，デジタルにかかわる領域では頻繁にイノベーション

が起こってきた。ゆえに，デジタルマーケティングを行っていくなら，イノベーションについて知らないと，せっかくのビジネスチャンスを逃してしまう。

デジタルに関連した領域でイノベーションを起こすことができる一方で，競合他社がイノベーションを起こし，ビジネスのルールを書き換えてしまう可能性もある。デジタルの世界はイノベーションによるチャンスとリスクに満ちている。

そして，イノベーションとビジネスモデルの革新を同時に起こすことで，デジタルビジネスは成功する。

4-5　イノベーションの基礎

イノベーションとは何だろう。イノベーションという言葉は，国立国語研究所（n. d.）によると，経済や産業などの発展につながる，技術や仕組みの革新のことを意味する。言い換え語としては，技術革新，経営革新，革新などが挙げられている。つまり，イノベーションは，科学技術の分野においてのみ重要なのではなく，さまざまな分野において発生するものであり，企業のみならず，現代社会全般においてに重要なコンセプトになっている。

イノベーション研究の祖として尊敬を集めるシュンペーター（1977）は，イノベーションを，新結合，あるいは，生産諸力の結合の変更，と定義している。そして，具体的には，以下の項目が含まれると述べた。

(1)新しい財貨，あるいは新しい品質の財貨の生産

(2)新しい生産方式の導入

(3)新しい販路の開拓

(4)原料あるいは半製品の新しい供給源の獲得

(5)新しい組織の実現

イノベーションによって確立される優位性とは何だろう。まず，製品・サービスの新規性がある。イノベーションを成し遂げた企業は，新規性の獲得により他社にないものを提供できるようになり，価格競争から抜け出して，付加価値の高い製品が提供可能になる。また，顧客の信頼を獲得し，生

涯にわたった顧客ロイヤルティを得ることができる。さらに，イノベーションによって，ルールを書き換えることができれば，全く新しいビジネスを作り出せる（ティッド他，2004）。

　次に，イノベーションはどのようにして起こるのかを考えよう。これは当該製品が，製品ライフサイクル上，どこに位置するかにより，大きく異なる。つまり，発生するイノベーションは製品ライフサイクルに従って変化する。当該製品の市場が，導入期，つまり，世の中に出てきたばかりのときであれば，市場には多数のベンチャー企業が乱立し，さまざまな製品が生まれては消え，を繰り返すので，イノベーションは主として製品そのものの内容において発生する（製品イノベーション）。しかし徐々に市場が成熟してくると，製品のアイデアは出尽くし，市場には少数の大企業がいて，市場の要求に応じた効率化，低価格化，あるいは，顧客の声を取り入れ，サービスを向上させるといった，プロセスイノベーションにおける競争を繰り広げる（一橋大学イノベーション研究センター，2001）。

　また，イノベーションは，製品の市場への導入期であれば，製品のコアになる技術を起点として発生し，ベンチャー企業が起点になることが多く，成熟期に入れば，顧客を起点として既存の大企業が中心になることが多い（一橋大学イノベーション研究センター，2001）。しかし，このような法則は絶対的なものではなく，さまざまなパターンでイノベーションは起こる。

　次にイノベーションのジレンマについて記す。これまでイノベーションの重要性について述べてきたが，残念ながらイノベーションに積極的に投資していけば，市場で必ず勝てるとはいいきれない。この点について，クリステンセン（2001）は，イノベーションにはジレンマがあることを指摘している。クリステンセンはイノベーションには持続的イノベーション（製品の性能を高めるイノベーション）と破壊的イノベーションがあると述べている。このうち破壊的イノベーションには，前の世代の製品やサービスを所有したことがない顧客を対象とする製品を生み出す新市場型破壊と，既存市場のローエンド製品を所有する顧客を対象とする製品を生み出すローエンド型破壊があると指摘している。

　そして，競争力に優れ，顧客に配慮し，新技術に積極的に投資し，業界を

リードしていた優良企業が，破壊的イノベーションに直面したとき，市場での優位を失うことがあると，述べている。これをイノベーションのジレンマという。

　では，イノベーションのジレンマに陥らないためには，どのような点に注意が必要なのだろうか。1つ目は，現在の主流顧客の声は役に立たないという点である。大企業にとって現在，最も収益性の高いハイエンドの顧客に対し，破壊的イノベーションを利用したローエンド製品を欲しいかと尋ねたなら，欲しいとは言わないだろう。今のもので満足しているからだ。しかし，市場に普及し，評判が確立して，価格が低下すれば，前言を撤回して，ローエンド製品を欲しいと言うようになる。つまり，顧客が現在必要としていない製品の開発において，顧客の意見を鵜呑みにしてはいけない。

　2つ目は，市場が大きくなってから参入したのでは遅すぎるという点である。破壊的イノベーションは新しい市場を生むが，その市場は，大企業の成長を支えることができるような規模に最初はならない。ゆえに，事業にある程度の規模を求める大企業はすぐには参入しようとせず，市場がある程度育ってから本格参入しようと考える。しかしそれでは遅い。もし，ひとつの事業部を支えるほど大きな売上が見込めないとするのなら，自律的な小さい組織を作り，資源を配分して，まかせてみる，といった対処方法をとるのが望ましい。

　3つ目に注意しなければならないのは，存在しない市場は分析できないという点である。通常のマーケティングでは統計分析が重視されるが，破壊的イノベーションに直面した場合，いつもの習慣に従ってデータを求めると失敗する。代わりにできることは，試行錯誤と学習を織り込んで計画を立てることである。

　4つ目に注意しなければならないのは，技術の進歩は市場の需要と等しいとは限らないという点である。製品の技術が進歩するペースは，時として多くの顧客が求める性能の水準を上回るペースとなってしまう。必要以上のスペックを提示され続けた顧客は，性能の差によって製品を選択しなくなり，製品選択の基準を，機能から信頼性へ，さらには利便性，価格，と変えていくことに配慮する必要がある（三菱総研，2003）。

4-6　イノベーションを起こすためのモデル

　前項ではイノベーションの基礎について述べた。次に，イノベーションを起こすための基本構造，すなわち，モデルについて記す。

　最初に，過去，どのようなモデルがイノベーションを起こすために選択されてきたかについて述べる。

　20世紀の企業のイノベーション創造活動において主としてとられてきたモデルは，「クローズドモデル」であった。クローズドモデルとは，研究開発の主体を企業等の研究所とし，そこで開発された技術を元に，同一企業内もしくはグループ内の事業部が製品開発を行い，市場に製品を出すモデルのことをさす。つまり，(1)研究開発（もしくは創作）フェーズ，(2)製品開発フェーズ，(3)販売フェーズをすべて自社内で行う方法のことである。研究所において開発された技術が多数ある場合，そのなかからどれを製品化するかを選択する場合にも，自社内でスクリーニングして決めていた（図4-3）（チェスブロウ，2004）。

　しかし，クローズドモデルは必ずしも有用であったとはいえない。ゼロックスの中央研究所PARC（Palo Alto Research Center）は，1970年に設立されて以来，ワークステーションである「Alto」，LANの規格である「イーサネット」，レーザープリンター，世界で初めてのオブジェクト指向プログラミング言語「Smalltalk」など多くの新技術の開発に成功してきた。しかし，これらのうち，親会社であるゼロックスのビジネスに大きく貢献したのはレーザープリンター程度であり，他の多くの技術は，ユーザーから求められていたにもかかわらず，放棄された。これはクローズドな仕組みの中では，ユーザーの求める製品を作ることは困難であることを示している（チェスブロウ，2004）。

　クローズドイノベーションは，歴史の最初から機能不全だったわけではない。有用でなくなった原因の1つ目としては，デジタル時代になって市場や技術の変化がめざましく速くなり，クローズドな体制ではそのスピードに追いつけなくなったこと，また，どのような方向に変化するか，社内だけで予想することが困難になったことがある。

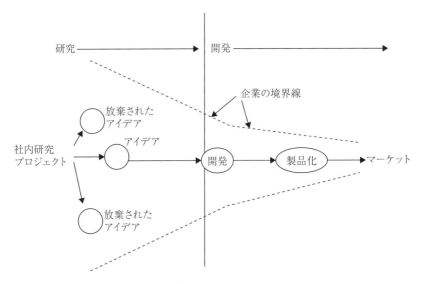

（出所）チェスブロウ（2004），p.6に加筆

図4-3　クローズドイノベーション

　2つ目の原因は，顧客が変化し，企業側，すなわち，提供者側単独の論理で研究開発を行って，顧客やパートナー企業に製品をおしつけても，受け入れられることが少なくなってきたということがある。

　3つ目の原因は，顧客，ユーザーがパワーを持つようになったことがある。かつては，研究開発に携わることができる人材はきわめて限られており，もし提案があったとしてもそれを伝える場は限定的だった。しかし，今や，多くの人が，さまざまな提案を行うことができる力と場を持つ時代になった。そうした時代にあっては，社内だけで研究開発を行うよりも，外部の力を活用するほうが，イノベーションを起こしやすくなった（チェスブロウ，2004）。

　クローズドイノベーションの課題が明らかになったとき，登場したのが，オープンなイノベーションのモデルである（チェスブロウ，2004）。デジタルマーケティングにおけるイノベーションを起こすためには，オープンイノベーションのモデルがふさわしい。なぜなら，デジタル技術そのものがオー

プンな性質を持っているからである。

　デジタル技術のプラットフォームであるインターネットは，分散型ネットワークであり，特定の者の支配下にない。電話システムのように電話会社が全体を統制しているわけではない。また，電話の場合には電話会社・ユーザーの役割は固定的で，立場が入れ替わることはないが，インターネットの場合には，誰もが自分でサーバーを建てて作品を発信したり，サービスを提供することができる。「サービス提供者」「ユーザー」という言葉はその時点における機能を示すにすぎず，ユーザーもサービス提供者となることができる。さらに，インターネットを活用することにより，時間・距離の壁を越えて自由に互いの提供物について意見を交わすことができる。こうした時代のイノベーションのモデルは，参加を希望する者が容易に参加可能なオープンなモデルとすることが望ましい。

　現実の世界では，GAFAをはじめとする巨大プラットフォーム企業がデジタルビジネスを支配しているように思えるが，デジタル技術やインターネットの本質が自由でオープンなものであることに変わりはない。

　オープンイノベーションについてチェスブロウ（2004）は，大企業が誤って捨ててしまったアイデアを，技術者が独立することで市場に出ていく姿を示した。また，企業内部だけで研究開発を行うことは効率的ではないこと，企業の内部，外部のアイデアを共に使うことの重要性を指摘している（図4-4）。

　日本における，ユーザーを取り込んだ製品開発手法の研究としては小川（2006）による無印良品とエレファントデザインの研究などがある。

　これらの研究をベースに，以下でオープンイノベーションのフェーズ別展開について述べる。

　まず，企業の価値創造活動を，(1)研究開発・創作フェーズ，(2)製品開発フェーズ，(3)マーケティング・販売フェーズに分ける。

　一方で，企業外部の人材を，(a)開発者・著作者として企業の価値創造に参加する人材と，(b)利用者として企業の創造したものに意見をいう人材の2つに分ける（図4-5）。

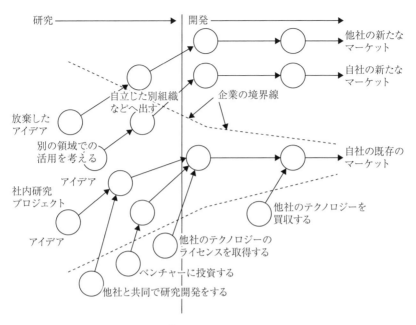

（出所）チェスブロウ（2004），p.9に加筆

図4-4　オープンイノベーションモデル

フェーズ　　　　　　　外部人材の役割	企業の価値創造活動		
	(1)研究開発・創作フェーズ	(2)製品開発フェーズ	(3)マーケティング・販売フェーズ
(a)開発者・著作者	効果的	効果的ではない	効果的ではない
(b)利用者	効果的ではない	効果的	効果的

（出所）著者作成

図4-5　企業の価値創造活動における外部人材の役割

　研究開発・創作フェーズにおいて，企業外部の人材が開発者・著作者として企業の価値創造に参加し，成果をあげた例は多数ある。たとえば，オープンソースソフトウェアコミュニティのハッカーが開発した成果をシステムインテグレータ（企業向けにシステムを組み立てて納入する企業）が取り入れた例や，自費で同人誌を発行していたアマチュアのマンガ家が，ネット上の作品

共有サービスや，同人誌即売会などで出版社に見出され，作品を商業誌に提供するようになった例がある。

　しかし，これらの例は企業が製品開発を行うという目的を持って開発者・著作者を組織したのではなく，自主的にコミュニティが組織され，そこが生んだ成果を，あとから企業が導入した例である。企業主導で，研究開発・創作フェーズにおける，オープンイノベーションの場を提供している例としては，マイクロソフトの GitHub などが知られている。

　一方，研究開発・創作フェーズにおいて，利用者が意見を言うという活動については，高い成果があげられているとは言いにくい。研究開発・創作フェーズでは，製品として形のあるものが供給されないので，利用者の立場で意見を言うことはそもそも困難である。

　これに対し，製品として形のあるものが供給されているマーケティング・販売フェーズにおいては，利用者の意見やパワーが有効に活用できる。利用者が製品を使ってみて気に入った場合，自分の友人・知人にクチコミで購入・利用を勧めることがある。

　その一方で，研究開発・創作フェーズとマーケティング・販売フェーズの間に位置する，製品開発フェーズにおける利用者の参加は，アナログ時代にはあまり行われていなかった。従来，このフェーズは企業のなかのマーケティング部門が中心となって進めてきたが，研究開発・創作フェーズとは異なり，製品開発フェーズでは，利用者に形あるサービス・製品を見せることができるので，外部の利用者の意見を聞くことができれば，より受け入れられやすい製品を作ることができるはずである。

　そのため，デジタル時代に入り，インターネット上のコミュニティが活用されるようになった。このモデルにおいては，製品開発を行う企業は，自社の製品に興味のある，あるいは，すでに自社の製品を使用している，社外の利用者のコミュニティを組織する。そして，企業は開発途上の製品をコミュニティの参加者に提供して製品開発への協力を要請する。ユーザーコミュニティを構成する参加者は，製品を実際に使った感想などをインターネットを経由して企業にフィードバックする。利用者から新しい機能を企業に提案することもできる。ここで，参加者は，自分が関心を持っている製品やサービ

スの領域において，フィードバックした意見が重視され，あるいは，取り入れられるということによって，ある種の満足感が得られる。また，結果として，自分にとってもより好ましい製品が得られる可能性が高まる。これらのことが，ユーザーコミュニティを構成する利用者が企業の製品開発に貢献する大きな動機となるだろう。さらに参加者には，ソーシャルメディアなどを通じて，製品の良さを広く人々に伝えるアンバサダーとして活動してもらうことができる（Shindo, 2007）。

　このコミュニティについては，本書12章（コミュニティを活用する：デジタルコミュニティ：アンバサダーのコミュニティ）で再度，詳述する。

ケーススタディ④
LIVE BOARD　屋外広告のビジネスモデルの革新

　屋外広告のビジネスモデルの革新を成し遂げた「LIVE BOARD（ライブボード）」の例について述べる。

　屋外広告とは，一定の期間継続して屋外で公衆に表示される広告である。具体的には看板，はり紙等のかたちで，建物等の内外に掲出されたものをいう（国土交通省, 2008）。屋外広告は OOH（Out Of Home）とも呼ばれており，家の外，つまり，街中や駅などに出されている広告のことをさす。

　OOH は世界で成長しており，特にデジタル化した OOH（DOOH）の成長率は高い。デジタル化され，ネットワークに接続されたデジタルサイネージのモニターが，いろいろな場所におかれ，美しい映像が流れているのを見ることもめずらしくなくなった。ネットワーク化，デジタル化により，DOOHでは，効果測定や他のメディアとの連動も容易であり，可能性が広がっている。

　日本ではこれまで，OOH の成長率は高くなく，デジタル化についても，世界と比較すると，成長の度合いは大きくなかった。なぜなら，日本では，2019年以前は，OOH 取引を行うための広告価値指標（メディアカレンシー）が統一されておらず，かつ媒体社が多すぎて，全体像の把握が困難だったからである。これまでは一般に，屋外広告をかかげるビルのオーナーが，自分で

媒体の管理をしていた。そのため，広告主が OOH に出稿したいと思っても，広告会社が，枠の空き状況を把握するのに時間がかかることもよくあった。システム化が遅れていたため，掲出された OOH の効果を測定する場合にも，時間や手間がかかっていた。広告主からすると，インターネット広告同様，OOH においても，詳細なデータが提供されることを期待しているが，こうした期待に応えることが難しかった。そのため OOH 市場は，日本では大きく発展することはなかった。

　こうした，日本における OOH 市場の課題を解決するため，2019年に，NTT ドコモと電通は，LIVE BOARD 社を設立した。この会社は，デジタル化された OOH すなわち DOOH の推進に向けて，OOH をデジタル的に一元管理・運用可能なアドネットワークを構築して，OOH の効果測定を可能にし，広告主に提供する。

　同社が提供するシステムにより，どこの広告板があいているかといった枠の空き状況を自動的に把握できるようになった。広告価値の測定に関しても，ドコモのデータを活用し，配信された広告ごとの視認者数や属性データをリアルタイムに把握することが可能である。広告を見た人が広告主の店に来店したかどうかなどの広告効果を把握することも可能になった。さらに，伝統メディアも含んだ多様なメディアを活用して，広告主が達成したいと考えている目標について成果（コンバージョン）が出たかということや，OOH を含むどのメディアがどのように貢献したかを計測するアトリビューションモデルの確立に向けた試みが行われている。

　また，これまでの日本の OOH 市場の課題として，鉄道関係の OOH は鉄道関係の OOH，屋外は屋外，デジタルサイネージはデジタルサイネージというように分化してしまっていたという点があった。この課題について，LIVE BOARD 社では，2022年現在，屋内デジタル OOH の計測や，鉄道の車内デジタルサイネージの計測を共に実現している。具体的には，屋内用アクセスポイントと API を活用することで，歩行者が所持するスマートフォン等の端末が発する Wi-Fi のプローブデータとカメラを基に取得した広告視認者のデータから，インプレッション計測を通貫して行うことが可能になった（LIVE BOARD, 2022a）。また埼玉高速鉄道の鉄道車両内では，広告を

実際に見たと推定できる人数をベースにしたインプレッション販売を実現する，車内デジタルサイネージを運用している（LIVE BOARD，2022b）。

　クリエイティブ面に関しては，ダイナミック DOOH を活用している。今の OOH 広告は，デジタルになっても朝から晩まで同じものをずっと流していることが多い。しかし，時間帯によって，あるいは天気の変化などに応じて，クリエイティブを変えたほうが効果的であることは，明らかである。ダイナミック DOOH は，ネットワークでつながれているため，さまざまな場所でそのとき，その人に最適な広告を表示することができる。2017年にニューヨークのタイムズスクエアに掲出された Dove の広告では，天候変化に応じて，雨をシャワーと見たてた広告を出して話題になった。

　実際に気圧の変動を活用して効果を上げた LIVE BOARD のダイナミック DOOH の例について述べる。2021年10月，第一三共ヘルスケアは，頭痛・生理痛に速く効く新商品「ロキソニンＳクイック」のローンチにあたって，LIVE BOARD 社のシステムを活用した。頭痛は台風や気圧変動によって引き起こされることがある。一方，LIVE BOARD 社では天気・気温と連動させて広告を出し分ける『ウェザーターゲティング』を提供しており，気圧変化に合わせて広告をカスタマイズすることが可能になっている。この『ウェザーターゲティング』と，第一三共ヘルスケアが提供する体調管理アプリ『頭痛ーる（ずつーる）』を連動させることで，最適なタイミングで，最適な広告とコンテンツを提示することが可能になった。この企画は，大きな反響を呼んだ（宣伝会議，2022a）

　上記のような進化を経て，2022年において LIVE BOARD 社は以下の 3 つのサービスを主軸に展開している（LIVE BOARD, n.d.a）。すなわち，

(1)DOOH プラットフォーム運営：アドネットワーク，SSP，DSP を兼ね備えたプラットフォームを運営している。DOOH 広告配信プラットフォームである「LIVE BOARD マーケットプレイス」により，広告面を一元管理しているため，DOOH の買付から配信までワンストップの実現が可能となっている。

(2)DOOH 広告媒体の開拓：LIVE BOARD 社の提供する DOOH 広告媒体は，全国の電車内，駅構内，屋内，商業施設などの多様なデジタルサイ

ネージと接続することが可能になっている。

(3) DOOH広告枠の販売：国内最大級のデジタルサイネージネットワークを構築し，それを活用した広告枠を販売している。全国各所にスクリーンを設置しており，月間インプレッション数は8億超まで拡大している。

2022年においてLIVE BOARD社は，日本初となるインプレッションに基づくDOOH広告販売を行っており，従来のOOHの使い方を変え，新しいOOHの活用を実現している（LIVE BOARD, n.d.b）。具体的には，広告主がメディア選定において望む「実際に広告は何人に見られたのか？」「必要な広告枠のみを購入できるか？」「広告効果を把握できるか？」という点について，判断できる基準として3A（Accountable・Addressable・Attributable）を定義し，実現している。

こうしたLIVE BOARD社の取り組みにより，DOOHの世界は大きく成長してきた。2020年以降のコロナ禍により，人の流れが失われる時期があっても，インパクトのあるOOHは多くの関心を集めている（宣伝会議，2022b）。

OOHは古くからある広告手法で，広告の原点ともいえるものである。LIVE BOARD社は，その特長を生かしつつ，デジタル技術を生かしたビジネスモデルの革新を行い，新たな時代を切り開いている（進藤，2021）。

（注および謝辞）
「【ケーススタディ④】LIVE BOARD　屋外広告のビジネスモデルの革新」は『日経広告研究所報』（進藤美希（2021）「伝統メディアにおける広告ビジネスのデジタル・トランスフォーメーションに関する研究：デジタル広告効果研究会報告」『日経広告研究所報』vol.317，pp.18-27）に掲載されたケースに現時点における情報を加えて加筆修正したものである。本ケースの執筆，ファクト面のチェックにあたっては，株式会社LIVE BOARD取締役 ストラテジー部ディレクター川口亘氏のご協力をいただきました。心から感謝申し上げます。

まとめ

本章では，新しいアイデアを実現可能にし，収益を生み出すビジネスの基本構造，すなわちビジネスモデルの設計について詳述したあと，イノベー

ションについて考察した。そして，屋外広告の分野においてビジネスモデル
の革新を成し遂げた LIVE BOARD 社のケースについて見た。デジタル時
代においては，価値創造のため，仕組みを作ることが非常に重要であること
が確認できた。

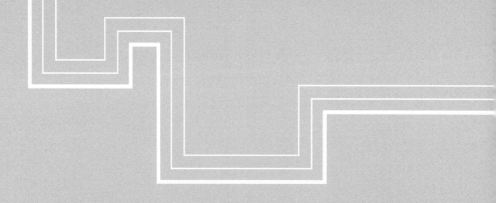

デジタルマーケティングを
推進する

第 2 部の概要

　第 2 部では，デジタルマーケティングを推進する具体的な方法について述べていく。

　第 5 章では，マーケティングがデジタルによってどのように変化したかについて，短く述べる。それにより第 2 部の見取り図を示す。

　以降，第 6 章，7 章，8 章，9 章，10章では，マーケティングの 4 つの P に関する戦略と，ブランド戦略を，デジタル時代において，どのように展開するかについて議論していく。

　第 6 章では，Product，すなわち，デジタル時代の製品戦略を扱う。デジタルマーケティングで扱う製品にはどんな種類があり，また，どのような点をポイントにおいて，製品を開発すればよいのかについて考え，具体的な方法を提示していく。

　第 7 章では，Price，すなわち，デジタル時代の価格戦略を扱う。価格はマーケティングの4Ps のなかでは，簡単に変えやすいという特徴を持っている。しかし，現実には多くの企業が価格設定をうまく行えていない。その中で価格設定をどう行うか考えていく。

　第 8 章では，Place，すなわち，デジタル時代の流通戦略を扱う。デジタルは流通，チャネルを大きく変えている。デジタル技術の発展により，変わりゆく流通・チャネルについて考える。

　第 9 章では，Promotion，すなわち，デジタル時代の広告戦略を扱う。広告は劇的に変わった。広告主のブランドリフトを実現し目標を達成するための活動すべてが広告ととらえられるようになった。この広告について考えていく。

　第10章では，デジタル時代のブランド戦略を扱う。まず，ブランドの定義と概念について確認したあと，顧客と共創されるデジタル時代のブランドの姿や，新しい技術の導入によるブランドの進化について確認する。

第5章

価値を可視化する：
デジタルマーケティングマネジメント

> 人間が想像できることは，人間が必ず実現できる。
>
> ジュール・ヴェルヌ

はじめに

　この章から第2部をはじめる。マーケティングがデジタル化によってどのように変化したかについて，短く述べる。それにより第2部全体の見取り図を示すことを目的としている。

5-1　マーケティングの進化

　マーケティングはどのように進化してきたのだろうか。20世紀のマーケティングは，大量生産大量消費を前提に，同じ製品を多くの人に買ってもらうことが大きな目標になっていた。また，類似の製品を作っているライバル企業が業界の中にたくさんいた。ゆえに自分の会社がどんな製品を発売したいかを最初に考えるのではなく，所属する業界にはどんな企業がいるか，その競合状況はどうなっているかを考え，それから，自分の会社が勝利できそうなポジションをまず選んでから，どんな製品を出すかを決めて，顧客に提供する，という手順を踏んでいた。つまり，他社との比較，分析と大量生産

がマーケティングの中心業務だったということができる。このようなマーケティングをマスマーケティングという。

　また，マーケティングマネジメントの方法が，顧客に何を提供するか，どのように提供するかを計画するために使われてきた。マーケティングマネジメントでは，基本的には4Ps（Product：製品, Price：価格, Place：流通, Promotion：広告）をどのように実行するかを中心的課題としていた。つまり，どのような製品をどのような価格で提供するかを決定した上で，どのような流通経路を使って，どのように広告するかを決定した（コトラー他，2017）。

　デジタルマーケティングでも，このマーケティングマネジメントの方法は重要である。しかし，デジタル技術の発達によって，ビッグデータが入手できるようになると共に，マーケティングテクノロジーが進化して，市場や顧客を詳細に知ることができるようになったことで，戦略の精度が増した。また，20世紀における大量生産大量消費の時代のように，消費者に同じものを大量提供して買ってもらうのではなく，顧客それぞれの好みに応じた製品やサービスを適切な価格で提供できるようになった。アナログ時代でも，顧客それぞれの好みに応じた製品やサービスは提供されていたが，それは，富裕層向けの非常に高価な製品・サービスであり，一般化していたとはいえない。しかし，デジタル時代になって，個人別のきめこまやかな製品やサービス，さらには，個人別の広告が，安価に提供可能になった。

　こうしたマーケティングの変遷について，コトラー他（2017，2022）は，時代別に，以下のようにまとめている（表5-1）。

表5-1　コトラーのマーケティングの変遷

マーケティング1.0	製品中心のマーケティングの時代
マーケティング2.0	顧客，消費者志向のマーケティングの時代
マーケティング3.0	人間中心，価値主導のマーケティングの時代
マーケティング4.0	デジタル時代のマーケティングの時代
マーケティング5.0	マーケティング3.0と4.0を融合させ，人間を模倣した技術を使うマーケティングの時代

（出所）コトラー他（2017，2022）

5-2　デジタル時代のマーケティングマネジメント

　デジタルマーケティングが大きく扱われるようになったのは，マーケティング4.0とマーケティング5.0においてである。

　マーケティング4.0（コトラー他，2017）は，企業が顧客コミュニティと効果的にかかわることで，顧客エンゲージメントを強化すると共に，顧客の自己実現を支援するマーケティングである。そして，顧客に体験，感動を与える。また，AIなどを活用してマーケティングの生産性を向上させ，ブランドを資源として維持，発展させることも重視されている。

　これに対し，マーケティング5.0（コトラー他，2022）は，人間を模倣した技術を使って，カスタマージャーニーの全行程で価値を生み出し，伝え，提供し，高めるマーケティングである。そして，重要なテーマとして，マーケターの能力を模倣することをめざすテクノロジーを挙げている。具体的には，自然言語処理（NLP），センサー，ロボティクス，拡張現実（AR），仮想現実（VR），IoT，ブロックチェーンなどがあることを指摘している。そして，これらの技術の組み合わせが，マーケティング5.0の実現を可能にするとしている。さらに，マーケティング5.0の5つの要素として，(1)データドリブン・マーケティング　(2)アジャイル・マーケティング　(3)予測マーケティング（AIの機械学習などを使ってマーケティング活動の結果を事前に予測する）(4)コンテクスチュアル・マーケティング（IoTなどを使って，顧客の文脈に合わせたパーソナライズされたマーケティングを行う）(5)拡張マーケティング（顧客に対応するマーケターの能力を拡張するために人間を模倣した技術を使う）を挙げている。

　なお，4Ps(Product, Price, Place, Promotion)については，コトラー他（2017）は，4Cs に発展させるとしている。すなわち，

(1)Product から Co-Creation（共創）へ：製品開発については，コンセプト考案段階から顧客を巻き込むことで成功率が高まる。また，製品のカスタマイズやパーソナライズができるようになる。

(2)Price から Currency（通貨）へ：価格設定は，標準価格設定からダイナミックプライシングに変化する。そして，デジタル経済では価格は市場

の需要によって変動する通貨のようなものになる。

(3) Place から Communal Activation（共同活性化）へ：シェアリング経済が発展し，有力な販売コンセプトはピアツーピアとなる。また，3D プリンタで接続された世界では，顧客は，製品・サービスを即座に購入することができる。

(4) Promotion から Conversation（カンバセーション）へ：ソーシャルメディアを用いた顧客とのカンバセーションが極めて重要になる。

　以上のように変化するものの，コトラー他（2017）は，デジタルマーケティングは，伝統的マーケティングにとって代わるべきものではなく，共存すべきものであると述べている。各企業は，デジタルとリアルの要素を統合しながら，新しい時代に関する自分なりの解釈を発展させていく（コトラー他，2020）。

　デジタル時代のマーケティングマネジメントは，リアルタイムのパーソナライズド／オーダーメイドマーケティングに向かっているということもできるだろう。そのさまざまな側面については，次章から個別に見ていく。パーソナライズド／オーダーメイドマーケティングは One to One マーケティングと呼ばれていたものの発展形で，より，深く生活者を理解し，4 Ps（Product, Price, Place, Promotion）を生活者のリアルタイムのニーズにあったものとして提供するマーケティング活動を意味する。これは，マーケティング5.0で示されたコンテクスチュアル・マーケティングと同じことをさしている。

　本書では，コトラーの言うように，デジタルマーケティングは，伝統的マーケティングにとって代わるべきものではなく，共存すべきと考えているので，古いフレームワークである 4 Ps（Product, Price, Place, Promotion）はそのまま使うことにする。しかし，その中身は，アナログ時代のものとは，まったく異なる新しいものになるだろう。

　これらに留意しつつ，次章からは，マーケティングマネジメントの 4 Ps について見ていこう。

まとめ

　この章では，第2部のはじめにあたり，マーケティングがデジタル化によってどのように変化したかについて，短く述べた。それにより第2部の見取り図を示した。本書では，デジタルマーケティングは，伝統的マーケティングにとって代わるべきものではなく，共存すべきと考えているので，古いフレームワークである4Ps（Product, Price, Place, Promotion）はそのまま使う。しかし，その中身は，アナログ時代のものとは，まったく異なる新しいものになるだろう。

第6章

Product：
デジタル時代の製品戦略

> 充分に発達したテクノロジーは，魔法と見分けがつかない。
> アーサー C. クラーク，伊藤典夫訳（2001）『3001年終局への旅』

はじめに

デジタルマーケティングで扱う製品にはどんな種類があるのだろうか。また，どのような点に注意して，製品やサービスを開発していけばよいのだろうか。本章では，これらの課題について考え，具体的な方法を提案していく（進藤，2009）。

6-1　製品の基礎

製品について考えるにあたり，言葉の定義を確認することからはじめよう。「Product」という言葉の語源は produce（生み出す）であり，ここから product という言葉ができた。Product とは，生み出されたもの，創りだされたものという意味である（小学館，1993）。一方，日本語の「製品」という言葉は，原料に手を加えて造った品物という意味であり（三省堂，2006），商品として造った品，という意味もある（三省堂，2004）。つまり，英語の Product と日本語の製品は，厳密には同じ意味ではなく，Product のほうが

広い意味を持っている。しかし，マーケティングでは，Product を製品と訳すのが慣例になっているので，この本でもそれに従うことにする。

　さて，マーケティングでは製品はどのように定義されているのだろうか。マーケティングでは，製品は，人間の感じる要求（ニーズ：欠乏状態）や，欲求（ウオンツ：人間の固有の文化や個人のパーソナリティによって形成されるニーズの表現）を満たすために市場へ提供されるものであって，さまざまな属性をまとめた「束」であると考えている。具体的には，工業製品，作品，サービス，経験，イベント，場所，情報，アイデアなどを指している（コトラー，2001）。

　製品は，物理的特性によって，形のある有形財と，形のない無形財に分類できる。また，使用目的によって，他のものを生み出すための生産財と，それ自体を消費する消費財に分類できる。さらに，消費財は，消費者の購買行動によって，最寄品（近いところで買えばよい品），買回品（いろいろな店を見て選んで買う品），専門品，に分けることもできる（コトラー，2001）（図6-1）。

　なお，この，Product，製品はサービスを含んでいる。サービスマーケティングについては後述する。

　さて，製品は，顧客の期待をどこまで満たすのかによって，いくつかのレベルに分けることができる。たとえば，コトラー（2001）は，ホテルの例を挙げ，ホテルが顧客に提供する中核となるベネフィット（利得）が休憩と睡

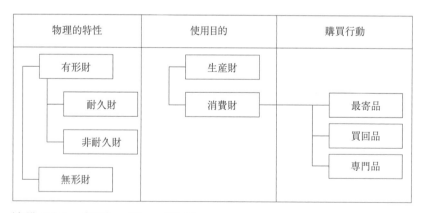

（出所）コトラー（2001），p.485，pp.487-488

図6-1　製品の分類

眠とすると，中核ベネフィットを可視化した基本製品としてはベッド，タオルなどがあるとしている。そして，顧客が通常期待する製品のレベルである，期待製品には，単なるベッドではなく，清潔なベッド，単なるタオルではなく，洗い立てのタオルなどがある。顧客の期待を上回る膨張製品としては，高級で寝心地のいいベッドや，ブランド品のタオル，迅速なチェックインなどがある。顧客を驚かせ，喜ばせる潜在製品としては，好みを覚えていてくれて部屋に好きな果物を置いてくれるサービスなどがある（図6-2）。

　では，製品を作りだす，製品開発とは，どのようにして実行されるのか。藤本・安本（2000）は，製品開発とは，「問題解決サイクルの束」あるいは「将来の顧客価値創出過程のシミュレーション」であるとしている。つまり，顧客価値，顧客満足をシミュレーションすることで，企業は製品コンセプトを決め，製品の機能を設計する。この製品の機能は，顧客が実際に手にする製品の属性を実現するものである。それから企業は製品の生産工程を設計する。これが製品開発の基本的なプロセスとなる（図6-3）。

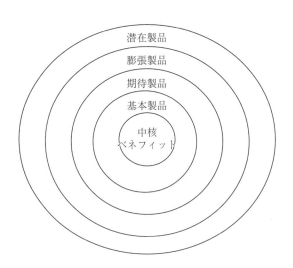

（出所）コトラー（2001），p.485

図6-2　製品レベル

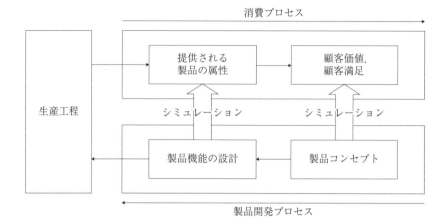

（出所）藤本・安本（2000），pp.236-237より作成

図6-3　製品開発とは何か

6-2　デジタル時代における既存製品の中核の補強と拡張

　ここまで，一般的な製品ならびに製品開発について説明をしてきた。次に，デジタル時代における，既存製品の中核の補強と拡張について述べる。前述したように，そもそも製品は，顧客の期待をどこまで満たすのかによって，中核となるベネフィットや基本製品，期待製品など，いくつかのレベルに分けることができる。

　デジタル時代に入り，既存の製品であっても，中核部分にサービスを付加することで価値を高めるデジタル化が進んでいる。たとえば，自動車にAIやセンサーを付加し自動運転を可能にして，価値を高めるといったことが行われている。自動運転は，自動車という製品のまさに中核となるベネフィットを拡張するものであるといえる。

　また，既存の製品やサービスそのものをデジタルサービスに進化させることも行われている。たとえば，紙の書籍をデジタル化して電子書籍に進化させたり，形のある音楽CDをデジタル化してストリーミングサービスに進化させたり，映画のDVDをデジタル化して動画配信サービスに進化させた

りといった例がある。こうして，書籍，音楽，映画というサービスは拡張していく。

　このように，デジタル技術の既存製品への影響を理解するためには，デジタル技術がどのように製品の中核を補強し，拡張させているかに注目する必要があるだろう（Kannan, 2017）。

6-3　デジタルマーケティングにおける製品の分類

　次にデジタルマーケティングにおける製品の分類について記す。製品は，物理的特性によって，形のある有形財と，形のない無形財に分類できることは，すでに述べた。たとえば，紙の書籍は形のある有形財である。これをインターネットを使って売買する場合，売買の申し込みと決済はインターネット上でできるが，財の配送は宅配や，コンビニエンスストアでの受取りといった方法をとる。一方で，電子書籍は形のない無形財である。製品はオンラインでダウンロードできるので，売買契約から配送，決済まで，すべてをインターネット上で行うことができる。こうしたことから，無形財はデジタルマーケティング時代ならではの製品であるということができる。

　この無形財にはいくつかの種類がある。まず，無形財は，情報財と非情報財に分けることができる。情報財とは，製品化された情報や，情報を伝達するサービスなどのことである。非情報財とは，電気のような，情報以外で形のないものを扱うサービスのことである。デジタルマーケティングで扱うのは情報財が中心である。

　情報財の特徴は5つある。1つ目の特徴は，形がなく，さわれないことである。2つ目の特徴は，情報は誰にとっても等しい価値を持つわけではない点にある。株の売買をしている人にとって，企業業績の情報は重要だが，株に興味のない人にとってはさして重要ではないかもしれない。3つ目の特徴は，所有権が移転しないという点にある。ユーザーが音楽のストリーミングサービスを契約して音楽を楽しんだとしても，楽曲の権利を得ることはできない。4つ目の特徴は，メディアが変更されても，価値は変化しない点にある。DVDで売られていた映画を，動画配信サイトからのストリーミングに媒体を変更して

ユーザーにとどけたとしても，作品自体の価値が変わるわけではない。5つ目
の特徴は，複製が容易な点にある。コピーを防止する仕組みがない場合，パソ
コン等を使って簡単に複製を作ることができる（福田，1997）。

　ここまで一般的な情報の特徴を述べたが，次に，情報財をさらに細かく分
類していく。デジタルマーケティングで扱う情報財は，以下の6つに分ける
ことができる（表6-1）。

(1)プロフェッショナル知識財：専門家の知識提供サービスなど

(2)コンテンツ財：書籍配信，音楽配信，動画配信など，コンテンツを配信
　するサービス

(3)データ財：データを収集，蓄積，分析して提供するサービス

(4)機能財：クラウド，SaaS（Software as a Service），金融サービスなど，何
　らかの機能を顧客に提供するサービス

(5)コミュニケーション財：SNS など，コミュニケーションを促進するサー
　ビス

(6)プラットフォーム財：ネットワーク，インフラストラクチャなどのサー
　ビス

　以上，製品の分類について述べてきた。しかし，製品には，有形財と無形
財の両方の要素が含まれている場合が多いことには，注意が必要である。

　マーケティングの巨人，レビット（2001）は，企業は，自らをサービス業（無
形財の提供者），もしくは，製造業（有形財の提供者）と狭く定義してはいけない
と述べている。なぜなら，こうした分類基準に従って自らを定義してしまう

表6-1　デジタルマーケティングにおける製品の分類

有形財		
無形財	情報財	(1) プロフェッショナル知識財 (2) コンテンツ財 (3) データ財 (4) 機能財 (5) コミュニケーション財 (6) プラットフォーム財
	非情報財（電気など）	

（出所）著者作成

と，企業は思考範囲や活動範囲を狭める結果となり，有害だからである。

　自分をどう定義するかということは，企業の将来を決める重要な問題である。たとえば，グーグルは，検索エンジンの提供を事業のコアにして広告ビジネスで利益をあげていながら，自分たちのことを検索技術者や広告会社だとは言っていない。世界中の情報を，世界中の人に使えるようにする会社と定義してきた。だから，グーグルアースといったサービスや，図書館の資料を電子化するプロジェクトを進めたり，自動運転車を開発するなどの発想が生まれる。

　レビット（2001）の言うように，すべての産業にはサービス業の要素と製造業の要素があり，すべての製品には無形財の要素と有形財の要素がある。各製品はその比率が違うだけである。

6-4　サービスマーケティング

　ここであらためて，サービスというのはどういう意味を持つ言葉なのかを確認しておこう。英語の service には奉仕や役務という意味が含まれる（黒岩・浦野，2022）。ラブロック他（2002）は，サービスを，一方から他方へと提供される行為やパフォーマンスであり，特定の時・場所において価値を創造し，顧客にベネフィットを与える経済活動であると定義している。

　一方で，上述したように，Product，製品はサービスを含んでいると考えられている。レビット（2001）の言うように，すべての産業にはサービス業の要素と製造業の要素があり，すべての製品には無形財の要素と有形財の要素がある。無形の度合いの強い製品はサービスと呼ばれるが，完全に無形というものは意外に少ない。

　このようにサービスという言葉を製品の一つの形態としてとらえる場合には，サービスは製品の下位概念となるが，サービスを製品の上位概念としてとらえる考え方もある。それはサービスドミナントロジックと呼ばれている。これは，もし有形財がやりとりされる場合でも，取引されるのは財そのものではなく，財が生み出す便益であるという，サービス至上主義といってもよい考え方である（黒岩・浦野，2022）。

　本書ではサービス至上主義という立場はとらず，すべての製品には無形財の要素と有形財の要素があり，各製品はその比率が違うだけであると考えている。しかし，デジタル時代のマーケティングでは，サービスの重要性が増しているのは確実である。ゆえに，デジタルマーケティングの製品開発においても，プラットフォーム，ハードウェア，ソフトウェア，コンテンツ，リアル店舗，EC，SNS，コミュニティ，といった要素を総合的にプロデュースし，ビジネスモデルを考えていくことが重要であると提案したい。

6-5　デジタルマーケティングにおける製品開発のポイント

　次に，デジタルマーケティングにおける製品開発のポイントを示し，解説をしていこう。

　デジタルマーケティングにおける製品開発のポイントは，フェーズ別に，表6-2のように示すことができる。以下で，詳しく述べていこう。

表6-2　デジタルマーケティングにおける製品開発のポイント

(1)製品アイデアを得る	(1.1) 妄想と構想
	(1.2) イマジネーション
	(1.3) シミュレーション
	(1.4) プロトタイピング
	(1.5) SF の活用
(2)製品アイデアを組み立てる	(2.1) 生活者との協業
	(2.2) ビッグデータの活用
	(2.3) 後追いと組み合わせ
	(2.4) 美しい製品を作る
(3)製品のバリエーションを広げる	(3.1) バージョン化
	(3.2) マスカスタマイゼーションとパーソナライゼーション
	(3.3) ロングテール
(4)製品の開発，製造を進める	(4.1) モジュラー型開発
(5)製品を標準化する	(5.1) 標準化

(出所) 著者作成

6-5-1　製品アイデアを得る

(1.1) 妄想と構想

　製品アイデアを得るためにはどうしたらよいのだろうか？　何か新しいものを創造するためには，まずは未来への願望や意思を持つことが必要だ。そのためには，何はともあれ未来のイメージを妄想しないといけない。妄想という言葉からは，非現実的でバカバカしい印象を受けるかもしれない。しかし本来妄想の意味するところは，根拠もなくあれこれと想像すること（小学館，n.d.）である。発想を，妄想だと言われるところまで，飛ばしてみないと，アイデアを得ることはできない。

　しかし，妄想だけでは，物事は実現できない。そこで，妄想を構想に変える必要がある。自由に広げた妄想を，専門的な予測に基づく構想に落とし込み，仮説を導きだしていけば，最終的に製品アイデアを導くことができるだろう。

　こうしたことを長年行っている企業にデュポンがある。デュポンは「100年委員会」を設置している。そして，100年先を予測して，100年先から現在を振り返り，計画を作る場としている。デュポンは1812年に創業された，長い歴史を持つ企業だが，19世紀は火薬の100年，20世紀は化学の100年と，専門的なリサーチに基づいて，100年単位で事業ドメインを組み換えてきた。現在，21世紀はバイオサイエンスの100年と位置づけて事業を進めている（山口，2015）。

(1.2) イマジネーション

　さて，専門的な予測に基づく構想から，未来のイメージを作ることができたら，次に，製品についてのイマジネーションを働かせよう。これまで，誰も作ったことのないような斬新な製品を作ろうとする場合，出来上がりのイメージをリアルに心の中で想像（イマジネーション）してそれに向かって実現していくのと，ぼやけたイメージしか持たずに進んでいくのとでは，全く違う結果になる。イマジネーションは非常に重要だ。

　リアルな出来上がりイメージを持って，まだ影も形もない製品について，「見てきたかのように話す」ことができるようになれば，製品開発が成功す

る確率は格段に上がる。逆に，製品開発を主導するプロデューサーがあいまいなイメージしか持っていない場合，当然，開発チームのメンバーにもあいまいにしか説明できず，結果として，各メンバーがばらばらな方向をめざすことになりかねない。それでは良い製品はできない。

　デジタルマーケティングで扱う新製品には，これまで全く存在しなかったような製品が多いので，マーケター，製品プロデューサーにとっては，イマジネーションの能力が非常に重要になる。

(1.3) シミュレーション

　イマジネーションを羽ばたかせ，まとめることに成功したら，イマジネーションと演繹的な推論（普遍的な原則から論理的に個別具体的な結果を導く方法）を結合して，シミュレーションしよう。

　シミュレーションとは，現象を模擬的に現出することを意味し，現実に想定される条件を取り入れて，実際に近い状況を作り出すことである（小学館，n.d.）。シミュレーションではモデル化を行うので，その条件や設定を変えることで，どのように変化するかを観察できる。製品開発という観点では，シミュレーションを行うことにより，個人のイマジネーションの域にある製品のイメージをリアルに組み立て，他の人に体験的に理解してもらうことができるようになる。

(1.4) プロトタイピング

　シミュレーションし，製品イメージをリアルに組み立てることができたら，次はプロトタイピングしてみよう。なお，プロトタイプとは，新しい技術や新サービス等の検証や試験，もしくは量産前での問題点の洗い出しなどのために設計され，仮組みされた原型やコンピュータプログラムのことである。プロトタイピングにはいろいろなやり方がある。サービスプロトタイピング，コンピューターシミュレーション，VR（Virtual Reality：仮想現実）プロトタイピング，デジタルツインなどである（小塩・中嶋，2015）。

　1つ目のサービスプロトタイピングとは，サービスを顧客に提供する場面を，演劇のように，人を使ったシミュレーションによって確認する方法であ

る。実際にサービスを提供する場面を演じることによって，顧客の体験を確認することができる。2つ目のコンピューターシミュレーションとは，実際には実現しにくいようなシーンについて，コンピュータ内に仮想的な状況を作って試すことで，製品の評価を可能にする方法である（小塩・中嶋，2015）。

3つ目のVRプロトタイピングとは，製品の使用感や，デザインなどを，VRの仮想空間のなかでためして，改善していく方法である。まだイメージしかなく，実体のない製品であっても，あたかも現実のもののように確認することができる（小塩・中嶋，2015）。

ここまでの3つの方法は，実際にはまだ存在しない製品を可視化する方法であった。一方で，今あるものを，デジタル上に再現することで，そのなかでの新しい製品のイメージをシミュレーションする方法もある。それが4つ目のデジタルツインである。これは，フィジカルワールドにある情報をIoTなどの技術を用いて集め，そのデータを元にサイバーワールドで製品を再現する方法である。現実をサイバーワールドに再現するため，デジタル上にできた双子の意味を込めてデジタルツインと呼ばれる（ソフトバンク，2020）。

(1.5) SF の活用

さて，次に，SF を活用して製品アイデアを得る方法について述べる。

そもそも，SF とは何だろうか。SF は，サイエンス・フィクション，空想科学小説，サイファイ，スペキュレイティブ・フィクション，思弁小説などの略であるとされている。SF の始祖といわれる小説家としては，メアリー・シェリー，ハーバート・ジョージ・ウェルズ，ジュール・ヴェルヌなどがいる。しかし，SF がひとつのジャンルとして認知されるようになったのは1940年前後のアメリカにおいてである。このころ発行された雑誌によって，SF というジャンルは形成されるようになった。そして1950年代にはアメリカSF は黄金期を迎え，ビッグスリーと呼ばれる大作家，すなわち，アイザック・アシモフ，アーサー・C・クラーク，ロバート・A・ハインラインが，すぐれた作品を発表していった（早川書房編集部，2015）。

SF は当初は，荒唐無稽な冒険活劇小説，三文小説としてさげすまれていたが，ビッグスリーの作品をはじめとした，多くの傑作が刊行されるように

なり，大きく進化し，社会からの認知も変わった。SF は，豊富な科学知識に基づいた想像で未来を予測し，その未来を，文学的にも優れた方法で提示するものとなっていった。

その後，アーシュラ・K・ル＝グウィンのように，文化人類学の知見をベースに多様な社会のありようを提示する作家も登場するようになった。こうした作品の登場により，SF はサイエンス・フィクション，すなわち，科学に基づいた小説にとどまらず，スペキュレイティブ・フィクション，すなわち，目の前にある現実とは異なる社会や世界について思弁をめぐらす小説としても発展した。つまり，文明を批評し，考察する小説にもなっていった（早川書房編集部，2015）。

現代では，SF は，小説のみならず，映画，ドラマ，マンガ，ゲーム，メタバースなど，さまざまなかたちに展開している。こうした多様化で，SFの提示するイメージはますます豊かになった。なぜなら小説というメディアは，新しく驚異的な見方や考え方の提示や，壮大なビジョンの提示，人類の進化といった大きな題材を扱うのに適している一方，映像メディアは，ビジョンを可視化して未来のイメージを鮮烈に提示することに適しているからである。

また，SF で描写される未来のサービスやシステムは，作家が現代の科学を詳細に学んだ上で提示される。現代の科学が進化したら，100年後，1000年後にはどうなるだろうというシミュレーションを行う一方で，現代の科学とは断絶した未知の科学が生まれることも想定して書かれる。さらに，作家の自由な想像力によるジャンプが付け加えられて，作品としてまとめられていく。

つまり，SF の創作方法，発想法は，デジタルマーケティングにたずさわり，新しい製品を開発しようとする私たちにとって，たいへん参考になるものなのだ。

これまでに，SF はさまざまな形で，技術の，さらには，社会のイノベーションに影響を与えてきた。例えば，アイザック・アシモフが小説の中で示したロボット工学三原則は，多くのロボット工学者に影響を及ぼした。

SF には社会のイノベーションを進める力もある。TV ドラマ「スタート

レック」(1966) のウフーラは，アフリカ系女性のキャラクターである。ウフーラはアメリカの TV ドラマ界ではじめてとなる，アフリカ系女性のメインキャラクターであり，宇宙船士官の役柄であった。彼女が SF の中で可視化されたこと，またウフーラ役を演じたニシェル・ニコルズが NASA に協力したことは，アフリカ系女性宇宙飛行士が現実に誕生する上で大きな影響を与えた (宮本他，2021)。

　次にインターフェースデザインにおける影響について見ていこう。SF が映画やドラマといった映像で表現される場合には，インターフェースデザインにおける影響が大きくなる (シェロドフ他，2014)。登場人物たちが未来のデバイスを使うシーンが映像化される場合，実際にどのような仕組みで魔法のようにすばらしいデバイスが動いているかが説明されることはあまりない。しかし，そのデバイスのデザインは，映像として可視化されるので，後世に与える影響は大きかった。たとえば，「スタートレック」(1966) に登場する通信機「コミュニケータ」は，のちの携帯電話そっくりの形状をしていた。これは，「スタートレック」を見ていた子供が成長して，技術者になり，実際に携帯電話をデザインしたために起こった現象である。ここから次のようなことがいえるのではないか：もし，あなたが，新しい製品のアイデアが出なくて困っていたら，SF を見たり読んだりすれば，大きなヒントが得られる。

　SF を製品開発を行う上での，プロトタイピングに活かそうという考えかたもある。ジョンソン (2013) はこれを「SF プロトタイピング」と名付けた。「SF プロトタイピング」とは，SF の方法を通じて未来予測を行い，未来に向けたビジョンを探究する手法である (小塚，2020)。SF プロトタイピングは，SF の発想を元に，まだ実現していないビジョンの試作品，すなわちプロトタイプを作ることで，他者と未来像を議論・共有するための方法でもある (宮本他，2021)。

　この SF プロトタイピングで作られるプロトタイプには，(1)SF に登場する未来のデバイス，すなわちガジェットを介した未来の具現化　(2)SF に登場する人物，キャラクターが見る世界　(3)プロットの動的なシミュレーション　などがありうる。しかしもっとも重要なのは，SF プロトタイピン

グによって，予想外の思考のジャンプが得られることである（宮本他，2021）。

6-5-2　製品アイデアを組み立てる

(2.1)　生活者との協業

　製品アイデアをイマジネーションやプロトタイピング，ＳＦから得ることができたら，次は，それをより，具体的なものに組み立てていこう。

　この段階で，生活者の力を借りることを考えよう。世の中にない製品のイメージのヒントを生活者からもらおうとしても，あまりうまくいかないが（むしろ SF を見たほうがいいだろう），ある程度かたまったアイデアを発展させる場合に，生活者の力は大変に役に立つ。

　デジタル時代以前は，生活者は，企業が開発した製品を購入するだけの消費者として扱われていた。しかし，デジタル時代になり，企業の製品開発に参加する共創（Co-creation）（コトラー他，2017）が，重視されるようになった。たとえば，プラスチック製の組み立てブロック玩具を販売するレゴは，ユーザーコミュニティを製品開発に生かすために，共創プラットフォームとして，「レゴアイデア」を運営している（西川他，2019）。このコミュニティは，レゴのあり方を発展させることに大きく寄与している。

(2.2)　ビッグデータの活用

　次に，製品アイデアを組み立てる上でのビッグデータの活用について考えよう。サイバーワールド，フィジカルワールドから得られた大量で多様かつリアルタイム性もあるビッグデータを分析することで，製品アイデアは，ブラッシュアップされていく。しかし，ビッグデータをやみくもに分析するだけではうまくいかない。あらかじめ，経験などに基づいて仮説を作っておき，それを，ビッグデータを用いて仮説検証するということを，行うことが重要である。

(2.3)　後追いと組み合わせ

　さて，ここまでは，製品アイデアが，非常に新しい，新規性のある場合を考えてきた。しかし，ビジネスとして製品を考えるとき，別に新しいアイデ

アに基づかなくてもいいのではないだろうか。ありもの の，既存のアイデアや製品をもとに作っても，かまわない。特許や商標を侵害しない限り，すでに出ている製品やサービスの後追いに大きな問題はない。発明家や学者ではなく，ビジネスマンであるのだから，オリジナリティにこだわりすぎないことも重要だ。アイデアを組み立てる際，複数の異なる既存の製品，技術やコンテンツを複合させて新しいサービスを作ることは比較的容易であるし，面白いものができるだろう。

(2.4) 美しい製品を作る

　最後に，製品アイデアを組み立てるときに必須なこととして，あなたが作る製品やサービスは美しいものでありたいということを指摘しておこう。美しくない場合，どこかに無理や無駄がある。

6-5-3　製品のバリエーションを広げる
(3.1) バージョン化

　製品のアイデアが組みあがったら，次に，製品のバリエーションを広げることを検討しよう。

　シャピロとバリアン（1999）は，情報財のバージョン化について論じている。彼らの言うバージョン化とは，各市場セグメントを対象に異なったバージョンの情報財を提供することである。バージョンをいくつか用意することにより，ひとつの製品ではカバーできなかった顧客を広くカバーすることができるようになり，結果的に売上が増加する。

　バージョンの数は，多すぎても少なすぎてもいけない。もし市場を無理なくセグメント化してバージョンの数を特定することが難しいのであれば，とりあえずバージョンを 3 つ（上中下）提供するのがよい。生活者は選択にあたって，極端であるものを嫌悪し，中間にあるものを選びたがる傾向にあるからだ。3 種類にするために，ほとんど誰も買わないであろう高価格品をわざと用意しておいて，本当に売りたい製品を中間におくことで，それを魅力的に見せる手法もよく使われている（シャピロ他, 1999）。

(3.2) マスカスタマイゼーションとパーソナライゼーション

　ところで，マーケティングでいう差別化と，上述したバージョン化，次に述べるマスカスタマイゼーションは同じではないことには注意が必要だ（コトラー他，2002）。

　マーケティングでいう差別化とは，自社製品を，他社製品と区別するために，意味のある違いをデザインすることをいう。具体的には，他社を強く意識した上で，他社との差を明確に示せる製品を多くとりそろえることを意味する。

　対して，(3.1)で述べたバージョン化とは，各市場セグメントを対象に異なったバージョンの製品を提供することをさす。つまり製品を多くとりそろえるのではなく，ひとつの製品に対し，いくつかのバージョンを用意する。これは有形財より無形財においてのほうが容易に実現できる。顧客の要望に応じることができるようにハードウェアのパーツをたくさん用意しておくのはたいへんだが，ひとつの楽曲を良い音質，ふつうの音質，悪い音質の 3 通りにデジタルエンコーティングすることは比較的簡単にできるからである。

　一方，マスカスタマイゼーションとは，標準化された製品やサービスに，顧客が求める個別化の要素を加えて提供することをいう。以前は，オーダーメードは高価なものだった。それが，技術の発達によって，オーダーメードのような完全な個別化はできないが，多少の個別化を行って，安価に提供可能にすることができるようになった。

　マスカスタマイゼーションで多様なオプションをとりそろえておくことは，反面，顧客に，選択する，という負担を強いることにもなる（Kannan, 2017）。多様なオプションを見て，選び，また組み合わせるのは，かなり時間と労力のかかる作業である。その製品について，専門的な知識のある顧客にとっては利点が多いが，知識のない顧客の場合には，選ぶこと自体が負担になる。この顧客の負担を軽減するための工夫が，企業には求められている。

　さて，ここまでマスカスタマイゼーションについて述べてきたが，類似の用語として，パーソナライゼーションについても述べておこう。マスカスタマイゼーションは，顧客がメニューからオプションを選択することを意味し

た。一方パーソナライゼーションは，顧客一人ひとりに，企業の側でふさわしいと判断した製品，サービス，広告などを提示することを意味している（小野他，2020）。パーソナライゼーションを行い，何を提示するか選択するのは企業側であり，顧客ではない。

(3.3) ロングテール

　では，人間が創作した作品をもとにした製品，すなわち，音楽，ソフトウェア，書籍などの，作家性のあるコンテンツを扱う企業が，製品のバリエーションを広げたいと考えた場合にはどうしたらよいのか。

　コンテンツは，製品としてはやや特殊な性質を持つ。コアになる作品は人間の創作物であり，制作のコントロールがむずかしい。作者に無理強いしても，作品が効率的に生まれるようにはならない。また，ひとつの作品だけに人気が集中することはなく，多様な商品が，少しずつ売れることが多い。書籍などでは100万部売れるようなミリオンセラーが出ることもあるが，数百部売れる本もたくさんある。これら，販売数がそれほど多くない書籍であっても，売上をあわせると大変大きな売上になることもあり，この現象をロングテールという（アンダーソン，2006）。

　しかし，ロングテールから利益を上げるためには，Amazon のような巨大データベースと，管理体制，そして，多種多様な製品に顧客を誘導する仕組み作りが必要であり，簡単ではない。とはいえ，巨大データベースを一社で作ろうとせず，複数社で協力してロングテール商品を扱っていくなどの工夫をすれば，実現は可能である。

6-5-4　製品の開発，製造を進める

(4.1) モジュラー型開発

　製品開発において次に考慮しなければならないポイントは，有効な製品開発，製造モデルを選ぶことである。

　製品開発モデルは，数種類存在する。伝統的な製品開発モデルの代表的なものは，「じょうごの製品開発モデル」（図6-4）である。この製品開発モデルを採用する場合，まず，顧客のニーズと技術の進化から，いくつかのアイデ

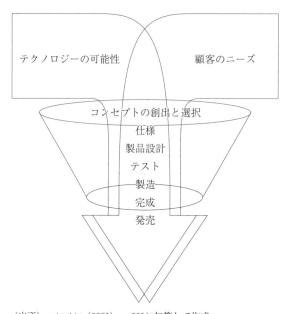

（出所）ハンソン（2001），p.301に加筆して作成

図6-4　じょうごの製品開発モデル

ア，製品コンセプトを導き出す。そして，製品設計やテストをしていくなか
で，徐々にひとつのアイデアに絞り込み，最終的な製品を作っていく（ハン
ソン，2001）。

　じょうごの製品開発モデルでは，多数のアイデアを段階ごとにスクリーニ
ングしていくので，多額の経費が費やされるステージに進む前に，投資対象
を絞り込むことができる。

　このモデルは，20世紀においては大変有用であった。しかし，現在で
は，あまり有用ではなくなった。なぜなら，いくつものアイデアを挙げて，
そこから，時間をかけてじっくり選別していくことが，むずかしくなったか
らである。変化のスピードが速くなり，製品ライフサイクルも極めて短く
なった。そのため，じょうごの製品開発モデルを使ってアイデアを絞り込ん
だころには，市場が閉じてしまうことも多くなった。また，途中で新しいア
イデアが生まれたときに対応する柔軟性も十分ではなかった。さらに，市場

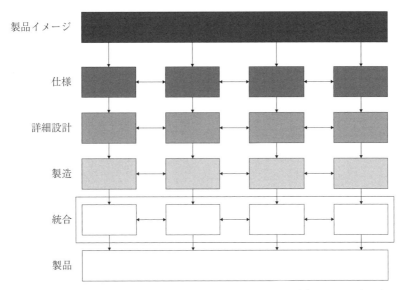

（出所）ハンソン（2001），p.303および一橋大学イノベーション研究センター（2001），
　　　　pp.151-187より作成

図6-5　モジュラー型製品開発モデル

からのフィードバックの処理が難しいという課題もあった（ハンソン，2001）。

　そこで，デジタル時代にふさわしい製品開発モデルとして，「モジュラー
型製品開発モデル」（図6-5）が採用されることが多くなった。モジュラー型
製品開発モデルとは，最終的な製品イメージを開発チームのメンバー間で共
有しながら，製品の機能・パーツなどによって作業を分割し（要素，すなわ
ち，モジュールに分け），仕様決定，詳細設計，製造などのプロセスを，複数の
モジュールで同時進行させる開発方法のことである。モジュール間の調整
は，インターフェースルール（異なるふたつのものをつなぐためのルール）によっ
て定める（ハンソン，2001）。

　モジュラー型製品開発モデルでは，開発を分業して同時進行できるので，
開発が迅速に進むというメリットがある。また，インターフェースルールを
守れば，モジュールの中身は自由に作ることができる。モジュールの独立性
が高いので，他の製品への再利用が可能になるというメリットもある。結果
として，スピード，柔軟性に富んだ開発ができる（一橋大学イノベーション研究

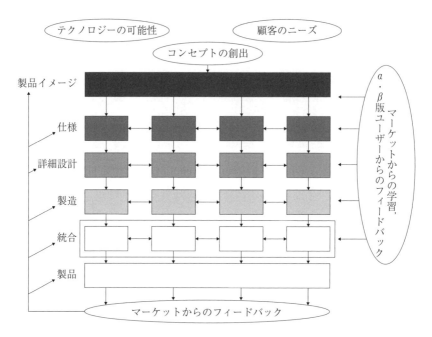

（出所）ハンソン（2001），p.303および一橋大学イノベーション研究センター（2001），pp.151-187
より作成

図6-6　オープン型のモジュラー型製品開発モデル

センター，2001）。

　モジュラー型製品開発モデルは，ひとつの社内だけで行う必要はなく，複
数の会社が協力したり，顧客の協力を得ながら行うこともできる。これを，
「オープン型のモジュラー型製品開発モデル」（図6-6）と呼ぶ。オープン型の
モジュラー型製品開発モデルでは，製品が未完成な段階で，すばやく顧客に
情報を公開し，フィードバックを得ることで，製品開発の途中であっても，
製品をよりよく改良することができる。なお，情報を公開する場合には，2
通りの方法がある。ひとつは，α版として，社員や信頼のおける顧客にの
み，つまり，狭い範囲に公開する方法であり，もうひとつは，β版として，
広く一般に公開することで多くの人に利用してもらう方法である（ハンソン，
2001；一橋大学イノベーション研究センター，2001）。

　しかしモジュラー型製品開発モデルにもデメリットはある。モジュラー型

製品開発モデルでは，インターフェースルールに基づく調整が必ず必要になり，当然コストもかさむ。また市場環境や技術が激変したとき，組織を作りかえるのに時間がかかるという問題もある。さらに，オープン型のモジュラー型製品開発モデルの場合には，α版・β版などを公開することにより，ライバルに情報を提供することになってしまう，というリスクも生まれる（ハンソン，2001；一橋大学イノベーション研究センター，2001）。

　また，いろいろな部品の間での調整が重要な製品においては，モジュラー型製品開発よりも，すり合わせ型の製品開発が望ましいと言われている。だが，スピード，柔軟性に富んだ開発ができるというメリットは大きく，デジタルマーケティングにおいてモジュラー型製品開発は，主要な開発方法となっている。

6-5-5　製品を標準化する

(5.1)　標準化

　製品開発において次に考慮しなければならないポイントは，標準化で勝利することである。この項で述べる標準化は，主として，ネットワークやサービスなどのプラットフォームにおける戦略である。

　標準化は，ネットワークやサービスを提供する会社にとっては，社の命運を左右する重要性を持っている。いわゆる標準といわれているものには何種類もあり，国際標準，国家標準，業界標準，デファクトスタンダードなどがある。このうち，国際標準とは，国際標準作成機関，あるいは学会組織である，国際標準化機構（ISO），国際電気通信連合（ITU）などが定めた標準のことをいう。国際標準は，企業の論理，利益追求という視点でなく，社会の発展という目的意識を持って進められる点に特徴がある。投票手続きなど，決定までの公平性が担保されており，結果としてまとまった規格の詳細は公開される（進藤，2009）。

　一方，デファクトスタンダード（事実上の標準という意味）は，国際標準とは異なり，企業の利益追求が前面に出たものである。ある製品がマーケットで重要な地位を占め，他の会社もその製品と互換性を持つ製品を提供するようになり，結果として，その製品が事実上の標準になったとき，デファクトス

タンダードと呼ばれる。その製品が標準とみなされるのは，マーケットシェアによるものである。

　標準化は，ネット上で相互接続を実現する上では必要なものであるが，いったん標準が定まってしまうと，それ以外のアプローチを無用なものにするため，十分成熟していない要素技術を性急に標準化することは，技術の進歩をかえって遅らせるという危険性をはらんでいる。

　現在は，Amazon（1994年創業），Google（1998年創業），Facebook（2004年創業）といった，巨大企業が登場し，多くの人々がこうしたサービスを日々使うようになっている。これらの企業が提供する製品やサービスが標準となっているという言い方ができるかもしれない。そして彼らが生み出す独占状態により技術の進歩が遅れるという可能性はある。とはいえ，デジタル時代は，急にルールが変わったり標準が変わったりする時代でもあり，巨大企業の独占が永遠に続くということは考えにくく，ビジネスチャンスはいつでも存在する。

【ケーススタディ⑤】

SF プロトタイピング　『ブルー・シャンペン』『エンダーのゲーム』

　ここでは，2つのSF小説を紹介しながら，SFプロトタイピングについて，具体的に見ていく。

　1つ目に紹介する小説は『ブルー・シャンペン』である。この作品は，アメリカのSF作家，ジョン・ヴァーリイが1986年に発表したもので，1987年のローカス賞短篇集部門を受賞している。小説の主人公である女性，ギャロウェイは，少女時代に首の骨を折る大事故に遭い，四肢麻痺患者となった。しかし，金細工や宝石で飾られた人工外骨格を装着して，自由に動くことができるまでに回復した。だが，この人工外骨格は先端技術を用いたものであったため，レンタル代金は非常に高額だった。

　そこでギャロウェイはセクシーな体験エンターテインメントのスター女優として，この代金を稼いでいた。彼女が出演している体験エンターテインメントとは，未来のエンターテインメントであって，俳優の体験を観客が追体

験できるものとして描写されている。ギャロウェイは，もし，自分が女優を引退したとしても，この人工外骨格を使い続けたいと強く願い，引退にそなえて，恋人と体験エンターテインメントを撮影する。そして，恋人がパーソナルな体験を人目にさらしたり売ったりすることに反対したにもかかわらず，映像を売り出して大金を得るのだ（ヴァーリイ，1994）。

　この物語が描くきらびやかな未来社会では，障がい者であっても，ハイテク技術によって，身体の自由を取り戻せる。しかし，身体の自由を得るためには，大金がかかる。テクノロジーの恩恵が生み出す幸せと，カネの問題は，切っても切り離せないことがこのSF小説では示されている。

　『ブルー・シャンペン』でギャロウェイが使っていた人工外骨格のように，身体を補助する高機能なハードウェアは現実の社会でも実用化が進んでいる。いずれ，私たちも日常的に目にすることになるだろう。ヴァーリイは，この技術の恩恵を描くと同時に，社会に導入されたときに生じる暗い面にも言及した。しかし，それを社会問題としてではなく，個人の物語として描いたために，読む人の肌感覚に訴え，自分ごととして考えさせ，文学としても完成度が極めて高い作品となっている（上田，2015）。

　現代日本で，上述のような身体を補助する高機能ハードウェアを提供する企業として，CYBERDYNE がある。この企業は，筑波大学山海嘉之研究室で研究されてきたサイバニクス技術を活用して製作したロボットスーツHAL を提供している。HAL は医療・介護・福祉分野，労働・重作業分野，エンターテイメント分野等に展開している。HAL は実際に脊髄損傷患者にもレンタルされている（CYBERDYNE, n.d.）。しかし，『ブルー・シャンペン』の人工外骨格とは異なり，HAL のレンタル価格は，障がいのある人にも十分払うことのできる価格に設定されている。こうした価格設定は，ヴァーリイの示した悲劇的な状況を回避しうるものだ。確証はないが，もしかしたら，CYBERDYNE の経営者は，『ブルー・シャンペン』を読んでおり，先端技術と経済の問題がありうることを知り，患者の幸せを考えて，価格を決めたのではないかと，想像してしまう。

　2つ目に紹介する小説は『エンダーのゲーム』である。この作品は，アメリカのSF作家オースン・スコット・カードが1985年に発表した。作品のも

とになった短編小説（1977年）を長編化したもので，1985年にネビュラ賞，1986年にヒューゴー賞を受賞している。この小説は，異星生命体バガーが，地球へ，度重なる攻撃を行っている未来を舞台にしている。主人公の少年エンダーは，戦闘の才能を認められ，宇宙艦隊のバトル・スクールに入学する。彼は激しい訓練を受け，地球にとって最後の切り札と目されるようになる。そして，エンダーはバトル・スクールの最終試験を受ける。それは非常に過酷な模擬戦闘であり，シミュレーターには，敵の母星が映し出されていた。エンダーのチームは，激戦を制し，惑星の破壊に成功する。そのとき，模擬戦闘を見ていた将軍から，エンダーは，これがシミュレーションではなく，実戦であり，実際に，彼が敵を撃破したことを告げられる（カード，2018）。

この物語では，シミュレーションゲームとVR（バーチャルリアリティ；仮想現実）技術が重要な役割を果たす。敵との戦闘訓練のために用意されたシミュレーションゲームは，実戦と見まがうリアルなものだ。何かの技能を習得するための，ゲームやVRは，現代でも，広く使われている。ゲームによって，学習を楽しく効果的に行う手法はゲーミフィケーションと呼ばれる。日本ゲーミフィケーション協会はゲーミフィケーションを，身の回りのこと（たとえば学び）にゲーム要素を入れて対象者を楽しくやる気にさせる仕掛け，と定義している（岸本，2020）。また，VRは，実際に体験することが困難な技術の習得，たとえば，外科手術や軍事訓練に活用されている（宮樹，2015）。

以上のように，SFには，ファンタジーと違って，魔法などの根拠のない技術は出てこない。科学技術を踏まえながら，作者が想像力を飛ばして，未来社会がどうなるかについて考え，そのなかでいろいろなアイデアを展開し，物語っていくため，小説が出版されてしばらくたつと，それが現実になっていることがよくある。

SFの発想や手法を参考に，イメージをリアルに組み立てることができるようになれば，今はまだこの世に存在しないが，実現させるべき，また，実現できるはずの技術，製品，社会システムが想像できるようになり，その完成形が，細部までフルカラーでまざまざと見えるようになるだろう。

まとめ

　本章では，デジタルマーケティングで扱う製品にはどんな種類があるのか，また，どのような点をポイントにおいて，製品を開発すればよいのか，について考察した。特に，製品アイデアを得るためには，SF を読んだり見たりすることでヒントを得，思索を深める方法について，例を示しながら議論した。こうした手法を用いて，新しい製品やサービスについて，提案していただければと思う。

第7章

Price：
デジタル時代の価格戦略

> お金は，われわれの心の平安を守ってくれる。
> P. G. ハマトン，渡部昇一・下谷和幸訳（1991）『知的生活』

はじめに

　長い間，製品の価格は売り手（製品の供給者）と買い手の交渉によって決められていた。製品の提供者があらかじめ価格を決めて提示していたわけではなかった。あらかじめ価格をつけることは，社会や流通の発達により，売り手と買い手の距離が離れ，さらに，交渉する時間やコストを削減して適正な価格で製品を購入したいという考えが広まることによって，行われるようになった（コトラー，2001）。

　しかし，今日，デジタル技術が価格をめぐる状況を変えつつある。インターネットは，売り手に，需要の変化に応じてすぐに価格を変更できる力を与えた。一方，買い手には，多数の売り手を簡単に比較できる力や，自分が払ってもよい価格を提示して売り手に応じてもらう場を与えた。

　「価格（Price）」はマーケティングの4つのPのなかでは，製品やチャネル，プロモーションと比較すると，簡単に変えやすいという特徴を持っている。しかし，現実には多くの企業が価格設定をうまく行えていない。そこで，この章では価格設定の方法，課金に伴う問題を中心に扱う（進藤，2009）。

7-1　価格の基礎

　最初に，マーケティングでは，伝統的にどのような方法で，製品の価格を決めるとされてきたかについて述べる。コトラー（2001）は 8 つの価格設定方法を列挙している。

(1)マークアップ価格設定：コストに一定のマークアップ（上乗せ）を行って価格を決める方法である。この方法を用いれば，簡単に計算して値付けすることができるが，顧客の需要状況や競合他社の価格を無視することになるので，最適な価格設定を行うことは困難になる。

(2)ターゲットリターン価格設定：目標とする事業規模と ROI（Return on Investment：投資回収率）を達成することができるように，価格設定を行う方法である。

(3)現行レート価格設定：競合他社の価格に基づいて価格を決める方法である。市場に後から参入した企業が，市場を牽引するリーダーが設定する価格を参考に自社の価格を決めるような場合をいう。

(4)上澄み吸収価格設定：製品を発売した時点で，高価格を設定する。それにより，できるだけ早期に投資を回収することをめざす方法である。巨額の初期投資を必要とし，それをできるだけ早く回収したいような場合，この手法が用いられることが多い。

(5)市場浸透価格設定：販売量が上がるにつれて単位コスト（原価）は下がるのだから，最初はもうからなくてもかまわない，と考えて低価格をつける方法である。安い価格で顧客をひきつけ，販売量の増大と長期的な利益を得ることを狙っている。

(6)バリュー価格設定：高品質の製品にきわめて低い価格をつける方法である。品質を維持しつつ，企業努力で，コストを下げていくことで採算を取っていく。

(7)入札価格設定：入札によって価格を決定する方法である。公共事業などでよく行われている。

(8)知覚価値価格設定：買い手の知覚価値をもとに，価格を決めていく方法である。次項で紹介するパワープライシングでも採用されている。

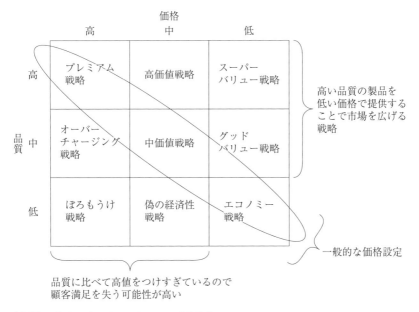

（出所）コトラー（2001），p.562，p.587より作成

図7-1　可能な価格設定の範囲

　いろいろな価格設定方法があるとはいえ，可能な価格設定の範囲は，価格と品質のバランスでおのずと決まってくる。価格と品質はおおむね比例するからである，しかし，戦略的に，高い品質の製品に低い価格をつけ，市場を広げようとする場合もある。逆に，低い品質の製品に高い価格をつける戦略がとられることもある。だがその場合，顧客満足を失う可能性があるので推奨できない（コトラー，2001）（図7-1）。

7-2　パワープライシング

　次に，パワープライシングについて述べる。パワープライシングとは，顧客価値から発想するプライシングのことであり，サイモン他（2002）により提案され広まった。パワープライシングを実施する企業はパワープライサーと呼ばれる。パワープライサーは，市場や競争に価格の決定をゆだねること

はせず，顧客の価値創造に注力し，顧客が知覚する価値によって価格を設定する。しかし，顧客の知覚は競合他社の製品の価格によって影響されるので，同一セグメント内の競合他社の動向は把握する必要があると考える。さらにパワープライサーはコストに関しては，価格の最低ラインを決める際には有用であるという立場をとる。

　パワープライサーは，価格設定にあたって，コンジョイント分析を用いることが多い。コンジョイント分析は，製品やサービスを構成する要素の最適な組み合わせを探るための調査手法のことである。具体的には，顧客に，商品やサービスのプランが書かれたカードを複数さし出し，どちらがよいか，訪ねてみる。直接的に，「車にとって環境対応は重要だと思いますか」と問いかけたりはしない。なぜなら環境対応が重要でないと答えるような顧客はまれであるからだ。しかし，環境基準は最低限満たしている安価な車と，環境基準を大幅に満たしているが高価な車の 2 枚のカードを出した場合，顧客はどちらを選ぶであろうか。おそらく直接的に尋ねるよりも，このようにしてカードを選んでもらうほうが，顧客の本音を引き出しやすいであろう。これがコンジョイント分析の方法である（サイモン他，2002）。

7-3　デジタルマーケティングにおける価格設定手法

　次にデジタルマーケティングにおいて活用可能な価格設定方法について述べる。

　デジタルマーケティングにおける価格設定はさまざまである。リアル店舗よりも EC サイトの価格のほうが価格は低いときもあれば，高いときもある。生活者の価格への敏感さは，リアル店舗よりも EC サイトの価格のほうが高い場合もあれば，低い場合もある。店舗ごとの価格のばらつきも，リアル店舗よりも EC サイトのほうが高い場合もあれば，低い場合もある。

　ただ，インターネット上で提供される製品やサービスの価格は，いくつかの理由により，リアル店舗よりも変更がひんぱんになされている。つまり，動的（ダイナミック）であるということはできるだろう。その理由は，(1)企業にとっては，リアル店舗の値札を書き換えるよりも，ネット上の表示価格を

表7-1　デジタルマーケティングにおいて活用可能な価格設定方法

製品・市場特性	とることができるプライシング方法論	
同じ製品でも顧客ごとに異なる価格を提示できる	プライスカスタマイゼーション	同一製品に対して顧客ごとに異なる価格を提示する
	オークション	応札で価格を決定する
顧客ごとに製品をカスタマイズできる	マスカスタマイゼーション	半オーダーメイドの製品を用意して価格を決める
顧客の属性ごとに購買意欲は異なっている	バージョニング	2〜3種類の製品を用意して価格を決める
	非線形プライシング	たくさん購入すると低い単価が適用される
	定額制料金，サブスクリプション	従量制料金も設定できるが，定額制にしたほうが顧客を囲い込みやすいことがある
相互補完関係にある他の製品やサービスがある	バンドリング	相互補完性のある製品やサービスを組み合わせてパッケージにして提供する
市場環境や需給環境に伴う価格変動が大きい	時間軸プライシング	旬な時期がすぎたら値下げする
	オプションプライシング	お試し版を低価格で提供し後で完全版を買ってもらう
製品に課金しないでも他の手段で売上が得られる	フリー	サービスは無料，広告で売上を確保するなど
経験価値に根ざしている	ペイ・アズ・ユー・ウイッシュ	顧客が払いたいだけの金額を払う買い手決定型価格設定（Pay What You Want Pricing）買い手提案型価格設定（Name Your Own Pricing）
需要により価格を変更可能	ダイナミックプライシング	価格は市場の需要によって変動する
C2C取引における価格決定	C2C交渉価格	消費者間で価格交渉を行う

（出所）吉川他（2001），p.87に加筆し作成

変えるほうが簡単で，かつ，そのために必要なコストが低い　(2)企業はネット上で需要の変動をリアルタイムで把握でき，かつ，対応が可能である　(3)顧客がネット上の価格比較サイトなどを使って多くのサイトやリアル店舗における同一商品の価格を比較するようになったので，企業側も価格のひんぱんな変更を余儀なくされている　などである（Kannan, 2017；奥瀬, 2020）。

　次に，デジタルマーケティングにおいて活用可能な価格設定方法について具体的に見ていく。価格を決める場合には，デジタル時代の市場特性や製品特性に応じたいくつかの手法がある（表7-1）（吉川他, 2001）。

　以下，これらの手法についてひとつずつ説明していこう。

(1)プライスカスタマイゼーション

　同一製品・同一サービスであっても顧客ごとに価格を変える方法である。製品・サービスが，顧客ごとに異なる価格を提示できるのであれば適用可能である。具体的にはソフトウェア製品において，学生に対して通常よりずっと安価なアカデミックパックを適用するような方法をさす。しかし，プライスカスタマイゼーションを行う際には，顧客ごとに違う価格を提示することになるので，不公平感が不満にまで高まらないように配慮しなければならい。

(2)オークション

　顧客ごとに異なる価格を提示できるのであれば，同一製品・同一サービスに対して顧客が応札で価格を決める，オークションの仕組みを使うことができる。オークションは，アナログ時代には，絵画など一部の製品で限定的に行われてきたが，デジタル時代になって，インターネットを活用して，幅広い製品に対して広く行われるようになった。一般の人が，日常的で安価な製品の売買にオークションを使うようになって，市場規模が急速に拡大した。オークションでは，人気のある製品であれば，当初出品者が設定した価格よりも，落札価格は高くなる。

　オークションと似た仕組みにフリーマーケットによる売買の仕組みがある。フリーマーケットでは，オークションと異なり，顧客は出品者の提示している価格で原則的に購入する。しかし，製品が売れなければ出品者は価格を徐々に下げることがある。落札者が，出品者に対し値下げを要望することもある。

(3)マスカスタマイゼーション

　標準化された製品・サービスを個人向けに調整して提供することができるのであれば，価格設定においても，価格を個別に調整する，マスカスタマイゼーションの方法をとることができる（マスカスタマイゼーションについては第6章で詳しく解説している）。

(4)バージョニング

　顧客の属性ごとに購買意欲が異なっている製品・サービスの場合には，数種類の製品を用意して価格を決める方法がとれる。初心者向け製品とプロ向け高級品を用意するといったやり方である。バージョンをいくつか用意することで，ひとつの製品，ひとつの価格ではカバーできなかった範囲を広くカバーすることができる（バージョニングについては第6章で詳しく解説している）。

(5)非線形プライシング

　たくさん購入すると低い単価が適用される方法である。10個買った場合でも，価格は10倍にはならず，安い単価で提供される。全数量割引（たくさん購入すると低い単価が適用される）や，二部制料金（固定料金と従量料金の組み合わせ）などが含まれる。

(6)定額制料金，サブスクリプション

　定期的に同じ料金を請求する方法である。インターネット黎明期には，インターネットの接続料金について，事業者は，定額制ではなく，主として，顧客が使った分に比例して課金する従量制料金の方式をとっていた。しかし，現在は，事業者側の設備投資が進み，また，高速回線による常時接続で映像等の大きなデータがやりとりされるようになり，いちいち使った分に課金するのでは極めて高額になってしまうことなどから，定額制の料金がとられるようになった。

　この，定額制で課金する方式は，「サブスクリプション」と呼ばれることもある。サブスクリプションとは，会員制を前提に，定額制などの方法で，継続的にサービスや製品を提供する方法である。会費型（フィットネスクラブなど）や定額プラン型（携帯電話の利用料金など）などがある。デジタル化の進展で普及したタイプとしては，動画配信サービス（Netflixなど），ダイレクトセールス（ネスカフェアンバサダーなど），シェアリングサービス（ブランドバッグのレンタルサービスや車のレンタルサービスなど）がある（根来，2019）。

　デジタル時代のサブスクリプションによるサービスは，多様な広がりを見せている。たとえば，化粧品では，プロのビューティアドバイザーが個人に

合わせた化粧品を選んでくれるサービスがあり，ファッションでは，生活者が登録した情報に基づいてスタイリストがコーディネートし，一定期間利用するとそのまま所有できるサービスがある。サブスクリプションは，多様な製品から生活者が自分にふさわしい製品・サービスを見つけるための，試行錯誤を可能にする価格設定方法であるともいえる（経済産業省，2021）。

(7) バンドリング

　相互補完関係にある他の製品・サービスが存在する場合には，相互補完性のある製品・サービスを組み合わせてパッケージにして価格を決める方法をとることができる。パソコンを買うと，プリンターを安く買うことができるような方法である。

(8) 時間軸プライシング

　時間軸上で，当該製品の価値の変動が大きいのであれば，旬な時期が過ぎたら値下げする方法がとれる。流行に敏感で翌年は価値が激減するファッション製品が，毎年7月や1月といったシーズン終盤になると，バーゲンを開いて低価格で販売するような方法である。

(9) オプションプライシング

　お試し版を低価格で提供し，後で完全版，製品版を買ってもらう方法である。

(10) フリー

　デジタルマーケティングにおける最も重要な価格設定のひとつが，ゼロ円という価格を設定するフリー戦略である。これは，無料で製品やサービスを配布するということではなく，戦略的にゼロ円という価格を設定する方法である。

　この背景には，デジタル時代における，無料のルールがある（アンダーソン，2009）。無料のルールとは，デジタルのものは，遅かれ早かれ無料になり，フリーへの流れは止まらないということをさしている。企業の製品はフ

リーで提供されるものと競い合うことになるが，フリー，ゼロ円という価格を設定しても，ビジネスをすることはできる。

　無料のルールのもとでの価格設定方法はフリーミアムと呼ばれる。フリーミアムとは，フリー（無料）にプレミアム（割増料金）を合わせた造語である。具体的には，基本サービスを無料で提供することで顧客を広く集め，その何割かに有料で高機能のプレミアム版に移行してもらう方法である。フリーミアムの戦術としては，時間や機能，人数を制限したバージョンを無料で提供して，それに飽き足らない人々を上位の有料バージョンに誘導する（アンダーソン，2009）。

　フリーの価格設定を行う場合，フリーミアムのように，割増価格の製品を提供するほかに，広告を付けるという方法がある。この，広告から利益を得る方法は，アクセス数が多いサービスを無料で提供する場合には，きわめて有効で，Google や Facebook などのサービスで広く採用されている。

　現在，フリーのビジネスモデルはデジタルだけでなくリアルの世界にも広がっている。その影響は大きく，自分の会社でデジタル製品を扱っていないからといって，フリーという価格戦略を無視するべきではない（グプタ，2010）。

(11)ペイ・アズ・ユー・ウイッシュ

　顧客が払いたいと思う金額を払う価格設定方法である。具体的には2種類ある。(1)買い手決定型価格設定（Pay What You Want Pricing）：買い手が完全に自由に価格を設定できるもの　(2)買い手提案型価格設定（Name Your Own Pricing）：買い手の設定する価格が売り手が想定した価格帯の範囲内である場合にのみ取引が成立するもの　の2種類である。いずれの場合でも，売り手は買う気のあるすべての顧客からベストオファーを得ることができる。つまり高く払ってもよいという顧客には高く，安さを望む顧客には低い価格で提供することができる。

　ペイ・アズ・ユー・ウイッシュという価格設定方法は，経験価値に根差したコンテンツやサービスの販売で使われることが多い。イギリスのロックバンド，レディオヘッドは，2007年にアルバム『イン・レインボウズ』のダウ

ンロード販売で買い手決定型価格設定（Pay What You Want Pricing）を行った。この際，ダウンロードした180万人のうち40％がお金を払い，その平均支払額は2.26ドルだった（Raju 他，2010；奥瀬，2012）。

　日本でも世界的に高い評価を得ている演出家，鈴木忠志が主宰する劇団SCOT の例がある。SCOT は利賀村を拠点に活動を行っているが，2013年から，利賀村で行う公演は，買い手決定型価格設定で実施し，毎回，満席の観客を集めている。SCOT は「SCOT サマーシーズン2013」より入場料金を設定せず，観客の裁量に委ねる方式をはじめた（舞台製作 PLUS+，2013）。

　鈴木忠志は，「好きな舞台を自由にご覧ください。ご支援してくださる時と金額はあなたのご自由です。これから就職する方や家庭の事情で経済的にゆとりがない状態にある方は，いずれの日にか，余裕ができた時にあらためてご支援をいただくことでも結構です。私たちにとっては，来ていただくだけでも，大きな支援です。利賀まで来られない場合に，寄付していただくこと，それもとてもありがたい支援です。」（鈴木，n.d.）と述べている。

　上記の試みが成功した理由は，アーティストである主催者自らが意思決定していること，音楽や演劇という経験価値に根差した作品の価格戦略であること，長い期間をかけてファンや観客を育てていく視点があること，であろう。

(12)ダイナミックプライシング

　デジタルマーケティングにおいて，最も重要な価格設定が，ダイナミックプライシングである。ダイナミックプライシングとは，需要が変動して不確実であるときに，リアルタイムに需要に関するデータを入手し，そのときの適正価格を算出するアルゴリズムを用いて価格を変動させることで，利益の最大化を促す方法のことである。ダイナミックプライシングが活用されるようになった要因としては，需要に関するリアルタイムデータが入手しやすくなったこと，デジタル化により価格の変更が容易になったこと，AI などによるデータ解析と意思決定システムの導入が進んだことなどが挙げられる（鈴木，2021）。

　価格を一定にせず，需要に合わせてそのつど価格を変える手法は，以前か

ら，ホテルの宿泊料や航空運賃などで行われてきたが，現在では，さまざまな製品において行われている。

　ダイナミックプライシングが先行して導入されたのは，宿泊予約のサイトなどに加え，スポーツやコンサートなどの興行ビジネスにおいてであった。たとえば，テイラー・スウィフトのツアーチケットにダイナミックプライシングが導入された際には，人気の公演であったために，最高価格が225ドルから一時1500ドルにまで上がった。一方で，995ドルで販売されていた席が時期によって595ドルへ下落するなど，大きく変動した（加藤，2018）。日本でも，福岡ソフトバンクホークスの福岡 PayPay ドームにおける試合では，利便性の高い通路側の席は真ん中の席よりも高くするなどの価格設定を行っている（福岡ソフトバンクホークス，2019）（このケースについては章の最後に改めて詳しく述べる）。

　ダイナミックプライシングは興行ビジネスだけでなく，EC サイトでの活用もされている。在庫が残りわずかになると商品の希少性が上がる商品の場合，在庫が一定数以下になると販売価格を値上げしたりする。また，商品がテレビなどで紹介されアクセス件数や販売件数が急増した場合，リアルタイムで販売価格を上げるなどの手法が可能になっている（渡部，2018）。

(13)C2C 交渉価格

　消費者同士（Consumer to Consumer）で製品やサービスに関する価格を交渉して決定する方法のことである。フリーマーケットのサイトではこの方式がとられている。その他，C2C 交渉価格を設定しているサイトとしてはエアビーアンドビーがある。これは，家主（ホスト）が自分の家や部屋を利用者（ゲスト）に有料で貸し出すいわゆる民泊の仲介サイトである。宿泊価格決定にあたっては，消費者同士で交渉して決めている。エアビーアンドビーのサイトには，ホストが予約の問い合わせをしてきたゲストに対して特別価格での予約を提供できるスペシャルオファーと呼ばれる機能を搭載している。その一方で，ゲストからも値引きをもちかけることもできる（西川他，2019）。

7-4　デジタル技術を用いて金銭的価値をやりとりすることに伴う諸問題

　さて，ここまで，価格設定の方法について述べてきたが，次は，課金，決済などの問題について考える。いくら，すばらしい価格設定をしたとしても，顧客から料金を回収できなければ，ビジネスとしては成立しないからである。

　基本に立ち返って，製品の売り手と買い手の間のお金の流れについて考えるとき，その流れは以下の6段階に分けることができる。デジタルビジネスを成功させるためには，各段階でどうやって遅滞なくお金を流していくかという課題を解決しなければならない(進藤，2009)。

(1)誰にどうお金を請求するかを決める＝ビジネスモデル

(2)相手が本人であること，デジタルなモノやメッセージが本物であることを確認して課金する＝認証・課金

(3)相手からお金をもらう。債権と債務の解消 ＝決済

(4)相手からもらったお金を事業者間で分配する＝収入分配

(5)お金の動きを安全に行う＝セキュリティ

(6)お金を払ってもらった製品やサービスの質を保証する＝QoS (クオリティ オブサービス)

　さて，上記6つをひとつずつ吟味していこう。1つ目の段階，すなわち，誰に対してどうお金を請求するのかの課題，すなわち，ビジネスモデルの段階については，ビジネスモデルに関する章（第4章）ですでに詳述したので，そちらを参照してほしい。

　2つ目の段階では，相手が本人であること，デジタルなモノやメッセージが本物であることを確認して課金する，すなわち，認証・課金を行う。認証とは，相手が人間の場合には，本人しか持ち得ない属性を元に，その属性を確認し本人であることを証明することをいう。相手がデジタルなモノの場合には，本物であることを確認し，証明することをいう。メッセージ等の発信

者を証明するデジタル署名も認証技術のひとつである。また，課金とは，契約に従って正確に料金を算定し，認証した本人に請求することをいう。

　認証について，相手が人間の場合には，サイバー空間では，運転免許証などの身分証明書による直接的な本人認証がむずかしいため，以下の属性認証が用いられている。

a. 知識属性（＝知識認証）。本人の知っていることで認証する。通常パスワード属性と呼ばれる。固定パスワード方式と利用時に毎回変わるワンタイムパスワード方式がある。

b. 所有物属性（＝所有物認証）。本人が持っているもので認証する。社員証やクレジットカードやスマートフォンなどが該当する。しかし，所有物属性は持っている人が本人でなくとも認証が成功する可能性が存在するため，本人の所有物であるかどうかの確認を行う必要がある。

c. 生体属性（＝生体認証）。本人の体で認証する。指紋，虹彩，声紋，静脈などを使う。しかし指紋は指を切って持っていって，リーダーにあてれば，認証されてしまうし，声紋はコピーが容易，という問題が残る。瞳の虹彩，静脈はいまのところコピー困難とされている（Garfinkel 他，2002）。

　認証について，相手がデジタルなモノの場合には，本物であることを確認し，証明する必要がある。この際用いられる代表的な技術が NFT（Non Fungible Token）である。NFT とは非代替性トークンのことであり，代替のきかない一点もののアートやアイテムなどに対して付与されるブロックチェーン（分散型台帳）技術を活用したデジタルデータを意味する（日経テレコン，n.d.）。

　さらなる認証技術としては，メッセージ系の認証に使われるデジタル署名を挙げることができる。デジタル署名では，まずメッセージ系の発信者は，自分の秘密鍵を使用してデジタル署名を作成する。受信者は公開されている発信者の公開鍵を使用して，デジタル署名が本人のものかを検証する。しかし，デジタル署名は，必ずしも完全な証明になるわけではない。発信者がデジタル署名に使用した公開鍵を持っていることを証明するだけである。

　この欠点を補うのがデジタル証明書と PKI（Public Key Infrastructure; 公開鍵インフラストラクチャ）を組み合わせた仕組みである。これは，実社会にお

ける，印鑑証明の仕組みに似ている。実社会では，法的な効力を持たせたい文書には実印を押す。その実印の印影を自治体に届け，受取人が印鑑証明書と照合することで，正しいものだと確認する。

　デジタル署名の仕組みでも，これと等しいことが行われる。まず，印鑑登録に当たる作業として，公開鍵を認証局に届けておく。デジタル署名は印影にあたるので，これをもらった人は認証局のデジタル証明書と照合することで公開鍵の正当性を確認できる。デジタル証明書印は印鑑証明書にあたるもので，発信者の公開鍵の正当性を認証局が証明したものである（Garfinkel他，2002）。

　このように，デジタルビジネスにおいて，信頼を確保することは簡単なことではない。デジタルビジネスにおける信頼は「デジタルトラスト」と呼ばれるが，国としても「包括データ戦略」（2021年）においてデジタルトラストに関する取り組みの方向性が示され，デジタル庁が実現に向けた活動を行っている（野村総合研究所，2022）。

　3つ目の段階として，相手からお金をもらうこと，つまり，債権と債務の解消としての決済行為の段階に入る。いくらすぐれた価格設定をしてもお金を回収できなければ何の意味もなくなる。具体的な決済の手段には以下のようなものがある。利用者が金融機関に対して資金移動を依頼する処理を電子化する方法をアクセス型の決済といい，クレジットカードなどがこれにあたる。対して，金銭の価値そのものを電子化する方法を，ストアードバリュー型の電子決済といい，プリペイドカードなどがこれにあたる（市川他，2000）。

　現在は，この電子決済をスマートフォンなどを用いて行うキャッシュレス決済が普及していく時期にあたり，各社がサービス展開している。キャッシュレス決済とは，現金を用いずに決済する方法のことであって，電子決済システムと同義であるが，現金を使わないことを強調したいときに，この用語が用いられる。

　キャッシュレス決済には，多様な手段がある。クレジットカード，電子マネー，デビットカード，スマートフォン決済（QRコード決済，バーコード決済）などである。キャッシュレス決済で実際にお金を払うタイミングについて

は，前払い（プリペイド），即時払い（リアルタイムペイ：買い物時に口座から引き落とされる），後払い（ポストペイ）といった類型がある。スマートフォン決済では，サービスによって前払い，即時払い，後払いに分かれる。事業者が展開している具体的なスマートフォン決済のサービスには，「PayPay」「d 払い」などがある（経済産業省, n.d.）。

キャッシュレス決済を普及させるための切り札のひとつがポイントサービスである。キャッシュレス決済を使うと，多くの場合，ポイントが付与される。ポイントサービスとは，商品の購入金額や来店回数等に応じてポイントを顧客に与えるサービスである。このサービスが，顧客にとっては，キャッシュレス決済を使ってみる大きな動機となっている。

なお，キャッシュレス決済に対してもコロナ禍による影響はある。いろいろなところに触りたくないというニーズが高まり，非接触決済が注目を集めている。かざすだけで周辺機器との無線通信を可能にする国際規格，NFC（Near Field Communication）の活用も進んでいる（野村総合研究所, 2022）。

続けて，決済に関連する用語として，電子マネー，仮想通貨，ブロックチェーンについて見ていこう。

電子マネー（電子通貨）とは，その国の通貨における取引を，カードや情報端末等にあらかじめチャージすることで電子取引を可能とするものである。通貨の価値は変動せず，国や地域など利用できる場所が限定される点に特徴がある。これに対し，仮想通貨とは，ビットコインなどの，独自の通貨単位の通貨を購入し，電子的な決済を可能にするもので，通貨の価値は変動し，国や地域を超えて利用できる点に特徴がある（西川他, 2019）。

仮想通貨の根幹をなす技術がブロックチェーンである。従来，金融取引に関わる取引データは，金融機関などが管理していたが，ブロックチェーンには特定の管理者が存在しない。インターネットを通じて行われる金融取引のデータは，インターネット上に保管され，すべての利用者が確認できる分散型の仕組みになっている（根来, 2019）。

ブロックチェーンは分散型で，データが改ざんされにくく，低コストという特徴がある。そのため，企業はブロックチェーンの技術を応用したさまざまな新しいサービスの開発を行っている。たとえば日本から海外の口座に送

金したい場合，従来は金融機関を経由するしかなかっため，数千円程度の手数料がかかり，送金が完了するには数日間かかっていた。それをブロックチェーンを活用することによって，安い手数料で即座に送金ができるようになった（根来，2019）。

　4つ目の段階では，相手からもらったお金を事業者間で分配する，すなわち，収入分配が行われる。例として，コンテンツ配信ビジネスにおける，収入分配を見てみよう。収入分配には，主としてミニマムギャランティ方式と，レベニューシェア方式がある。ミニマムギャランティ方式とは，販売額とは無関係に契約当初にビジネス参加者のうち主だった者（メディアなどの配信事業者など）が参加者（コンテンツホルダなど）に対して定額を支払う方式であり，ビジネスリスクは主催者が負担する。

　一方，レベニューシェア方式とは，集計した販売額をサービス終了後に，ビジネス参加者間で分配する収入分配方式であり，リスクはビジネス参加者が分担して負担する。最初から支払額が保証されるミニマムギャランティ方式と異なり，サービスが成功しない限りコンテンツホルダは高い利益は得られないので，利用者のニーズをとらえた作品を制作するインセンティブを持たせることができる。

　5つ目の段階は，お金の動きを安全に行うという段階，すなわち，セキュリティが課題となる段階である。決済にかかわる詐欺，情報漏えい事故は数多く発生するなかで，セキュリティを確保したサービスを提供することは，有料サービス提供事業者としての責務になっている。フィッシング（金融機関などからのメールやWebサイトを装い，暗証番号やクレジットカード番号などを搾取する方法），キーロガー（キーボードからの入力を監視して記録するソフトであり，知らないうちに仕掛けられてパスワードを盗まれるなどされてしまう），スパイウェア（パソコンを使う人の行動や個人情報を収集したりするソフトで，データはスパイウェアの作成元に送られてしまう）など，さまざまな手法が知られている。セキュリティソフトウェアを販売する会社では，毎週のように新しい手法やウイルスへの警告を出しているが，いまだ，解決途上にある（Garfinkel 他，2002）。

　一般社団法人日本クレジット協会（2021）によれば，クレジットカード不正による被害額は，2020年は251億円となっている。EC で買い物をする場合，生活者はクレジットカードを決済手段として利用する機会が多い。クレジットカード不正による被害が生活者の不安をまねくことで，市場の発展が阻害される可能性は高く，社会全体でよりいっそうセキュリティ対策を実行していかなくてはならない。

　6つ目の段階は，お金を払ってもらった製品やサービスの質を保証する，すなわち，Quality of Service（QoS）の段階である。顧客からお金をいただいてサービスを提供する以上，品質を保証しなければならないのは当然である。しかしインターネットはベストエフォートのネットワークであり，必ずしも品質は保証されない。そこで，さまざまな技術を使って，QoS を保証するために，設計，実現方式に工夫をこらしている。しかし，マーケティング部門の予測に反して，急にユーザー（アクセスしてくる利用者）がふえて，サーバーの能力が追いつかなくなることはよくある。その場合，サーバーの増設だけでなく，データベースの再設計が必要となる場合も多い。技術的に品質が保証されない場合には，契約でサービスのレベルの保証をする方法もある。

ケーススタディ⑥

福岡ソフトバンクホークス　ダイナミックプライシングの積極活用

　福岡ソフトバンクホークスは，1938 年に南海鉄道を親会社として大阪に設立された球団を起源としている。2004 年にソフトバンクグループの一員となり，球団名を福岡ソフトバンクホークスとした（小谷，2021）。2022年現在，社長は後藤芳光氏，取締役オーナーは孫正義氏，取締役会長は王貞治氏である。

　福岡ソフトバンクホークスは2022年現在，過去11回日本一となった強豪チームであり，「めざせ　世界一！」をミッションステートメントとしている。だが，2020年からのコロナ禍による外出自粛，観客の人数制限などの

施策は，スポーツ界全体に大きな影響を与えた。福岡ソフトバンクホークスも例外ではなく，2021年6月に発表された第53期決算公告（福岡ソフトバンクホークス株式会社，2021）によると，売上高は229億9600万円（-29.23%）で，約99億円の特損を計上した（東洋経済，2021）。

　しかし，福岡ソフトバンクホークスは，先端的な IT・デジタル企業である，ソフトバンクグループの一員であり，コロナ禍のもとでも，デジタル技術を活用した新しい試みに果敢にチャレンジして，成果を上げている。

　ファンに向けては「ホークスアプリ」を提供し，試合日程などの情報サービスを行うとともに，ポイントサービスや，選手カードなどの提供を行っている。また，映像配信については，YouTube 上の公式チャネルや，月額900円で多様な映像が楽しめる「ホークス TV」を運営するとともに，パシフィックリーグマーケティングが運営する「パ・リーグ TV」でも映像を配信している（福岡ソフトバンクホークス，n.d.）。

　より，臨場感のあるエンタテインメント体験を提供するため，VR を使った試みも行っている。2020年には，「おうちで VR 観戦応援セット」と銘打って VR 初心者のファンであっても，気軽に VR を楽しめるように，VR ゴーグルと，VR 映像視聴権，応援グッズ（応援タオル，メガホン，うちわ，ジェット風船など）をセットにして，販売した（福岡ソフトバンクホークス，2020）。

　ダイナミックプライシングについては，コロナ禍以前から導入の検討を開始しており（福岡ソフトバンクホークス，2019），2019年11月には，福岡 PayPay ドームにて開催される，ホークス主催オープン戦，及び公式戦全試合のチケットをダイナミックプライシング（価格変動制）で販売すると発表した。システムは，Z ホールディングスと三井物産の合弁会社であるダイナミックプラスのシステムを活用し，需要と供給に応じてリアルタイムで価格が変動する仕組みを採用した。価格の変更にあたっては，過去の販売実績データに加えて，リーグ内の順位や対戦成績，試合日時，席種，席位置，チケットの売れ行きなど多様なデータを用いている。そして，試合ごとの需要を AI により予測し，需要に応じて価格を変更している（福岡ソフトバンクホークス，2019）。

　球場や劇場では，たとえば，前から5列目であれば，横一列は，同じチケット代金が設定されているのがふつうである。しかし，実際には，列の真

ん中の席は，列のはじ，通路側の席ほど快適ではない。飲み物を買いに席を立って通路に出たいと思っても，列の真ん中の席からは，多くの人の前を通っていかないと通路には出られない。通路側の席がとれるなら，少し高いお金を出してもよいと考える観客は多い。こうした観客の心情や 1 席ごとに異なる価値も，福岡ソフトバンクホークスのダイナミックプライシングでは考慮されている。そのため，球場の38,500席に対して 1 席単位で価格を算出している。

　チケットを売り出すときの販売開始価格を決める際にもダイナミックプライシングのシステムを活用している。チケットの抽選販売期間における各席種への抽選応募数を人気度指標による数値に換算し，人気度を反映させた販売開始価格としている。試合当日においては，15分単位で予測と実績の売上枚数を比較し，価格の妥当性を判断して価格を変動させている。試合開始60分前と，45分前では，価格が変わるようになっている（ダイナミックプラス，2020）。

　このように，福岡ソフトバンクホークスでは，ファン，観客を大切にしながら，さまざまなデジタル施策，特にダイナミックプライシングの活用にチャレンジしていることがわかった。

まとめ

　デジタル技術が価格をめぐる状況を変えつつある。「価格」はマーケティングの 4 つの P のなかでは，製品やチャネル，プロモーションと比較すると，簡単に変えやすいという特徴を持っている。しかし，現実には多くの企業が価格設定をうまく行えていない。そこで，この章では価格設定の方法，課金に伴う問題を中心に論じた。デジタルマーケティングにおいて適用可能な価格設定の手法について，詳細に見たあと，認証，課金，決済の方法について確認した。そして，最後に，福岡ソフトバンクホークスにおけるダイナミックプライシングの実施例を見た。

　以上のように，デジタルマーケティングでは，価格設定も，重要な戦略要素であることが確認できた。

第8章

Place：
デジタル時代の流通戦略

> 他の人がとてもやりそうにない計画を立てなくてはならない。…それこそ，
> 刺激的だ。
>
> モーリス・ベジャール，前田允訳（1999）『モーリス・ベジャール回想録』

はじめに

　デジタルは流通，チャネルを大きく変えている。この章では，デジタル技術の発展により，変わりゆく流通，チャネルについて考える。

8-1　流通の基礎

　最初に，流通，チャネルの基本的な事項について確認しておく。流通とは，製品やサービスが生産者から顧客に届けられる経路のことをいう。チャネルとは，流通にかかわるさまざまなプレイヤーのことをいう。

　そもそも，人間の社会において，なぜ流通やチャネルが必要なのだろうか。家庭内でいろいろなものを作り，自給自足していた時代には，必要なかった。しかし，消費者自身が製品の生産を行わなくなり，別の生産者が行うようになると，必要になってくる。消費者は欲しいものを手に入れるために生産者を探さなければならなくなり，生産者は作ったものを販売するために消費者を探さなければならなくなった。そこで，生産者と消費者の間に中

中間業者が介在しない場合 中間業者が介在する場合

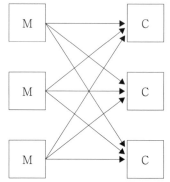 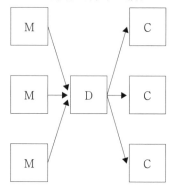

（出所）コトラー（2001），p.603

図8-1　中間業者の介在による効率化

間業者が介在し，取引を効率化するようになった（向井，1963；コトラー，2001）（図8-1）。

　チャネル，すなわち流通経路上に介在する中間業者の主な役割は，取引機能と物的機能である。取引機能とは，顧客を探し，顧客を説得する役割のことをいう。具体的には，市場情報の収集と解釈，販売促進，販売などをさす。物的機能とは，取引の目的物を対象とする役割のことをいう。具体的には，交換（財産権の移転），ロジスティックス（集荷・運送・在庫調整等），品揃え，金融（売上回収，取引口座提供等），危険分担（輸送中の事故の損害の負担など）などをさす。

　チャネルを新たに作る場合には，チャネルの長さ（生産者から消費者に至るまでの間に，どのくらいの段階を作るか），チャネルの幅（何通りの中間業者を介在させるか），チャネルメンバー（どんな中間業者に委託するか），チャネル政策（どうやってチャネル全体をコントロールするか）などを検討していく必要がある（向井，1963；コトラー，2001）。

　どんなチャネルを構築し，どう生かしていくかは，企業にとって，いつの時代にも重要な課題である。デジタル技術により大きな変化が起こっている今，その課題が改めてクローズアップされている。

チャネルは，製品やサービスを提供する事業者からすると，その大部分を外部の組織に依存している。そのため構築には困難が伴い，簡単に変えることはできない。この点が他の 3 つの P とは異なる。デジタル時代になり，インターネットなどの革新的な流通チャネルが現れたり，消費者の購買パターンが変わったり，新しい競争者が台頭してきた場合には，抜本的にチャネルを変える必要に迫られる。しかし，その実行は容易ではない。

8-2　デジタル時代のチャネルコンフリクト

インターネットは新しい流通経路としての期待を集めてきたが，常にチャネルコンフリクトの問題を生んだ。チャネルコンフリクトとは，複数チャネル間のあつれきのことをいう。生産者と小売，ナショナルブランドとストアブランドといった，チャネル内の違う段階のメンバー間で起こる。直営店と百貨店内の店舗，メーカーの販売部門といった，チャネル内の同じ段階のメンバー間でも起こる。リアル書店とインターネット書店といった，旧チャネルと新チャネル間でも起こる。チャネルコンフリクトの中には建設的なものもあるが，コンフリクトが激しいと，チャネルは正常に機能しなくなってしまう（ヌーンズ他，2004；宮下・箸本，2002；コトラー，2001；ハンソン，2001；進藤，2009）。

チャネルコンフリクトの問題を解決するためには，目標の共有，すなわち，チャネルメンバーが共に追求する目標（生き残り，シェア，顧客満足）について合意することや，人材の交流（チャネル間で短期間人材を交換して相手の事情を理解すること），また，調停役を任命することが有効である。

しかし，今や，買い物をする生活者は，チャネルからチャネルへ，サイバーワールドからフィジカルワールドへと自由に移動していく。ゆえに，今，チャネル設計する場合には，購買プロセスにおける買い手の行動をカスタマージャーニーマップを作って確認し，ざまざまなチャネルをうまく組み合わせて，顧客にとっての最適解を実現していく必要がある。将来的には個々の顧客にあわせた，オーダーメイドのチャネルを提示することが必要になるかもしれない（ヌーンズ他，2004；宮下・箸本，2002；コトラー，2001；ハンソン，2001；進藤，2009）。

8-3　B2C，C2C

さてデジタル時代の流通を見てみると，

B2C（Business to Customer）：企業から消費者に対して行われるビジネス
　　　　　　　　　　　　　　　　における流通

C2C（Customer to Customer）：消費者同士のやりとりにおける流通

B2B（Business to Business）　：企業間で行われるビジネスにおける流通

によって，その特徴は大きく異なっていることがわかる。そこで，まず，
B2C と C2C 市場を見ることから始める。

　B2C については，以下のようなものは，インターネット上での取引に向いているということが言える。

＊どこで買っても同じで，使用する上でサポートがいらず，サイズや質感などを触って確認しなくても良い品（本，DVD，など）

＊デジタル技術を活用している人が欲しがるもの（PC など IT 製品）

＊映画，音楽などの無形のコンテンツ

＊エージェントが扱ってきたような，エンターテインメントのチケット，宿泊予約や交通チケット

＊金融サービスのような，もともとトランザクション自体がビジネスになっているもの

＊重くて持ち運ぶのが大変な，水のペットボトルなどの食料品や日用品

＊ブランドが確立していて信頼できる老舗などから送る贈答品

＊地方の名店など，実力はあるが販売ルートの開拓に苦労していた商品

　では，実際の市場はどうなっているのだろうか。経済産業省（2021）によると，2020年における，コロナ禍のもとでの，日本国内の B2C-EC（Electronic Commerce；電子商取引）市場規模は，19.3兆円であった。2013年の市場規模が 5 兆9931億円であったので，7 年間で約 3 倍に拡大している。

　B2C-EC 市場は，物販系，サービス系，デジタル系に分けられるが，物販系分野の B2C-EC で実際に購入されていたものとしては，生活家電・AV 機器・PC・周辺機器等（2 兆3489億円），衣類・服装雑貨等（2 兆2203億円），食品，飲料，酒類（2 兆2086 億円），生活雑貨，家具，インテリア（2 兆1322

億円）が主で，これらのカテゴリー合計で物販系分野の 73% を占めている。2020年には，コロナ禍に伴う巣ごもり消費の影響で，いずれのカテゴリーでも市場規模が大幅に拡大した。

　サービス系分野の B2C-EC では旅行サービス（1 兆5494億円）が大きな割合を占めているが，コロナ禍の影響で，この旅行サービス，飲食サービス，チケット販売の市場規模は縮小した。一方，フードデリバリーサービスのB2C-EC 市場規模は3487億円と拡大した。

　デジタル系分野の B2C-EC 市場ではオンラインゲーム（1 兆4957億円）が大きな割合を占めているが，2020年には，これに加え，有料動画配信，有料音楽配信市場が拡大した（経済産業省，2021）。

　上記は，国および企業から見た市場であるが，消費者個人から見るとどのように見えるだろうか。日本経済新聞社（2020）によると，コロナ禍で外出自粛による巣ごもり消費が盛んになり，ネット通販などの利用が伸びた結果，2020年における消費者のネット経由の消費額は年間18万2000円となった。消費全体に占めるネット経由の割合は18.9% となった。端末の種類ごとに比較すると，パソコン経由が10万7000円，スマホ経由が 6 万4000円だった。商品内訳では，書籍や CD などでは，購入金額の55.7% がネットで購入されていた。さらに，IT 製品・家電製品，贈答品，食料品・飲料のネット購入が増加する一方，旅行関連，チケットのネット購入は低調となった（日本経済新聞社，2020）。

　一方，2020年における C2C-EC の市場規模は 1 兆9586 億円となった（経済産業省，2021）。C2C-EC で主な市場となるのは，フリマ（フリーマーケット）アプリとネットオークションである。このうち，フリマアプリが登場したのは 2012年頃であるが，市場規模は急激に拡大している。フリマアプリ市場は，総合プラットフォーマー，特定カテゴリー市場（アニメ，本，ブランド品，チケット，家電などを専門に扱う市場），ハンドメイドマーケットに分類できる。このうち総合プラットフォーマーと特定カテゴリー市場ではリユース，すなわちモノの二次流通が中心であるが，ハンドメイドマーケットでは作家によるハンドメイド商品の販売が行われており，二次流通ではない点に特徴がある（経済産業省，2021）。こうしたフリマアプリとネットオークション以外に

も，無料で出店できる EC サイトを使って，消費者が気軽に店を出すことも可能になっており，C2C 市場は今後も広がると見込まれる。

8-4　B2B，B2B マーケットプレイス

　ここまでは，B2C，つまり，消費者を対象にしたビジネスについて見てきたが，次は B2B，すなわち企業間の取引について見ていく。2020年の日本国内の B2B-EC の市場規模は334.9兆円となった（経済産業省，2021）。B2C の市場規模に対し，B2B の市場規模は圧倒的に大きい。

　歴史を振り返ると，企業間の電子商取引は，クローズ型，すなわち，企業内，もしくは，特定企業間，業界内の取引からはじまった。初期にはデータの書式の標準化に注目した EDI（Electronic Data Interchange）への取組が活発であった。EDI とは，取引に関する情報を標準的な書式に統一して，企業間で電子的に交換する仕組みである。1980年代には，VAN（Value Added Network）を利用した EDI がいったん普及し，正確な発注，在庫費用削減などに成功した（野村総合研究所，2006；進藤，2009）。

　しかし，1990年代に入ると，各社の独自フォーマットが多数乱立するという状況に陥った。この課題を解決しようとしたのが，XML（Extensible Markup Language）などのインターネット技術を採用して取引を標準化しようという試みであり，それは Web-EDI と呼ばれた。

　一方で，物流に注目した SCM（Supply Chain Management）への注目度が増した。SCM とは，取引先との間の受発注，資材の調達から在庫管理，製品の配送までを IT を使って総合的に管理するシステムのことである。しかし，日本の場合，当初は，商取引慣行そのものに不透明さがあり，導入には抵抗があったが，現在では広く使われるようになっている（野村総合研究所，2006；進藤，2009）。

　SCM という言葉は，製品が作られてから，我々の手元に届くまでの連続したプロセスのことをさしていることもある。この意味でのサプライチェーンは，世界中へと広がっており，重要度を増している。

　ここまでは参加者を限定したクローズ型 B2B 取引について見てきた。次

にオープン型 B2B 取引を見てみよう。代表的な例としては，マーケットプレイスがある。マーケットプレイスとは，インターネットを活用した市場取引システムであって，オープンな市場を通じた取引チャネルのことをさす。売り手と買い手が直接取引を行うことにより流通コストが削減できる。

　マーケットプレイスに参加する，売り手のメリットとしては，新規取引先開拓，営業コスト削減，取引先増加による在庫リスクの平準化，在庫調整などがある。買い手のメリットとしては，調達コストや物流コスト削減，スポット取引による緊急時の調達手段確保などがある。しかし，マーケットプレイスは，うまくいかない例が2000年前後に多発した（野村総合研究所，2006；進藤，2009）。

　なぜ，そのような事態にいたったのであろうか。社内システムとの整合性がなかったり，また，出品される製品や部品に魅力がなく，在庫処分用に使われてしまった，といった問題があったとされる。これらの問題を解決するために，マーケットプレイスに参加する企業各社の社内システムとの整合性をはかったり，取引先企業の信用保証の仕組みを確立したりする試みが行われた。こうした試みが功を奏し，マーケットプレイスは再度活況を呈するようになった。

　日本のマーケットプレイスの例としてはインフォマートが知られている（インフォマート，n.d.）。インフォマートは，フード業界企業間電子商取引プラットフォームの運営を行うことを目的として，1998 年に設立され，マーケットプレイスのサービスを開始した。その後，取り扱う商材の幅を広げ，システム的にも幅を広げていった。現在では総合的な B2B マーケットプレイスとなった。インターネット上で商品の売り手と買い手を結びつけ新しい取引をつくり出す場として，取引を行う企業間の受発注や支払請求，商品規格，契約署名等を電子的に標準化する場として評価されている。

　こうしたマーケットプレイスで取引されるのは，有形財にかぎらない。知識財も取引されている。イノベーションのオープン・マーケットプレイスとして著名なものとして InnoCentive がある。課題を解決したい企業や団体（依頼者）が InnoCentive に課題を投稿すると，登録している研究者たちが解決策を提示する。依頼者は多数寄せられた解決策を精査し，採択者を決定

し，報奨金を支払う。Indentive はこうしたコンテスト形式のマーケットプレイスになっている（水迫，2020）。

8-5　C2C マーケットプレイス，シェアリングエコノミー

　マーケットプレイスは C2C にまで範囲を広げているので，その点について述べる。

　C2C のマーケットプレイスとは，共に個人である提供側と需要側をつなげて効率良く取引を起こさせ，サービスを提供するプラットフォームのことである。C2C マーケットプレイスのプラットフォームを提供する代表的な企業には，Airbnb（部屋を宿泊施設として貸したい個人と旅行者をマッチングする），Uber（ドライバーとして収入を得たい個人と客をマッチングする），などがある。マーケットプレイスのプラットフォームビジネスは，マッチングや情報提供に特化しており，従来型の卸売業のように在庫をかかえたりはしない。そのため，効率良く事業を拡大しやすいという特徴があり，他の領域にも事業を拡大する例が見られる。具体的には Uber が配車サービスから食品配達のUberEats へ事業を拡大した例などがある（宮武・草野，2020）。

　C2C マーケットプレイスは，運営企業側から見たときの概念だが，消費者からは，シェアリングエコノミーとして認識されることが多い。総務省(2015) は，シェアリングエコノミーを，「個人等が保有する活用可能な資産等を，インターネットを介して他の個人等も利用可能とする経済活性化活動」と定義している。シェアリングエコノミーは，使っていないモノや場所を持つ個人や，特別な技能を有する個人が，インターネットを仲介してそれを求める個人に対して貸し出すサービスである。シェアリングエコノミーでは，宿泊，モノ，移動（カーシェア），スキル（育児・家事），金銭（クラウドファンディング）などがシェアされる（経済産業省，2021）。Uber は，カーシェア，ライドシェアを提供するプラットフォーム企業であると同時に，消費者から見るとシェアリングサービスを提供している企業であると言える。

　Uber について詳しく見ていこう。Uber は，2009年にサンフランシスコで設立され，2010年にハイヤー配車サービスを開始した。当初は，当局か

らの規制を受けないようにするためにタクシーのカテゴリーからはずれることを重視し，ハイヤーの専門運転手だけを対象に配車サービスを展開していた。その後，誰でも希望する個人が運転手になれる，Uber X を開始し，個人での配車提供を可能にした。日本では2012年にサービスを開始したが，その際，既存のタクシー企業と提携，ハイヤーと既存のタクシーの提供を都心部で行うことからスタートしている（西川他，2019）。

Uber は，食品配達の UberEats などへの事業拡大でも成功し，さらに領域を広げようとしている。2018年には空飛ぶタクシーとも呼ばれる航空事業の事業説明会を東京で開催した。この事業が実現すれば，スカイポートと呼ばれる発着施設から，ヘリコプターのような電動垂直離着陸機で陸路での移動が不便な地点間を素早く移動でき，成田空港から羽田空港への移動は20分以下になる予定だという（森川，2018）。

8-6　小売業におけるデジタルトランスフォーメーション

　次に小売業におけるデジタルトランスフォーメーションについて見ていこう。長きにわたり，小売業界の主要3原則として，不動産業界の用語を借用した表現が使われてきた。立地，立地，立地，である。つまり，なにより良い立地を獲得することが最優先であると思われていた。しかし，デジタルエコノミーの進展はこうした従来の考えかたを大きく変えた（コトラー他，2020）。デジタルエコノミーの覇者である Amazon が既存の小売各社を閉鎖に追い込むほどの影響力を持つようになる一方で，Amazon 自身がリアル店舗をオープンするなど，サイバーとフィジカルの境目は薄れている。

　既存の小売業者のなかには，EC を拡大することでリアル店舗とのカニバリゼーションがおこることを心配する向きもあったが，2020年に発生したコロナ禍が，大きな変化をもたらした。コロナ禍で顧客の購買行動が変化し，B2C-EC 市場がさらに拡大するとともに，在宅勤務の定着で，従来はよい立地であるとされていた都心型店舗の売上が減少するという現象が見られた（野村総合研究所，2020）。

　とはいえ，小売企業にとってはリアル店舗は強みであることに変わりはな

い。そこで，オムニチャネルコマースがいっそう推進されることになった。オムニとは，すべての，あらゆる，という意味である。オムニチャネルコマースとは，小売業者が持つすべてのチャネルを活用してシームレスに，顧客に対し，最高のエクスペリエンスを提供するチャネル戦略のことをいう。

　こうしたチャネルの融合の概念についての呼び名は，O2O（Online To Offline），オムニチャネル，OMO（Online Merges with Offline）などと変化してきたが，本質的には，顧客の自由と経験価値を重視した進化といえる。現代の「小売の輪」（小売り業の進化によって回るとされている輪）は，オムニチャネルに向かって回っているといっても過言ではないだろう。

　オムニチャネルコマースの進展を示す事象について 3 つ紹介する。

　1 つ目はショールーミング化店舗の登場である。ショールーミングとは，実店舗では商品の現物をチェックするだけで購入はせず，後日 EC で購入する消費行動をさす。以前は，見るだけで買ってくれない客に対するリアル店舗からの恨み節，ネガティブな印象の言葉だった。しかし，現在では，実店舗では，得意とする接客に特化しよう，というポジティブな意味でのショールーミング型店舗が生まれている。

　大手家電量販店の中には，早い段階から消費者のショールーミング志向を活用してリアル店舗を進化させてきたところもある。具体的には店内に Wi-Fi 環境を整備し，店内での商品撮影や SNS 投稿を奨励して，自社の EC に誘導し，EC 販売額を拡大させてきた（経済産業省，2021）。

　また，丸井グループは，旗艦店に「売らない店舗」を出店している。これは丸井が所有する一等地のリアル店舗ならではの特徴を活かし，集客しやすく商品を試す場としての機能に特化した店舗である。この売らない店舗のテナントとして出店した企業は，都心の一等地に消費者との接点を得て，貴重なデータを収集し分析することが可能になる。顧客は出店社の製品が欲しい場合には，EC で買うことになる。一方，場所と接客要員を提供した丸井は出店社から賃料を得る（NHK，2020）。

　2 つ目は，オンライン接客の発展である。オンライン接客とは，自宅にいる顧客と店舗にいる店員をオンライン会議システムなどを使ってつなぎ，フェイス・トゥ・フェイスの接客を実現するものであり，アパレル販売や化

法のひとつで，コンテンツの一部分として，ごく自然に（＝ネイティブに）広告を掲載する手法である（セレクト・ワン，2021，n.d.）。

　ネイティブ広告は，(1)掲出状況がネイティブ　(2)情報体験がネイティブという 2 つの要素を組み合わせて実施される。掲出状況がネイティブであるとは，メディアやプラットフォームがもともと提供しているコンテンツやサービスに調和した広告掲出を行っているということである。広告をタイムライン，サムネイル，リコメンド欄などに掲出し，情報利用の流れに沿ってコンテンツに誘導する。情報体験がネイティブであるとは，当該メディアやプラットフォームを利用するユーザーに合致した，一方的でない情報提供を行うことで，ユーザーにとって違和感のない体験を提供する（日経広告研究所，2015）。

　類似した用語に，コンテンツマーケティングがある。コンテンツマーケティングとは，コンテンツを主体として，ユーザーにとって興味深く有意義な情報を発信する手法である。ソーシャルメディアのタイムラインにターゲティングされたコンテンツを出すといった形で行われる。もともと，ユーザーにとって関心のある領域の情報なので，ユーザーの方から能動的に検索して見つけてもらうこともできる。結果的に，ユーザーとのエンゲージメントを作り出すことが可能になっている（セレクト・ワン，2021，n.d.）。

9-5-4　インターネット広告の取引形態

　続けて，インターネット広告の取引形態について見てみよう。取引形態には主に 2 つある。予約型広告と，運用型広告である。

　予約型広告は，期間，金額，出稿内容が，あらかじめ定められている広告のことである。純広（広告主が媒体社から広告枠を購入して掲載する広告），プレミアム型広告ともいう。特定のアドネットワークを経由せずに指定のメディアに掲載されるため，管理が容易であるというメリットがある。

　運用型広告は，プラットフォームがデータを処理して広告の最適化を自動的に行う広告のことである。検索連動型広告などをさし，広告はアドネットワークを経由してさまざまなメディアに掲載される（博報堂ＤＹメディアパートナーズ，2017）。

粧品販売等で用いられている（経済産業省，2021）。これはライブコマースと呼ばれることもある。ライブコマースとは，ライブ配信と EC を組み合わせた販売を意味する。特に中国で大きな市場を形成している（消費者庁，2020）。

　3つ目は購入商品の店舗受け取り（BOPIS：Buy Online Pick-up In Store）の促進である。この方式のメリットは，消費者が好きな時間に商品を受け取ることができること，送料の負担がないこと，返品がしやすいこと，などである。小売業者側にとっても物流コストの低減化，EC から実店舗への送客といったメリットがある（経済産業省，2021）。

　BOPIS は，クリック・アンド・コレクト（C&C）とも呼ばれている。この方式は，ヨーロッパ，特にフランスで普及している。EC サイトで注文したあとの受け取り方法としては，既存の店舗での受け取り（インストアタイプ），店舗に隣接するドライブスルーなどでの受け取り（ニアストアタイプ），専用の倉庫などの独立ロケーションでの受け取り（スタンドアローンタイプ）の3種類を導入している。フランスにおける C&C 分野第1位のルクレールは，2007年に最初のピックアップポイントを開設し，その後数年間で多様な展開をしているが，C&C の価格は実店舗と同一で，サービス料は加えていないといった特徴がある（Gielense 他，2021）。

8-7　EC におけるリテールテックの導入と，3D プリンタの開く未来の流通の姿

　続けて，小売業におけるデジタルトランスフォーメーションの技術的な側面を見ていこう。IT の革新などの環境要因が買い物に与える影響を分析する科学は，買い手の側からはショッパーサイエンスと呼ばれ（石淵，2020），売り手の側からはリテールテックと呼ばれている。

　リテールテックは，小売業に IT を導入することや，それによって実現する新たなサービスやビジネスのことを意味している。たとえば，流通・決済・在庫管理・物流管理などに AI を活用することをさす（Weblio, n.d.）。

　では，EC サイトではどのようなリテールテックが導入されているのだろうか。代表的な技術として，AI，5G（第5世代移動通信システム）と IoT，物

流ロボットの導入について見ていこう。

　EC における AI の活用としては，ビッグデータを収集して AI で分析，学習させることで，EC サイトの陳列，顧客誘導，受注，物流，顧客対応などの各フェーズでの，改善・革新につなげることが期待されている。

　EC における5G への期待としては，顧客側の回線が5G に高速化することで，高品質な動画，音楽，ゲームなどへの需要が高まると考えられている。物販 EC のサイトでも，商品の機能などを高品質な動画や VR などで伝えることが可能になり，消費者への訴求力が向上することが期待されている。

　IoT に対しては，顧客に関する情報をより詳細に収集することができるようになり，顧客へのレコメンデーションが精緻化されると期待されている。

　EC における物流ロボットの活用では，物流センター内でのピッキングでの採用や，センター内での商品移動等の業務を行えるようになることが期待されている（経済産業省，2021）。

　ここまでは現実的なリテールテックを見てきたが，最後に，未来の姿として3D プリンタの活用による流通の根本的な進化について見てみよう。3D プリンタは，さまざまな原材料から，立体のものを，その場で作り上げることができる技術である。3D プリンタは，以前は，試作品レベルの出力しかできなかったが，いまやダイレクトに最終製品の出力が可能になった。

　3D プリンタを使えば，食品の原材料をもとに，新たな食品をその場で作って販売したり，毛糸をもとに，新たなセーターをその場で作って販売することも可能である。つまり，原材料さえあれば，3D プリンタで，生産者は製品を即座に作ることができ，顧客は，製品・サービスを即座に購入することができるようになる。

　2017年に Amazon はこの件でビジネスモデル特許を取得している。このビジネスモデル特許には，ユーザーが Amazon で商品を注文すると，ユーザーの住所に近い倉庫で商品の製造を始め，さらに配送中もトラック内で3D プリントを行い，商品を従来よりも圧倒的に短時間で届けることができ，在庫を持つ必要がなくなる技術について記載されている（山口，2018；須田，2018；ハフィントンポスト，2015）。

　未来においては，各家庭に，3D プリンタとさまざまな原材料がおかれる

ようになるだろう。食品も，衣料品も，IT 関連機器も，自分で作ることができるようになり，買い物に行く必要は一切なくなると考えられる。

ケーススタディ⑦

アリススタイル　シェアリングエコノミーを牽引

さて，この章の最後に，シェアリングエコノミーを牽引するサービスとして，Alice.style（アリススタイル）について見ていこう。

アリススタイルは，貸し借りのシェアリングプラットフォームであり，ピーステックラボ社が運営している。同社は，2016年に設立され，2022年現在，村本理恵子氏が代表をつとめている。アリススタイルはモノの貸し借りを通して体験が平等に提供される社会を作ることをめざしている。そして，顧客のライフスタイルに合ったサービスを，さまざまな企業との連携により展開している（ピーステックラボ，n.d.）。アリススタイルの基本的なビジネスモデルは，個人や企業が所有物を出品し，借り手となる個人が週間や月間単位でレンタル料を支払い，その一部が手数料として運営会社の収入になるというものである（日本経済新聞，2021a）。

アリススタイルは2017年12月に個人間のレンタルサービスのテスト運用を開始した。個人間レンタルのサービスは過去にもあったが，製品の登録や利用者数が伸びず，短い期間で終了となったものが多かった。貸し手の消費者側からすると，配送の手間がたいへんであったり，送った製品が返ってこないなどのトラブルが発生したりすることがあったためである。アリススタイルではこの点の解消をめざして，新たなサービスや損害保険を用意した。

借り手の消費者側からすると，買おうと思って検討している製品であっても，本当に買う前に短期間借りて，試してみることで，期待通りの製品かどうか確認することができ，失敗のない買い物をすることが可能になる。消費者は製品を買ったあとは貸し手となってレンタルすることもできるので，社会全体として資源の無駄をなくし，環境への貢献が可能になる（PRTIMES，2021）。

アリスタイルは，家電メーカーやファッションメーカーなどの企業に対し

ては，アリススタイルをプラットフォームとして用い，消費者に対し製品の
レンタルを行うことが可能なサービスを提供している。これにより，企業の
製品プロモーションを支援している（日本経済新聞，2018）。こうした企業向け
に同社は，物品の保管や消毒，梱包も代行している（日本経済新聞，2021a）。

　高価な家電などを気軽に試すことができるビジネスモデルが評価され，ま
た，コロナ禍のもとで在宅時間が増え，調理家電などを試したいというニー
ズも広がり，利用者は2021年7月現在で50万人と，2020年からの1年間で
2倍となっている（日本経済新聞，2021a）。

　また，同社は2021年9月には，毎月定額料金で話題の最新家電や高級
フィットネス機器等をレンタル・交換できる新サービス「アリスプライム」
を開始した。通常のアリススタイルのサービスでは，商品ごとにレンタル費
用が発生するが，このサービスでは対象商品の中から自由にレンタルする商
品を選ぶことができる（PRTIMES，2021）。2022年3月現在，月額2980円で，
最新のドライヤー。調理鍋，ロボット掃除機，フィットネス機器などが借り
られる（ピーステックラボ，n.d.）。

　さらに，アリススタイルには，借りた商品を消費者がそのまま購入するこ
ともできるサービスもある。中古品を購入する場合，消費者にとっては商品
の状態に不安があるが，このサービスを使えば，借り手が，商品を一度借り
て試してから，納得して，購入できる（日本経済新聞，2021b）。

　アリススタイルでは，企業との協業も多様に展開している。2021年12月に
は，野村不動産パートナーズと協業し，同社が運営する賃貸物件において，
賃貸借契約者限定サービスとして「Alice.style for Urban life」の提供を開
始した。これは，人気の高級家電17商品が利用可能な月額制サブスクリプ
ションサービスであり，不動産の付加価値を高めるサービスとなっている
（日本経済新聞，2021c）。

　このように，アリススタイルはシェアリングエコノミーを牽引するサービ
スとして，積極的な展開を行っている。

まとめ

　デジタルは流通，チャネルを大きく変えている。この章では，デジタル技術の発展により，変わりゆく流通，チャネルについて考えた。B2C，C2C，B2B，などの取引の現状を見た後，シェアリングエコノミー，小売業におけるデジタルトランスフォーメーション，リテールテックの導入を確認し，3D プリンタの開く未来の流通の姿について見た。そして，最後に，シェアリングエコノミーを牽引するサービスとしてのアリススタイルのケースを議論した。

　流通に関するデジタル技術の進化はとどまるところを知らず，さらに，企業のさまざまな挑戦やアイデアが新しい流通を作っていっていることがわかった。

第9章

Promotion：
デジタル時代の広告戦略

> Only connect …
> ただ，結び付けることさえすれば…
>
> E. M. Forster（1910）*Howards End*

はじめに

　広告は劇的に変わった。今や広告は，動画を作ってインターネットやテレビで配信し，自社製品について知ってもらう，といった限定的な活動のことではなくなった。むしろ，「生活者の理解や共感を得て，広告主のブランドリフトを実現することで，広告主の目標（利益や社会貢献等）を達成するための活動すべて」が広告ととらえられるようになった。

　広告は，従来，ターゲティングがむずかしく，効果測定も困難とされてきたが，デジタル時代になって，生活者個人に向けてターゲティングし，精密に効果測定をすることも可能になった。

　この激変した広告について本章では考えていく。

9-1　消費者行動モデルとマーケティングコミュニケーション

　広告について考えるにあたり，消費者はどのようなプロセスを経て，製品やサービスの購買にいたっているのかを示すモデルの確認から始めよう。続

けて，マーケティングコミュニケーションとは何かについて見ていこう。

9-1-1　消費者行動モデル

　消費者が購買に向けて考えを深め行動にいたるプロセスを示す「消費者行動モデル」にはいくつかの種類がある。伝統的なモデルには「AIDA」「AIDMA」がある。1925年に E. K. ストロングが提唱した「AIDA の法則」では，顧客が購買にいたるまで，Attention（注意），Interest（関心），Desire（欲求），Action（行動）の 4 段階があるとされた。これに1955年にタウンゼント兄弟が M（記憶）を加えて AIDMA が成立した（水野他，2015）。AIDMA モデルでは，顧客が，製品の購買にいたるまでは，Attention（注意），Interest（関心），Desire（欲求），Memory（記憶），Action（行動）という段階を経る。このなかの，どの段階に顧客がいるかによって，企業はコミュニケーション方法を変えてきた（数江，1997）。

　しかし，インターネットの普及，デジタル化の進展に従って，AIDMA モデルに従って購入に至る顧客は減り，新たなモデルに従っているのではないかという指摘がなされるようになった。そこで，デジタル時代にふさわしいモデルとして，AISAS，SIPS，DECAX などの新しい購買プロセスモデルが提案された。

　このうち AISAS は，AIDMA に，インターネット製品情報を検索する段階としての S（Search）と，ソーシャルメディアなどで製品情報を共有する段階である S（Share）を含めたモデルである（横山，2006；進藤，2009）。

　SIPS は，Sympathize（共感），Identify（確認），Participate（参加），Share（共有）から成るモデルで，ソーシャルメディア重視の時代に対応したモデルになっている（電通，2011）。生活者の理解や共感を得ることは，今や最も大切なこととなった（博報堂，2021）と言うことができる。

　DECAX は，コンテンツマーケティングに対応したモデルであり，Discovery（発見），Engage（関係），Check（確認），Action（行動），eXperience（体験と共有）という手順を顧客が踏むモデルになっている（井指，2015）（表9-1）。

表9-1　さまざまな消費者行動モデル

伝統的な モデル	AIDA	Attention（注意），Interest（関心），Desire（欲求），Action（行動）
	AIDMA	Attention（注意），Interest（関心），Desire（欲求），Memory（記憶），Action（行動）
デジタル時代の モデル	AISAS 検索行動とソーシャルメディア上でのシェアに対応したモデル	Attention（注意），Interest（関心），Search（検索），Action（行動），Share（共有）
	SIPS 共感重視のソーシャルメディアに対応したモデル	Sympathize（共感），Identify（確認），Participate（参加），Share（共有）
	DECAX コンテンツマーケティングに対応したモデル	Discovery（発見），Engage（関係），Check（確認），Action（行動），eXperience（体験と共有）

（出所）数江（1997），水野他（2015），横山（2006），進藤（2009），電通（2011），井指（2015）より作成

9-1-2　マーケティングコミュニケーション

　次にマーケティングコミュニケーションについて見ていこう。「企業等が，消費者へ直接アプローチする手法」は，「マーケティングコミュニケーション」と呼ばれている。マーケティングコミュニケーションは，伝統的には，広告，広報，販売促進（SP: Sales Promotion）などの活動をミックスして実施するとされてきた。従来，製品やサービスの供給者（企業など）は，消費者に対し，小売店などを通じて，間接的にアプローチしてきた。供給者が直接，消費者と対話することはアナログ時代にはできなかった。しかし，それでは供給者が製品を通じて伝えたかったメッセージを消費者に届け，コミュニケーションをとることはむずかしい。そこで，メディアなどを通じて，消費者に直接，訴えることが必要だった。その活動がマーケティングコミュニケーションと呼ばれてきた。

　マーケティングコミュニケーションを行う場合の重要な考え方として，統合型マーケティングコミュニケーション（IMC: Integrated Marketing Communication）という手法がある。統合型マーケティングコミュニケーションとは，一貫したメッセージを複数のメディアを活用して顧客に届けることで，最大の効果をあげることを狙う手法のことである。この手法は，広告，広報，販売促進

などをばらばらに実施したのでは，一貫したメッセージを顧客に届けられない，という企業側の反省から生まれたものである。

　マーケティングコミュニケーションでは，製品のライフサイクルに応じた活動が重視されてきた。伝統的には，製品の市場への導入期においては，認知度を高め，イメージを形成するために，メディアを通じた広告が多用された。加えて信頼性を付与するための広報が多く用いられてきた。製品の認知度が一定以上上がってきたら，具体的に顧客の購買行動を喚起するための，販売促進，ダイレクトマーケティング，人的販売の比率に重点を移していくとされた（塚本，2003）。

　デジタル時代のマーケティングコミュニケーションでは，上記のような伝統的なマーケティングコミュニケーションからいくつかの点で進化があった。まず，従来むずかしいとされていた，消費者との直接交流が，インターネットやソーシャルメディア，コミュニティの進化によって，容易になった。また，一貫したメッセージを届けることに加え，消費者の共感を得ていくことが重視されるようになった。統合的にさまざまなメディアや手法を用いるという考え方に変化はないが，デジタル技術の進化や消費者のパワーが強まったことで，マーケティングコミュニケーションの要素を，広告，広報，販売促進に分類して製品ライフサイクルに応じて考える意味は薄れた。むしろ，個別の目的に応じて，最適な方策やメディアを選び，より精緻に必要な戦略を立て，実行し，企業の目標を達成していく時代になった。

9-2　広告とは何か

9-2-1　広告の定義

　次に，マーケティングコミュニケーションの重要な要素である広告について見ていく。まず，広告（Promotion, Advertising）という言葉は，宣伝（Propaganda），すなわち，政治的な主義や主張を広めることとは，区別して使われることに注意してほしい。

　広告という日本語に対応する英語としては，Promotion と Advertising の2つがある。

American Marketing Association（n.d.a）は，Promotion について，"Promotion includes tactics that encourage short-term purchase, influence trial and quantity of purchase, and are very measurable in volume, share and profit."（プロモーションは，短期的な購買を促し，試用や購買量に影響を与える戦術であり，数量，シェア，利益などが測定可能な戦略である。）と定義している。

一方，American Marketing Association（n.d.b）は，Advertising について，"Advertising is the placement of announcements and messages in time or space by business firms, nonprofit organizations, government agencies, and individuals who seek to inform and/or persuade members of a particular target market or audience regarding their products, services, organizations or ideas."（広告とは，企業，非営利団体，政府機関，および個人が，自社の製品，サービス，組織，またはアイデアに関して，特定のターゲット市場または聴衆のメンバーに通知／または説得しようとする時間または空間における告知やメッセージの配置である。）と定義している。

Promotion と Advertising は上記のように厳密には違うものである。しかし一般に日本では，マーケターがマーケティングの一環として広告を考える場合には Promotion という英語が使われ，広告表現（クリエイティブ）などを考える場合には Advertising という英語が使われる傾向にある。

9-2-2　デジタル時代の広告

デジタル時代になり，広告が劇的に変わり，今や広告の意味するところは，American Marketing Association（n.d.a）（n.d.b）の示す Promotion や Advertising の定義の範囲を大きく超えて拡大するようになった。ましてや，動画を作ってインターネットやテレビで配信し，自社製品について知ってもらう，といった限定的な活動のことではなくなった。むしろ，

「生活者の理解や共感を得て，広告主のブランドリフトを実現することで，広告主の目標（利益や社会貢献等）を達成するための活動すべて」が広告

ととらえられるようになった。

この結果，広告は，統合型マーケティングコミュニケーションの一部というよりは統合型マーケティングコミュニケーションそのものになってきてい

ると言える。

　まとめると，デジタル時代の広告には6つの変化があったと考えられる。

　第1に，広告が「生活者の理解や共感を得て，広告主のブランドリフトを実現することで，広告主の目標（利益や社会貢献等）を達成するための活動すべて」ととらえられるようになり，定義が拡大した。その結果，広告は，統合型マーケティングコミュニケーションの一部というよりは統合型マーケティングコミュニケーションそのものになってきた。

　第2に，デジタル時代になって，企業のビジョンやパーパスに基づいて活動することが，一層重視されるようになった。現代の企業は，企業の存在意義，根幹となるビジョンやパーパスに基づいて，統合型マーケティングコミュニケーションを実施することが求められている（日経広告研究所，2005）。

　第3に，メディアが多様化した。これについては後述する。

　第4に，デジタル時代のマーケティングコミュニケーションが，企業からの一方的なアプローチではなく，消費者との双方向の活動になってきた。企業は消費者のクチコミをチェックしたり，クチコミ発信者の中でも影響力の強いインフルエンサーと呼ばれる人を自社のマーケティングコミュニケーションに活用している。具体的には，商品やサービスを話題にする理由を人々に与え，話題にしやすくしたりして，クチコミを増幅したり，インフルエンサーの関心を当該企業にひきつけたりしている（藤崎，2017）。クチコミは，基本的に企業側で完全に制御できるものではないが，結果的に大きな広告効果を持つことが知られている。

　第5に，広告は，従来，ターゲティングがむずかしく，効果測定も困難とされてきたが，デジタル時代になって，生活者個人に合わせた広告をターゲティングして配信し，精密に効果測定をすることができるようになった。これについても後述する。

　第6に，クリエイティブが過度に重視されることがなくなり，統合的な活動に焦点が移った。とはいえ，広告を作るためにはクリエイティブやデザインが必要であることは言うまでもない。つまり，クリエイティブディレクションは常に行われる。しかし，あまりにも広告表現だけが先走ると，本来の，企業と顧客のコミュニケーションという目的を失うことがある。花王は

多くの資金を広告に投入する企業として有名であるが，一貫して，「広告は商品より先に走ってはいけない」「広告だけが有名になってはいけない」「広告賞はとらなくていいが商品販売には結びつかねばならない」というポリシーで広告を制作している（日経広告研究所，2005）。

9-3　メディアの変化

次にメディアの変化について見ていく。広告と，それを配信するメディアは切っても切り離せない関係にある。広告は，メディアを通じて，消費者に伝えられてきた。では，まずは，メディアの歴史から見ていこう。

9-3-1　メディアの歴史

メディアは時代によって移り変わってきた。

近代の歴史を振り返ると，1910年から1914年にかけての，第一次世界大戦前の時代は，市民啓蒙の時代であり，自律的市民を受け手に想定した文化観が支配していた。基軸となったメディアは新聞・出版であった。

1914年から1945年の，第一次世界大戦から第二次世界大戦の時期は，戦時にあって国家が大衆操作をはかった時代だった。受動的大衆を受け手に想定した，ペシミスティックな暗い時代でもあった。この時代の基軸メディアは映画・ラジオである。

1945年から1994年にかけての時代，すなわち，第二次世界大戦後，1990年代中盤までの時代は，文化的消費の時代だった。能動的大衆を受け手に想定した価値中立の文化観が支配した。基軸メディアはテレビであった。

1990年代中盤以降，現在までは情報化の時代であり，プロシューマー（Prosumer: Producer+Consumer）を受け手に想定した時代でもあった。不確実性，不透明性の高い文化観が広まった時期でもある。そして，基軸メディアはインターネットとなった（豊田，2000）。

この2つのメディア，すなわち，1990年代中盤までの基軸メディアであったテレビと，現代の基軸メディアであるインターネットの特徴，違いは何だろうか。広告について考える上で，それぞれの違いと特徴を知ることは

表9-2　テレビとインターネットの比較

	テレビ	インターネット
基盤	電波	インターネット
事業者数	少数	多数
同時性	ある	ある場合とない場合がある
同報性	ある	ある場合とない場合がある
双方向性	ない	ある
マルチメディア性	ない	ある
到達距離	制限がある	拡大することができる 世界に配信できる

（出所）著者作成

重要であるため，以下で比較検討していく（表9-2）。

　まず，メディアの基盤（インフラストラクチャ）には何を使っているのだろう。テレビは有限資源である電波を基盤に使い，インターネットは，増殖可能なコンピュータネットワークを使っている点に違いがある。

　また，事業者数についてはテレビの世界には少数の事業者（テレビ局）しか存在しないが，インターネットには多数のプロバイダや，無数のサイトがある点も異なる。

　顧客に，どのように情報を提供するかという点については，テレビは，オリンピックなどのような国民的イベントで，非常に多くの人にリアルタイムで映像を提供するのに向いている。しかし，テレビの場合は，テレビ局から顧客への一方通行のコミュニケーションになりがちである。一方，インターネットでは顧客から事業者への発信も簡単にでき，双方向のコミュニケーションが可能である。また，映像だけでなく，テキスト，データなどのさまざまな形式で情報を伝えるマルチメディア性に関しても，インターネットはすぐれている。さらに，情報の到達距離に関しては，テレビは，電波の届く範囲に制限があるが，インターネットは全世界に配信できる。このように，テレビとインターネットは，メディアとして大きく異なる特性を持っている。

　1990年代まで，広告の世界では，テレビを用いたテレビコマーシャル（TVCM）が王様と言える地位を確保していた。1990年代までは，広告は，

広告主である企業よりも，広告会社とテレビ局が主導しており，TVCM を中心に展開してきた。顧客を，あくまでも受動的なマス，大衆として見る方法をとっていたということもできる。しかし，インターネットの普及によって，顧客は，単に情報を受信するだけの存在ではなくなり，自ら発信する存在になった。また，顧客同士のコミュニケーションにより，さまざまな情報を入手することができる存在になった。

　テレビを見る人の絶対数も減りつつあり，かつ高齢化している。また，視聴質も低下している。テレビに集中しないで，別の作業をしながら見る（たとえばスマートフォンでソーシャルメディアに書きこみながら見る），「ながら視聴」をする人も多い。

　さらに，TVCM がスキップされるという問題もある。HDD レコーダが普及した現在，番組をすべて録画しておいて，好きな時に見，TVCM はスキップする人が増えている（水野，2006）。

　インターネットが広告媒体としての価値を増すにつれ，広告に携わる各社の力関係にも変化が生じた。まず，プラットフォーム企業やソーシャルメディア企業，IT 企業の力が増加し，インターネットに軸足を置いた広告会社が増加してきた。顧客は，受動的な存在から能動的な存在に変化し，多様な情報入手手段を得て，購買プロセスを変えた。企業などの広告出稿者，すなわち，広告主は，これまでは自社以外のメディアから広告枠を買って，広告を出さざるを得なかったが自前のメディアを獲得したことで，自由を得た。つまり，メディアの決めた枠，スケジュールに従わなくてよくなった（横山，2005）。自社メディアは，自前であるので，更新も大変容易になり，新しい情報を逐次提供することも可能になった。企業の自社サイトのなかには，工夫をこらして，顧客とのコミュニケーションをはかろうとするものが増えており，その価値は高く評価されている（進藤，2009）。

9-3-2　広告主から見たメディアの変化

　次に，広告を出す側，すなわち，広告主から見たメディアの変化について見てみよう。

　テレビは広告媒体としては，同報性，同時性をそなえ，数千万人に同時到

達可能で，注目度，影響力が高く，視覚，聴覚に訴えられるというメリットがあった。しかし，メディアの絶対数が少なく（規制のため），結果としてメディア側のコントロール力が強まり，広告主にとっては不自由でコストが高い媒体になっていた。また，時間編成にしばられ，提供できる情報量が少ないという問題もあった。さらに，地上波の場合，到達距離が短いという問題もあった。

これに対し新聞は信頼性が高い，短時間で広告が出せるというメリットがあった。しかし，一日で媒体価値を失ってしまうこと，購読者が減ってかつ高齢化しているというデメリットがあった。一方，雑誌は，ターゲット顧客の絞込みができ，比較的長時間媒体価値を持つといったメリットがあるが，月刊誌などの場合，広告を出すのに時間がかかること，紙媒体で読む購読者が激減しているというデメリットもあった。

これに対し，インターネットでは広告主が自分でメディアを持てるので，広告出稿の自由度が高く，更新が頻繁に可能で，双方向性，マルチメディア性があり，世界に配信できるという特徴を持っていた。また，ターゲット顧客の絞込みが可能で，顧客のコミュニティを形成して顧客とのコミュニケーションがはかれた。効果測定ができる，広告効果に応じた支払いができるというメリットもある。

広告主は以上のようなメディアの特性を考えて，限られた広告予算をどのメディアに投入するかを検討しているが，一般に，インターネットに向けた予算が非常に拡大しているということができる。

9-4　広告におけるステイクホルダー

続けて広告におけるステイクホルダーについて見てみよう。

9-4-1　広告におけるステイクホルダーの変化

デジタル時代になり，広告にかかわる関係者，すなわち，ステイクホルダーのあり方も大きく変化した。

まず，デジタル時代の広告で非常に大きな力を持っているのが，プラット

フォーム企業である。GAFA と呼ばれる巨大企業が広告を支配するように
なった。

　伝統メディアは，デジタル広告の拡大，メニューの拡大につとめている
が，相対的な影響力の低下は避けられていない。

　広告主は，デジタル時代になり，本業のビジネスモデルのデジタルトラン
スフォーメーションを迫られるなかで，広告領域でもデジタルトランス
フォーメーションを進めている。具体的には，ビッグデータを活用し，マー
ケティング活動に紐づくものとして，より，広く広告をとらえるようになっ
た。その過程で，自社メディアを獲得，自社でコンテンツ制作も行うように
なったため，メディアや広告会社との関係を見直している。

　こうした中で，広告主自身に，デジタルマーケティングの専門家がいるこ
とが必要になっている。さまざまな広告会社を専門分野ごとに使い，全体を
統合していく作業を広告会社に委託するのではなく，自らできるようになる
ことが望まれる。

　広告会社も，ビジネスモデルのデジタルトランスフォーメーションを迫ら
れており，従来のように，テレビなどのメディアの広告枠を仲介して広告主
に販売するビジネスから，広告主の本業を発展させるためのコンサルティン
グ，戦略立案，データ分析など，広告主に対するソリューションを提供する
サービスを志向するようになった。デジタル広告のクリエイティブ，運用，
分析についてもビジネスを拡大させている。さらに AI などの先端技術を導
入して広告の高度化，効率化をはかっている。

　また，広告会社のビジネスにおいて，データ分析やコンサルティングの比
重が増すなかで，従来は別の業界と考えられていた，IT 企業，コンサルティ
ングファームが広告業界に参入しており，業界の垣根を超えた競争が行われ
るようになったことも見逃せない。

9-4-2　広告主がプラットフォーム企業と付き合う際の注意点

　デジタル時代の広告で非常に大きな力を持っているのが，プラットフォー
ム企業である。では，広告主は彼らとどのように付き合えばよいのだろう
か。

　広告主は，プラットフォーム企業のサイトで，自社のコンテンツに関する検索結果を上位化し，多く露出させることを望んでいる。そのためには，SEO（検索エンジン最適化）が重要である。しかし，Google や Facebook の検索エンジンに中立性はなく，独自のルール，アルゴリズムでコンテンツを評価していることに，注意が必要だ。たとえば，Google と Facebook はお互いをライバルと認識しているので，相手のコンテンツはできるだけ表示させないルールになっているとされる。そのため，広告主が Facebook にコンテンツを投稿する場合，Google 傘下の動画プラットフォーム，YouTube のリンクを貼るとフィードから落ちやすくなる。そのような競争市場の中で，広告主はプラットフォーム企業の考え方や，やり方を学びながら，コンテンツによる情報発信方法を検討していく必要がある（森・進藤，2019）。

　またプラットフォーム企業，ソーシャルメディアといっても，それぞれに特色があるので，特色にあった活用法を目的に合わせて考えることも重要だ。ファンを獲得する広告，クチコミをうながす広告，物を売るキャンペーンページへ飛ばす広告をしたい場合，それぞれにふさわしいプラットフォーム企業，ソーシャルメディアを選んで使うことで最大の効果が発揮できる。たとえば Twitter ではリアルタイムでの拡散を行い，Instagram では広告主の世界観を美しい写真を使って伝え，Facebook ではフィードに誘導してエンゲージメントを高めるなど，総合的に組み合わせて統合型マーケティングコミュニケーションを設計する（森・進藤，2019）。

9-5　インターネット広告の取引の実際

　次に，インターネット上の広告に関して，広告取引が実際にどのように行われているか，見てみよう。デジタル広告の中でも，インターネット広告は歴史が古く，また市場規模も大きい。そのため，ある程度取引手順が確立している。この項ではその点について述べる。

9-5-1　インターネット広告の手順

　広告主は，自社サイト以外のインターネットメディアを使って広告を出稿

する場合，通常，広告会社もしくは，メディアレップとの打ち合わせを行う。なお，メディアレップとは，媒体社から広告枠を仕入れ，広告代理店，または広告主に販売するエージェントのことをいう。電通やソフトバンクが出資した，サイバー・コミュニケーションズ，博報堂・ADK等が出資した，デジタル・アドバタイジング・コンソーシアムなどがある（日経広告研究所，2007）。

9-5-2　インターネット広告の基本分類

　続けてインターネット広告の分類について見てみよう。代表的なものとしては以下が挙げられる。

(1)ディスプレイ広告：ウエブサイトやスマホアプリ上の広告枠に表示する，画像，動画，テキストなどの形式の広告のことである。具体的にはバナー広告などがある。

(2)リスティング広告：検索キーワードやコンテンツに連動して表示する，テキスト，画像，動画形式の広告のことである。検索連動広告，コンテンツ連動広告などがある。

(3)メール広告：電子メール内に表示される広告のことである。メールマガジン，ダイレクトメールなどがある。

(4)ネイティブ広告：デザイン，内容，フォーマットが，媒体コンテンツの形式や機能と同等でそれらと一体化している広告のことである。ソーシャルメディアのタイムラインに，友人の書きこみと同様のスタイルで表示される広告などがある。

(5)動画広告：動画ファイル形式（映像，音声）の広告のことである。ソーシャルメディア上のタイムラインに流れるインストリーム広告やYouTubeの映像の冒頭に流れるバンパー広告などがある（博報堂DYメディアパートナーズ，2017）。

9-5-3　ネイティブ広告とコンテンツマーケティング

　上記のなかでは，ネイティブ広告が少しわかりにくいかもしれないので説明を付け加える。ネイティブ広告とは，インターネット上に掲載する広告手

　2020年において，日本のインターネット広告媒体費は総額で 1 兆7567億円であったが，そのうち，運用型広告費は，1 兆4558億円を占めており，取引の中心的な方法となっている。さらに，2020年においては，コロナ禍のもとでの巣ごもりによって生活者がインターネットやソーシャルメディア等を使う機会が増えたことで，大手プラットフォーマーの運用型広告への需要がさらに高まった。また，テレワークが一般化する中で，媒体社の提供する管理ツールを用いて，広告会社社員や広告主社員が在宅で運用型広告を実施するという現象も広く見られた（電通，2021）。

9-5-5　アドネットワークの発展とブランドセーフティなどの課題

　次に，アドネットワークについて見てみる。アドネットワークとは，広告メディアとなるウェブサイト等を多数集めて広告配信ネットワークを形成して広告を配信する手法である。インターネット広告初期においては，アドネットワーク同士は接続されていなかったので広告主は複数のアドネットワークを使う必要があった。その煩雑さを解消するために，アドエクスチェンジ，すなわち，広告取引市場が登場した（デジタルマーケティングラボ，n.d.）。

　アドネットワークの代表的なものとして，グーグルの提供する Google Display Network がある。これは，運用型／リアルタイム入札型／行動ターゲティング型のディスプレイ広告ネットワークサービスである。Google と提携している数百万以上のウェブサイトと数十万種類以上のアプリで構成されており，インターネットユーザーの90％以上が広告の表示対象になる。ユーザーが興味を持っているウェブサイトを閲覧しているときや，YouTube 動画を見ているとき，Gmail をチェックしているとき，モバイルサイトやモバイルアプリを利用しているときを狙って広告を表示できる。また Google Display Network では，さまざまな広告フォーマットの広告を掲載することができる（Google，n.d.a）。

　アドエクスチェンジが導入されたことは，広告取引の効率化につながったが，問題も発生した。アドエクスチェンジを通じた広告配信は，広告が実際にどのメディアのどの枠に掲載されるかわからないという欠点があり，広告主が知らない間に，人種差別的なサイトやアダルトサイトに広告が出てしま

うことがあった。このような場合，広告主のブランド毀損につながり，ブランドセーフティが守られない恐れがあった。そこで，より信頼できる取引の場として，プライベート・マーケット・プレイス（PMP）が登場した。これは，参加できる広告主とメディアやサイトを限定するプログラマティック広告取引を行う場であり，信頼できるメディアやサイトを選んで広告を出すことができる。

　上記で述べたブランド毀損に加え，アドフラウド，ビューアビリティも，広告主にとって問題になっている。アドフラウドとは，人間ではないボットなどが不正にインプレッションしたり，クリックしたりすることによって，広告効果が水増しされ，広告主が支払う広告費が不当に上がってしまうことを意味する。ビューアビリティとは，広告掲載されたインプレッションのうち，実際に顧客が広告を閲覧できる状態であったインプレッションの比率（ビューアビリティ）がどの程度であったのかという指標であり，表示された広告を本当に顧客が見たのかどうかが課題になっている（安藤，2020）。

9-5-6　インターネット広告効果の測定と広告効果指標，広告効果測定ツール

　インターネット広告の効果はどのように測定するのだろう。

　それ以前に，広告効果とは伝統的にはどのように測定されてきたのだろうか。まずはそれを確認しよう。

　広告効果測定技法として著名なものとしては，1961年にコーリーによって提唱された「DAGMAR（Defining Advertising Goals for Measured Advertising Results）モデル」がある。広告に対する消費者の反応を，未知（Unawareness），認知（Awareness），理解（Conversion），確信（Conviction），行動（Action）の5段階でとらえ，それぞれの段階ごとに広告目標を設定し，どの程度目標が達成できたかを管理するモデルである（水野他，2015）。

　「インテグレーションモデル」は，仁科（2001）が提案したモデルで，消費者が広告に接触して購買に至るまでの広告効果プロセスを，広告側の4種類の情報内容（広告情報処理，ブランド情報処理，ニーズ情報処理，購買行動情報処理）と，消費者側の3種類の心理的反応（認知反応，評価反応，記憶反応）に分け，その相互関係を整理したものである（水野他，2015）。

　竹内（2010）は，広告効果測定に関する先行研究を整理し，概観している。そのうえで，竹内（2010）はそれらを統合したモデルとして「広告刺激・消費者反応に関する包括（ホリスティック）モデル」を提案している。企業が提供する刺激としての広告（広告量×広告内容，質）は，過去の広告によって形成されたブランド要因（イメージ・知識等）の影響を受けつつ，メディア（広告媒体）に掲載される。それは消費者側の個別要因（消費者の価値観・関与の程度）により影響を受けつつ，短期効果としてのプロモーション効果を生み，反応（広告コミュニケーションの成果としての，認知・理解・態度・購買意図・購買行動）が得られる。さらに短期的効果は長期効果となり，構造化されたブランドエクイティ（ブランドイメージ・ブランド知識）を作り出し，ブランドリフトをおこし，エンゲージメントが結ばれる（竹内，2010）。

　以上から，広告効果の測定に関する基本モデルをまとめると下図のようになる（図9-1）。

　さて，これを踏まえた上で，インターネットの広告効果を測定する際には，どういう手順が必要なのかを見ていこう。

　広告会社や広告主は，自社の広告が掲載されたページのページビュー（閲覧数）をまず見ることになるだろう。加えて，インプレッション（広告表示回数），クリックスルーレート（CTR；クリック数／表示数），コンバージョンレー

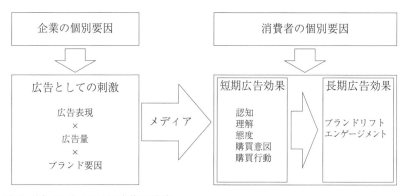

（出所）竹内（2010）のモデルに加筆して作成

図9-1　広告効果の測定に関する基本モデル

ト（CVR：購入数など／訪問数）といった効果指標を見ていく。これらの指標は，それぞれ，生活者に，広告を見せることができたか（インプレッション効果），誘導することができたか（トラフィック効果），行動をうながすことができたか（コンバージョン効果），をはかるものである。

もう少し細かく見ていこう。

広告会社や広告主は，媒体接触の効果については，媒体社や調査会社等からデータの提供を受ける。効果指標としては，ページビュー，滞在時間，訪問回数，ユーザーデモグラフィックなどを用いる（博報堂DYメディアパートナーズ、2017）。

広告接触の効果については，媒体社，第三者配信システム，パネル調査等からデータの提供を受ける。効果指標としては，インプレッション，ユニークユーザー（サイトを訪問した人の数），ユニークブラウザ（サイトを訪問したブラウザの数），ビュースルー（ユーザーに広告の表示はしたがクリックはされなかった回数）などを用い，コスト換算指標としては，CPM（Cost Per Mille），すなわち，1000回表示あたりのコスト，1000インプレッションあたりの料金を見る（博報堂DYメディアパートナーズ、2017）。

態度変容の効果については，媒体社，第三者配信システム，パネル調査からデータの提供を受ける。効果指標としては，クリック，クリックスルーレート，ランディングページへの訪問者，ブランド認知，購入意向などを用い，コスト換算指標としては，CPC（Cost Per Click），すなわち，1クリックを獲得するのにかかるコストを見る（博報堂DYメディアパートナーズ、2017）。

行動の効果については，トラッキングツール，サイト解析ツール，第三者配信システムからデータの提供を受ける。効果指標としては，ゴールページまでの訪問数，コンバージョン数（見積，資料請求，会員登録，販売数）などを用い，コスト換算指標としては，CPA（Cost Per Acquisition），すなわち，1件のコンバージョンを獲得するのにかかるコストを見る（博報堂DYメディアパートナーズ、2017）。

その他，経営指標として，ROI（Return on Investment）やROAS（Return on AdSpend）などを見る（博報堂DYメディアパートナーズ，2017）。

インターネット広告効果測定に用いられるツールとしては，アドトラッキ

ングツール，アクセス解析ツール，第三者配信による計測などがある。アドトラッキングツールとは，広告のクリック以降の情報を取得するツールで，コンバージョンにいたったかなどを測定する。アクセス解析ツールでは，広告主サイトを基点にターゲットの流入経路・サイト内の導線を解析する。第三者配信とは，第三者が提供するアドサーバーを通じて広告を配信する仕組みのことであり，これを通じて，ポストインプレッション効果（広告を見たことでそのあとのユーザーの行動が変わる効果），ビュースルーコンバージョン（表示はあったけどクリックしなかったユーザーが，30日以内に別のルートでコンバージョンページに辿り着いた数）などを計測することが可能になり，アトリビューション分析が実現する。このアトリビューション分析とは，成果に対する広告の貢献度を明らかにすることで，ラストクリック以外の寄与も明らかにするものである。こうして，広告主の自社サイトのデータに加え，外部のデータも連携して分析することをオーディエンスデータ分析という（博報堂 DY メディアパートナーズ，2016）。

9-6　ターゲティング広告と生活者の感じる広告嫌悪

　次に前項で述べたように，インターネット広告をはじめとしたデジタル広告は精緻なターゲティングを可能にする。ターゲティング広告と生活者の感じる広告嫌悪について考察しよう。

　ターゲティング広告とは，情報収集中の潜在層を対象に，行動，属性，地域情報などから，プロモーションに適したユーザーを選択し広告を配信する手法である。リターゲティングとは，顕在層，見込層を対象に，すでに訪問しているユーザーに対して，行動履歴情報をデータベース化し，再訪問，購買を促進する手法である（博報堂 DY メディアパートナーズ，2017）。

　ターゲティング広告が可能となった背景には，アナログ時代には得られなかった生活者に関する多様な情報が得られるようになったことがある。例えば，Facebook のターゲティング広告は，生活者の所在地，年齢，性別，言語，趣味・関心，クリックする広告，やりとりをするページ，Facebook 内外で行う行動，使用するモバイルデバイスとネットワークの接続速度などの

情報を組み合わせて生活者ごとに，広告配信の条件を作成できる。このような広告手法は，広告主にとっては非常に有用な手段となった。生活者個人に合わせた広告を配信することができるようになり，これまでのような非効率な広告，つまり，マスに向けてやみくもに広告を打って貴重な資金を無駄にする必要はなくなった。

　生活者からすると，自分の関心に合わせた広告が配信されることで，適切な情報を得られ，良さを感じられる場合がある一方で，何をしているときにでも，どんなデバイスにでも，広告が追いかけてくるようになった。しかも，その配信タイミングがよくないことも多々あり，広告をストーカーのように感じる人も増えてきた。結果，ターゲティング広告が，生活者に忌避されるようになり，スマートフォンなどに表示される広告を非表示にするアドブロックも広く用いられるようになった。

　つまり，広告主，広告会社，メディア，プラットフォーマーにとっては，生活者の情報を得て適切な広告を配信していたはずが，不適切な内容を最悪なタイミングで配信し，期待に反して負の広告効果を得てしまう結果となっている。この原因は，現在のデジタル広告のターゲティングが，生活者の真の情報に基づかず，入手可能な情報からのプロファイリングに頼っているためであると考えられる。

　こうした問題に対応し，解決をはかるためには，生活者の真の情報に基づいた広告を，適切に配信する進化したシステムが必要である。あわせて，生活者側で，配信される広告をコントロールするシステムも必要である。現状，生活者が広告に対して行える対処は，アドブロックなどの利用により，広告を排除するかしないかの選択になる。しかし，広告を排除するのではなく，活用する方法もあるのではないか。具体的には，生活者が広告を見てもよいと考えたタイミング（以下，コンテキストと呼ぶ。コンテキストとは，生活者の意図，状況を意味する）で，見たいと思った広告だけを見る方法があるのではないか。広告主から見ても，真に必要とされているタイミングで広告を提供できれば，広告効果が高まると予想できる（横山他，2020）。こうした，コンテキストに応じた広告であれば，消費者の直近の関心をとらえることができるからである（日本経済新聞，2021）。

　また，広告への不快感を解消する方法の別のやり方に，ユーザーが自分で広告を見るか見ないかの決定ができるようにしたり，見ると報酬を得られるような広告にすることがある。具体的には，スマホゲームアプリ内動画リワード広告などがある。これは，スマホゲームアプリをユーザーがプレイするなかで表示される動画広告であって，ユーザーが見るか見ないかを自主的に選択可能な広告のことである。もし，ユーザーが見ることを選択した場合には，視聴したのちに，何らかの形で報酬（リワード）が得られる。報酬としては，ゲーム内で使えるアイテムなどが考えられる。こうした，選ぶ自由を生活者に与えることがこれからの広告では重要かもしれない（石川他，2016）。

　さて，以上のような環境を踏まえて，現在，広告主の側でもターゲティング広告の見直しが進んでいる。見直しの動きにはいくつかの背景がある。

(1)規制：各国は個人情報への規制を強化している。日本では2022年に改正個人情報保護法が全面施行される。クッキー情報を他社に渡し，他の情報との組み合わせなどで個人を識別する場合には，本人の同意が必要になる（山森，2022）。

(2)プラットフォーマーの変化：個人データを集めてきたプラットフォーム企業の取り組みが変化している。Google はサードパーティークッキーの利用を制限する予定である。Apple は2021年から，スマートフォン利用者の事前同意がない限りアプリ提供事業者らがスマホ利用者の情報を収集できないようにした（市嶋，2020）。

　さらに，これまで用いられていた，行動が似ている人は好みも似ているという考え方に基づく協調フィルタリングを変えようという提案もされている。消費者の足跡から購買行動を予測するのではなく，AI を用いて偶然の好ましい発見「セレンディピティー」を作り出そうという試みである（日本経済新聞，2022）。

　今後，広告においても，プライバシーの問題，個人情報保護の問題はますます重要になるだろう。データの時代になり，個人の匿名化はありえないという現実のなかで，生活者データの価値やプライバシーの価値を認めつつ，生活者に嫌われない広告，消費者の気持ちに沿った広告を出すためにはどうしたらいいかを，検討しつづけなくてはならない。

9-7　AI を広告に活用する

　デジタル技術により広告は精緻なターゲティングが可能になった。しかし広告におけるデジタル技術の活用は他にも多数行われている。ここでは，AI を広告に活用する方法について述べる。

　AI をベースとしたシステムは，AI のエンジンのプログラムを変更することなく，データから学習してある種のデータ上の経験を獲得することによって，自らの判断や行動を変化させることができる。その結果，あたかも，人間と同様な知能があるかのように見える働きや，創作を行うことが可能になっている。こうした AI の特長を考えると，変化が激しく，クリエイティビティが重要な広告に，AI は非常に役に立つ技術であるということができる。

　AI が活用可能な広告の職種としては，アカウントエグゼクティブ，ストラテジックプランナー，マーケティングプランナー，クリエイティブディレクター，アートディレクター，コピーライターなどを挙げることができる（表9-3）。

　たとえば，ストラテジックプランナーに関しては，生活者の活動をサイ

表9-3　広告においてデジタルが活用可能な職種

分　野	職　種	業　務
営業	アカウントエグゼクティブ	顧客対応，コンサルティング
企画	ストラテジックプランナー	戦略，開発，企画，コンサルティング
マーケティング	マーケティングプランナー	マーケティング戦略
調査	リサーチャー	市場調査，広告効果測定
広報	PR プランナー	企業・商品広報戦略
プロモーション	SP プランナー	プロモーション戦略
メディア	メディアプランナー	メディア戦略立案，バイイング
イベント	イベントプロデューサー	イベント―計画―製作
クリエイティブ	クリエイティブディレクター	広告の表現戦略統括
	アートディレクター	広告のビジュアル表現統括
	コピーライター	広告の言語表現統括

（出所）著者作成

バー，フィジカル双方にわたって把握するために，クッキーやオフライン
データなどを複数のデバイスをまたがって ID で紐づけしていき，AI を用
いて発見的な分析を行うことで，これまでは提案できなかったような，新た
な戦略を提案できるようになった。

　アートディレクターに関しては，過去のクリエイティブ・データベースや
専用ソフトウェアを利用し，クリエイティブ，レイアウト等の自動生成を
AI で行うことができるようになった。AI が描く絵のクオリティは高くなっ
た。人間がキーワードを入れるだけで瞬時に絵が提示されるソフトウェアも
登場した。だが，いまのところ AI で全く新しいクリエイティブをインスピ
レーションから作ることは難しいという現状はある。とはいえ，たくさんの
絵を短時間で用意できるメリットは大きい。ソーシャルメディアのタイムラ
イン上のインフィード広告のクリエイティブを作るような場合は，顧客の反
応を見て，かんばしくなければ，少しだけ変え再度出すという作業を短期間
にたくさんしないといけないため，AI によるクリエイティブ支援が必要と
され，すでに広く活用されている。また，AI を使って個別のターゲティン
グをして，提示する広告クリエイティブをその人に最もふさわしいものとす
ることも実現している。

　コピーライターに関しては，AI が作成するテキストはある程度の文字量
までは，破綻することはほぼなくなった。多くの案を AI によって示させ
て，それを活用して最終的なコピーを作ることができるようになった。

　これらの職種に関しては，最終的な判断やアジェンダの設定などで人間の
介在する部分は残っているとはいえ，積極的な AI の活用が可能である。

　しかし，これは，巷間でとりざたされているように，広告業界の人々の職
を奪うようなことにはならないと思われる。実態の理解しにくい，新しい技
術に対しては，人は，怖いと感じることがあるが，実態を理解すれば，その
ような心配はなかったことがわかるようになる。ビジネスにおける技術の進
化を止めることはできないので，理解したうえで，人間は進化の果実をいか
に活用するかを考えることが望ましい。

　なお，AI 以外にも活用可能なデジタル技術は多数ある。近年，広告業界
を大きく変えたのは，ビッグデータであるように思われる。最近は，IoT の

進化により，物理世界，実世界であるフィジカルワールドからの情報も多く得られるようになった。それらを用いたデータ主導型意思決定が広く行われている。

　以上述べてきたように，AI，ビッグデータをはじめとしたデジタル技術の活用が進み，広告業界では大規模なデジタルトランスフォーメーションを経験している最中である。

　デジタルトランスフォーメーションとは，ビジネスモデル・経営戦略の革新や，マネジメントシステムの革新，マーケティング推進方法の革新，製品・サービスそのもののデジタル化，それを実現するための組織能力の改革のことをさす。デジタルトランスフォーメーションは，単に社内システムを高度化するという話ではない。ビジネスモデルを見つめなおし，変革し，イノベーションを起こしやすい体制を整えることである。そのように考えていくと，広告業界では，これまでにない大きな業界構造の変化，ビジネスモデルの変化が起こっているということができる（進藤，2018）。

9-8　デジタル広告のクリエイティブ

　ここまで広告と技術の関わりについて見てきたが，次にデジタル広告のクリエイティブについて見てみよう。デジタル時代に入り，広告は以前ほどクリエイティブ偏重ではなくなったが，広告にとってクリエイティブが重要なものであることに変わりはない。ではどのような変化が起こっているのか，見ていこう。

9-8-1　クリエイティブの現在

　デジタル広告のクリエイティブは，広告会社にまかせておけばよいというものではなく，企業が自分で制作にかかわる必要がある（森・進藤，2019）。

　企業がマーケティング活動をオウンドメディア（自社サイトなどの広告主の自分のメディア）を基点に行う流れは進んでおり，ソーシャルメディアや各種広告メニューまでを連携した運用も一般的になってきている（電通，2021）。

　しかし一般企業にとって，コンテンツを継続的に毎日制作することは非常

に困難である。コンテンツ作りは，毎日やる必要があって，いわば24時間営業のようなところがあり，多くを作ることはむずかしい。各企業はこうした課題に向き合い，AI の活用を検討する必要がある（森・進藤，2019）。

　次に，デジタル時代において重要となったソーシャルメディアの広告クリエイティブについて見ていこう。

9-8-2　ソーシャルメディア上の広告クリエイティブ

　佐藤（2012）によるとソーシャルメディア時代のクリエイティビティ，すなわちソーシャル・クリエイティビティでは，Telling から doing へ，つまり，伝えるというより体感させることが重要になった。また，伝播性，一回性，真正性，人から人へメッセージが伝わること，などが重要になったと指摘している。そして，ソーシャル・クリエイティビティは，ソーシャルメディア上だけではなく，マスメディアやマス広告でも必要とされるものになったと述べている（表9-4）。

　しかし，ソーシャルメディアといっても，さまざまなものがある。Twitter，Facebook，Instagram など，それぞれのソーシャルメディアが持つ特性を理解した上でクリエイティブを考え，戦略的に組み合わせることが重要である。Twitter は拡散力にすぐれているため，炎上に注意しながら，多くの

表9-4　従来のクリエイティビティとソーシャル・クリエイティビティ

	従来のクリエイティビティ	ソーシャル・クリエイティビティ
目的	伝える	つなげる
主たる要素	物語性 芸術性	伝播性
手法的特徴	どんでん返し ビジュアル・インパクト	一回性 真正性
伝わる経路	企業から人へ メッセージを直接伝える	人から人へ メッセージが間接的に伝わる
発想の転換のポイント	(1) ターゲットに直接伝える発想をしない (2) 従来のいわゆるクリエイティビティに拘泥しない	
適用の範囲	ソーシャル・クリエイティビティは，ソーシャルメディア上だけではなく，マスメディアやマス広告でも必要とされるものになっている	

（出所）佐藤（2012），p.10

ユーザーに拡散してもらえるような話題性のあるコンテンツをリアルタイムに投稿していく。リツイートした人のなかから抽選で賞品が当たるようなキャンペーンも効果がある。Facebook については，顧客同士の親密でリアルなコミュニティのなかで共有しても恥ずかしくないような広告とすることが望ましい。Instagram では，1 枚 1 枚の写真の美しさが重要だが，それだけでなく，複数の写真が一覧されたときの世界観や構図に気を付けると共に，ハッシュタグをたくさんつけると良いだろう。また，ストーリーに短い動画を載せることも効果がある（森，2018）。

9-8-3　さまざまなメディアを使いさまざまなクリエイティブで伝える

さて，デジタル時代になり，企業メッセージを伝える手段として，さまざまな新しい場が生まれた。ソーシャルメディアだけでなく，ゲームや，音楽，スポーツ，そして町そのものなどをメディアとして使ってさまざまなクリエイティブで，メッセージを伝える試みがなされるようになってきた。

たとえば，レストランを展開するウェンディーズは，オンラインゲームのFortnite を使って，冷凍肉を一切使わないという企業のメッセージを生活者に伝えた（佐藤，2019）。

町をメディアとしたアクションメイククリエイティブ（実体験を伴った広告）の例としては，デジタルサイネージにカードリーダーが付いていてその場でクレジットカードを差し込むと画像が反応し，募金を行うことができるといった例がある。ほかにも，ブリティッシュ・エアウェイズの屋外広告で，飛行機の高度や経緯度といった位置情報をリアルタイムで利用した例がある。上空にブリティッシュ・エアウェイズの飛行機が来ると，屋外広告の中で子供の映像が反応して動き，リアルタイムに上空を飛ぶ飛行機を指さし，町の人に知らせる（佐藤，2014）。

9-8-4　xR やメタバースを活用した広告

デジタル広告においては，xR（AR，MR，VR）やメタバースも活用されている。xR 技術については，第11章（11-3-3）にて詳述しているので，ここでは広告における活用について述べる。xR のうち AR を使えば，生活者に，

現実空間に重ねあわせた映像を手軽に見てもらえるため，広告に活用した事例は多い。VR は，心をゆさぶる経験を提供できるが，ヘッドマウントディスプレイや専用の施設が必要となるため，広告における活用は，イベント会場などに限定されている。

　一方、メタバースについては，第11章（ケーススタディ⑫ HIKKY）にて詳述している。メタバースにはさまざまなサービスやプラットフォームがあり，特色のある広告プランが提供されている。現実の屋外広告をメタバース上に移したような広告はもちろん，デジタルならではのさまざまな試みがなされている。

9-8-5　ブランデッドエンタテインメント

　ブランデッドエンタテインメントも，デジタル時代の広告クリエイティブの注目株である。これは，エンタテインメントの手法を取り入れた広告のことをいい，具体的には，プロダクトプレイスメントなどの手法がある。このプロダクトプレイスメントとは，ドラマや映画などの中に広告したい製品を登場させる手法のことをいう。007シリーズでは，ジェームズ・ボンドの愛車としてアストンマーティンが登場するが，これにより，アストンマーティンは高いブランドイメージと，たいへんな知名度を得，成功をおさめた。この成功があまりにも著名なため，007は，新作の制作のたびにプロダクトプレイスメントをしたい企業の争奪戦になっている。2006年の007作品では，オメガ（時計），バイオ（パソコン）と言ったブランドが目立つ扱いを受けていた（進藤，2009）。

9-8-6　ブランドパーパスとデジタル広告

　デジタル時代のクリエイティブを考えるにあたり，最後にブランドパーパスについて述べる。ブランドパーパスは，デジタル時代の広告にかかわる人にとって非常に重要なテーマである。ブランドパーパスとは，ブランドの存在意義のことである。類似の言葉であるソーシャルグッドは，誰にとっても良いことを言うが，ブランドパーパスは，賛否両論あることに対し，企業の意思・考え方を社会に対して表明する（佐藤，2019）。

　しかし，企業が，社会的に良いことをすると表明しても，消費者は，企業は評判を落とさないために仕方なくやっているのではないか，流行だからやっているのではないか，と，とらえることが多いので，企業が本気であることを伝えるのは重要である。現在の若い世代は，世の中のためになることを重視する傾向があるので，ブランドパーパスの若い世代への訴求力は強い。とはいえ，企業は，利益を追求する組織である。ブランドパーパスを訴求するほうが売上につながることを確認した上で，マーケティングコミュニケーションの方法として積極採用していく必要がある（佐藤，2019）。

　ブランドパーパスの方法に沿った，日本の広告の例としては，P&G パンテーンによる，大学生の就職活動における髪形のキャンペーンがある。これは，「Hair We Go」（Here We Go のパロディ）というコピーを用いていた。そして就職活動をするからといって，何も急に髪を切って黒く染めたりする必要はなく，自分を表現するために自由な髪形で行ったほうが良いのではないかという問題提起をしていた（佐藤，2019）。

　また，シャボン玉石けんによる，香害について考えるキャンペーンもある。これは，柔軟剤などに強い香りをつけることが流行しているなか，オフィスなどの避けられない状況のなかで強い香りをかがされ，健康被害を生む，いわゆる香害について，多くの人に考える機会を提供した（佐藤，2019）。

　デジタル広告は，刈り取りに適しており，ブランディングには適していないという考え方が以前はあったが，今日では，そのようなことを考える人はいない。ブランドパーパスを中心に訴求することで，デジタル広告によるブランドリフト，すなわち，企業や商品・サービスのブランドの認知度や好感度，購買意向が向上することは明らかである（インテージ，n.d）。

9-9　動画広告の詳細

　この項では，デジタル時代の広告フォーマットの代表のひとつである動画広告について述べる。特にテレビコマーシャルと比較することを通じて，動画広告の特質を明らかにするとともに，広告業界に与える影響について見ていく。

　動画広告とは，インターネット上などで配信される，映像を使った広告のことである。他のインターネット広告と比べると，動画広告は，映像を用いているために，テレビコマーシャルと共通点が多いという印象を与える。しかし，実際に両者は大きく異なる。

　広告を提示するシーン，デバイスは，テレビコマーシャルのように画一的なもの（お茶の間で夕食後の時間にテレビで見るといった）ではない。生活者が動画広告を見る場所は，屋内，屋外，電車内など，いろいろ考えられ，時間帯も，通勤途中，就寝前，食事中など，いろいろ考えられる。デバイスに関しても，スマートフォン，パソコン，テレビ，ゲーム機，駅や電車内のデジタルサイネージなどがありうる。

　テレビコマーシャルは，生活者の置かれた状況に関係なく，指定された時間になると広告が提示される，いわば，広告が生活の場に乗り込んできて，教示するフォーマットであった。しかし，動画広告では，広告が空気を読んで生活者に合わせることが求められている。しかし，いくら，個人情報，ビッグデータに基づいてターゲティングした広告が容易に提供できる技術が進歩したからといって，万能ではない。使い方によっては，動画広告が生活者に負のカスタマーエクスペリエンス，嫌悪感を生む可能性もある。生活者の気分や受けとめ方も，時と場合によって大きく変わる。それに対応するのは簡単ではない。

　さらに，テレビコマーシャルと動画広告ではメディアの特性も異なる。テレビが一方向のマスコミュニケーションを提供するメディアであるのに対し，インターネットは双方向のコミュニケーション，コミュニティ機能を提供している。これらの違いにより，広告の目的も変化した。テレビコマーシャルの主な目的が態度変容，認知であったのに対し，動画広告の主な目的はエンゲージメントとブランディングである（表9-5）。

　併せて，広告会社に求められる役割も変わった。テレビコマーシャルの場合，日本の広告会社は，広告枠の販売，広告制作物の販売，といった業務を主として行っていた。動画広告においては，ストラテジックプランニング，技術支援，効果測定，運用支援，広告主のKPI達成支援などを行っている。こうした業務の多様化は広告会社の多様化をもたらした。フルサービスを行

表9-5　テレビコマーシャルと動画広告の比較

		テレビコマーシャル	動画広告
広告の目的		態度変容 認知 リーチ インプリンティング 流通対策	態度変容 ブランディング エンゲージメント 感情喚起 共感 刈り取り
広告に接する 生活者の立ち位置		受動的／片方向 生活者が広告に合わせる 画一的なシーンにおける 受信 画一的なデバイスの受信 独占的なメディアからの 受信	能動的／双方向 広告が生活者に合わせる 多様なシーン（通勤中，カフェ 等）におけるアクセス 多様なデバイスの活用 多様で自由なプラットフォームの活用
広告と生活者の関係		広告は生活者を操作する	広告は個々の生活者に奉仕， 提案し，課題を解決する 広告は，一人の生活者の持つ 多様な人格，置かれている シーンにタイミングよく合わせる
広告会社の主要な役割		メディア広告枠の販売 広告制作物の販売	ストラテジックプランニング 技術支援，効果測定，運用支援，KPI達成支援
各ステップにおいてポイントとなること	ステップ1： つくる （クリエイティブ）	クリエイティブノウハウが確立 尺は15秒中心 サウンドは有効 有名タレントの起用	クリエイティブノウハウが未確立 尺は5秒〜5分 サウンドは聞いてもらえないことが多いのでテロップ対応 生活者やYouTuberなどの， 多様なバックグラウンドの出演者の起用
	ステップ2： 届ける （メディアプランニング）	長期的なキャンペーン	短期的なキャンペーン 複数のクリエイティブの事前準備とすばやいさしかえ 多様なプラットフォームの特性理解と活用
	ステップ3： 調べる （アナリシス）	視聴率 GRP	指標整備が必要 態度変容 共感

（出所）著者作成

う広告会社がある一方で，アドテクノロジーやインフルエンサーマーケティングに特化した広告会社が登場している。さらに，従来は広告を取り扱わなかった，システムインテグレーション会社やコンサルティング会社の広告業界への参入をもたらした。また，広告主によっては，広告会社を使わず，社内で業務を行ったり，直接制作会社に発注するケースもみられるようになった。

　しかし，動画広告は比較的新しいフォーマットであるために，テレビコマーシャルのように60年を超えるクリエイティブノウハウの蓄積や，評価指標が確立しているわけではない。たとえば，企業ロゴや商品ロゴをどこに入れるかという点について，映像の最初に入れると生活者に嫌がられるという調査結果がある一方で，ブランドリフトがおこるとする調査結果もある。調査結果は一様ではなく，広告主や広告会社は試行錯誤を迫られる。しかし動画広告はテレビコマーシャルと異なり，迅速な効果測定と戦略変更が可能であり，試行錯誤がしやすいという大きなメリットがある。あらかじめ数種類の動画を用意しておいて反応を見てさしかえることは良く行われている。

　以上のように，動画広告は試行錯誤の時期にあり，ルールやノウハウの確立を進めている最中で，関係者は努力を続けている。しかし，このフォーマット，プラットフォームが，テレビコマーシャルのように，半世紀にわたって継続するとは考えにくい。

　なぜなら，動画広告のプラットフォームは，私企業が作る，突然ルールの変更が行われうるプラットフォームだからである。インターネットそのものは，多くのネットワークのネットワークであり，ひとつの私企業の支配するところではない。しかし，動画広告が依拠している代表的なプラットフォームは，いわゆる，公共のインターネットではなく，私企業の提供するサービスであり，継続性も保証されていない。たとえば，明日，グーグルがYouTubeを停止することも可能性としてはありうる。

　きわめて流動的ではあるが，しかし，動画広告は，優れた特質を持つ広告フォーマットである（進藤，2017）。

　この動画広告について判明している課題について最後に述べる。

(1)投資対効果

　動画広告は安くできるという印象があるが，そうではない。投資対効果の測定をきちんと行うことは，広告主にとって重要である。

(2)ブランドリフト

　広告主のブランド構築に動画広告が寄与することは確実である。しかし，いかに行うかは難しい問題である。投資を抑えつつクリエイティブ面や運用面の工夫でブランドリフトする方法論をさぐっていく必要がある。

(3)クリエイティブ

　動画広告のクリエイティブに関しては，方法論がまとまっているとはいえない。デバイスやプラットフォームごとに，試行錯誤している。この方法論をまとめていくことは課題となっている。

(4)媒体計画

　媒体計画に関しては，動画広告単体では，迅速な効果測定と戦略変更が非常に重要なことがわかっている。これをどのように行うかが課題である。また，多様なメディアを連動させる方法論をまとめることも重要である。テレビとインターネットとのクロスメディアマーケティングも効率的に行う必要がある。

(5)技術的な課題

　技術的には，動画広告は短期間に効果測定を行い必要に応じて迅速にクリエイティブの切りかえを行わなければならないという運用面の負担をさまざまな技術を用いて軽減するという課題がある（進藤他，2016）。

9-10　広報

　この章の最後にあたり，広報について述べる。広告は，広告主となる企業がお金を払ってインターネットに動画配信を行う活動などが想定されるが，

広報は伝統的には，企業などが，客観的な事実，正確な一次情報を，記者発表会などをひらいて，プレスリリース（報道発表資料）などの形でメディアに伝える活動などが想定される。メディアは記事，ニュースとして無料でその内容を報道するという流れになっている。

　広告と広報は異なる。広告が企業からみて常にプラスの情報を提供するのに対し，広報は，事実であれば，マイナスの情報も伝える（塚本，2003）。

　しかし，企業は往々にして，悪いことであっても，あたかもそうでないかのようなプレスリリースを書きがちである。たとえば，タイタニック号の沈没事件をプレスリリース風に表現すると，タイトルは，「タイタニック号の処女航海を体験した幸せな705名の旅行者が到着した」，となるだろう。本当は，悲惨な事故で多くの死者が出たのにもかかわらず，プレスリリースにはそのような記述はなされない。そして，「壮大豪華な客船が進水するとき，試運転でのちょっとした事故は避けられない」，といったことも書かれるだろう（レバイン他，2001）。

　しかし，実は，危機的状況のときにこそ，広報の真価は問われる。事件，事故などについて，隠さず，ありのままを伝え，いち早く誠意のある対応を行うこと，そして，その訓練を事前に積んでおくことは広報担当者のみならず，すべての経営者にとって絶対に必要なことである。

　事件を起こしたときに，広報担当者が誠実に対応せずに大失敗したケースとしては，パロマ，雪印食品などのケースがある。誠実な対応で成功したケースとしては，松下電器や参天製薬などのケースがある。

　2001年に発生した雪印食品牛肉偽装事件の広報活動において，雪印食品は，さまざまな判断ミスを犯した。トップの対応も大変悪かった。誤った広報活動，そして経営判断が続いた結果，会社は解散に追い込まれた（進藤，2009）。

　一方，2000年に，目薬に異物を混入したという脅迫状を受け取った参天製薬は，消費者の安全を最優先にする姿勢を示すと共に迅速な対応を行った。そしてトップの素早い決断で製品の回収を行い，消費者の信頼をかえって高めた（進藤，2009）。

　最後に，PESO モデルについて記す。デジタル時代の広報では，現状のメ

ディアを，4つのカテゴリーに分類して，それぞれに対応することが行われている。この4つとはP（Paid Media），E（Earned Media），S（Shared Media），O（Owned Media），であり，PESO モデルと呼ばれている。分類については，日本ではP，E，Oの3つに分けるトリプルメディアのモデルを使っている場合も多いが，グローバルには PESO モデルのほうが使われている（馬渕，2017）。

【ケーススタディ⑧】

グーグル　デジタル時代の広告の覇者

デジタル広告のケースとして，グーグルについて見ていく。

グーグルは，1995年に創業者であるラリー・ペイジとサーゲイ・ブリンがスタンフォード大学で出会ったことをきっかけに，1998年に会社として設立された。2001年に経営の専門家としてエリック・シュミットが参加し，CEO に就任したこともあり，ビジネスは大きく発展，2004年には株式公開を行った。その後もビジネスの幅を広げ，2006年には，YouTube を買収，2008年にはアンドロイドを公開した（Google, n.d.b）。

2015年には，会社組織をあらため，持ち株会社としてアルファベットを設立した（Google, n.d.b）。アルファベット傘下には，グーグルに加え，ヘルスケア，自動運転車，都市計画といったさまざまな分野における，独立した事業会社が連なっている。それまでは，リスクの大きい新規事業も，グーグル本体の財務実績に合算されていたが，再編によって，投資家はグーグルの業績を，新規事業と切り離して見ることができるようになった（ロイター，2017）。

同社が提供する検索エンジン・グーグルは性能が高く，世の中の人は，グーグルを毎日のように使うようになった。ウェブサイトを開設している側からすると，グーグルの検索結果の上位にこないと，サイトを訪問してもらえないようになった。

サイト開設者は，検索エンジンの検索結果のページの表示順の上位に自らのサイトが表示されるように工夫している。この行為を SEO（Search Engine Optimization）と呼ぶ。しかし，グーグルの検索エンジンのアルゴリズムは，

頻繁に変更が行われ，詳細は発表されないので，対応は容易ではなく，結果的に，順位の変動は常時起こっている。また，このような検索エンジンを広告媒体として積極的に活用するマーケティング活動を SEM（Search Engine Marketing）と呼ぶ（日高，2019）。

　パワーを活かして，グーグルが展開しているのが，広告ビジネスである。グーグルにとって，広告は主要な収入源となっている。なお，グーグルの広告の基本的なキャンペーンタイプは次の 3 つである（Google, n.d.c）。

(1)検索ネットワーク：通常はテキスト広告が使用され，検索で広告主の商品やサービスが検索されたときに，検索結果ページに表示する。

(2)ディスプレイネットワーク：通常はイメージ広告が使用され，広告主のターゲットユーザーが利用するサイトやアプリに広告が表示される。

(3)動画：通常は 6〜15 秒の動画広告が使用され，ユーザーが YouTube のコンテンツを再生する直前や再生中に表示される。

　しかし，グーグルがあまりにも大きく，強力になったため，パワーに対する不安も増している。

　それに対する対応を 2 つ紹介しよう。

　1 つ目は，フリー / オープンソースコミュニティからの動きである。新しい検索エンジンである DuckDuckGo を開発，提供し，グーグルに代わる手段として提案している。この DuckDuckGo は，個人情報を一切保存または共有しないというポリシーの検索サービスである。サーバー内に情報がストックされることはなく，クッキーを使わず，利用者の IP アドレスを保存しない。また，ログインを必要としない，接続が暗号化されているなどの特徴がある（DuckDuckGo, n.d.）。

　2 つ目は，グーグル自身の動きで，クッキーを第三者のインターネット広告企業などに提供する仕組みを停止すると発表した。クッキーは，ウェブサイトを訪問したユーザーの情報を一時的に保存するユーザーの閲覧履歴データである。この活用によりターゲティング広告やリターゲティング（サイトを訪問した顧客に対し繰り返し広告を配信する）が可能になっていた。クッキーには種類があり，ファーストパーティクッキー（クッキーの取得者が利用するクッキー），サードパーティクッキー（第三者から提供されるクッキー）がある。グー

グルが停止するのはサードパーティクッキーであり，この停止で，ユーザーが感じるプライバシーへの不安や広告嫌悪が減少することが期待されている。ビジネス面では，サードパーティクッキーを活用した広告を手がけていた企業は打撃を受ける一方でグーグル自身への影響はあまりないと想定されている。なぜなら，検索，メール，地図，動画などから自らビッグデータを収集可能であるからである。グーグルは，今後，クッキーに代わる多様な広告手法を開発，提案する予定である（中川，2020）。

【ケーススタディ⑨】
資生堂　広告を含めデジタルトランスフォーメーションを全社で進める

　資生堂のケースについて述べる。資生堂はデジタルトランスフォーメーションを全社で進めるなかで，広告をデジタル化している。クリエイティブでも大きな成果を上げている。

　資生堂は，1872年に，福原有信が東京・銀座に，日本初の民間洋風調剤薬局として創業したことを起源とし，2022年に150周年を迎えた歴史ある企業である。スキンケア，メイクアップ，フレグランスなどの化粧品を中心とした事業展開を行いながら，レストラン事業，教育・保育事業などを幅広く展開している。2020年現在，グループ関係会社数は78社，連結売上高9209億円となっている。

　化粧品のブランドには，デパートなどでカウンセリングを通じて販売するメイクアップ・スキンケアブランドである SHISEIDO，Clé de Peau Beauté，NARS，ドラッグストアなどを中心に，消費者が店頭で自由に選ぶことができるスキンケアブランドであるエリクシール，デザイナーとのコラボレーションによるフレグランス Dolce & Gabbana，Tory Burch，ヘアサロン向けのアイテムである SHISEIDO PROFESSIONAL などがある（資生堂，n.d.）。

　デジタルトランスフォーメーションへの取り組みとして，資生堂は，2016年にデジタル・センター・オブ・エクセレンス（DCOE）を設置した。そして，3つの重点課題として，(1)地域，ブランド，事業を横断する共通エコシステムの設計　(2)各ブランドや事業で EC の拡大に向けたツールや

人材の確保，顧客エンゲージメントの促進，顧客価値の最大化，データ収集とインサイトの獲得　(3)社員のデジタルリテラシーの向上　をかかげた。これに基づいて資生堂は，90以上のブランドサイトの運営や，約4000万人の顧客情報の管理などを実施している。

　デジタル人材育成に向けては，デジタルアカデミーを立ち上げ，約8000人の社員が登録して学んでいる。加えて社員200人以上が，マサチューセッツ工科大学やGoogle Squaredなどで，データ分析，人工知能，デジタルマーケティング，UX設計，プログラミングなどのプログラムを受講している。

　さらに，中期経営戦略「WIN 2023」を実現するために，デジタルトランスフォーメーションオフィス（DTO）を設置した。そして，(1)オムニチャネルの推進　(2)顧客との関係構築のための対話　(3)データに基づき，一人ひとりの顧客に合わせたパーソナライゼーションサービスの提供　に向けて取り組んでいる（資生堂, 2020）。2021年5月には，アクセンチュアと，デジタルマーケティング業務とデジタル・IT関連業務を提供する合弁会社「資生堂インタラクティブビューティー」を設立すると発表した（流通ニュース, 2021）。

　資生堂は，広告に関しても，デジタル化を推進しており，2020年第2四半期の決算説明において，今後，媒体費に占めるデジタル比率を2019年の50％から23年に90〜100％に拡大し，ECの売上も全社で13％から25％に拡大するという（伊藤, 2021）。

　資生堂が広告のデジタル比率を100％近くにまで拡大する背景には，ここまで述べてきたような，デジタルトランスフォーメーションの推進があった。

　資生堂のデジタル広告はクリエイティブ面でも評価が高く，過去，「カンヌライオンズ国際クリエイティビティ・フェスティバル」などで多くの賞を受賞している。なかでも，2015年に制作された動画広告「High School Girl？ メーク女子高生のヒミツ」は，世界三大広告賞（クリオ アワード, THE ONE SHOW, カンヌライオンズ）すべてにおいてゴールドを受賞している（資生堂, 2016）。

　以上のように，資生堂はデジタルトランスフォーメーションを全社で進め

るなかで，広告をデジタル化し，クリエイティブでも大きな成果を上げていることがわかった。

まとめ

　この章では，デジタル時代に激変する広告について見た。まず，マーケティングコミュニケーションとは何か，広告とは何かといった基本を確認したあと，インターネット広告の取引の実際や，インターネット広告のクリエイティブについて見ていった。最後に，グーグルと，資生堂のケースについて吟味した。デジタル広告は，いまだルールが定まらないフロンティアであり，企業にとっては，自分のアイデアや提案が試せる場ともなっている。このチャンスをつかみ，次の世代の広告を作り出すチャレンジを続けていく必要がある。

第 10 章

デジタル時代のブランド戦略

> 私は圧倒されるような偉大なプロフェッショナルが好きだ。
> そういう人であれば，何をしようとそれでいいのだ。
>
> モーリス・ベジャール，前田允訳（1999）『モーリス・ベジャール回想録』

はじめに

　この章では，デジタル時代のブランドについて考察していく。まず，ブランドの定義と概念について確認したあと，顧客と共創するデジタル時代のブランドについて見ていく。最後に，新しい技術の導入によるブランドの進化について確認する。

10-1　ブランドの定義とブランド概念の変遷

　ブランドとは，自社の提供物を他社のそれと識別するための手段である（恩蔵，2013）。ブランド（brand）の語源は，古代ノルド後の brandr（焼き付ける）に由来し，もともと家畜の焼印を意味した。その後，陶工などの職人が自分の作品につけた目印もそう呼ばれるようになった（田中，2014）。アメリカ・マーケティング協会は，ブランドを，「個別の売り手もしくは売り手集団の商品やサービスを識別させ，競合他社の商品やサービスと差別化するためのネーム，言葉，記号，シンボル，デザイン，あるいはそれらを組み合わ

せたもの」と定義している。このように，ブランドは，ネーム，シンボル，デザインなど，複数の要素から構成されるものである（恩蔵，2013）。

　ブランド研究の歴史を振り返ると，1985年ころまでは，ブランドはマーケティングの手段として認識されており，ブランドロイヤルティ（銘柄忠誠度）やブランドイメージといった概念が用いられてきた（田中，2014）。

　1985年から1995年ころまでは，ブランドはマーケティングの結果として認識されており，ブランドエクイティ（あるブランド名やロゴから連想されるプラスとマイナスの要素の総和）の概念が用いられてきた（田中，2014）。

　アーカー（1994）は，ブランドエクイティを，さまざまなブランド活動を通して顧客が自己の中に作り上げたブランドに関する資産（および負債）の集合と考えた。そして，ブランドアイデンティティ計画モデル（アーカー，1997）を提案して実務家が実行可能なブランド確立の方法を示した（田中，2014）。

　ケラー（2000）は，顧客ベースブランドエクイティ論を提唱した。顧客ベースブランドエクイティとは，あるブランドのマーケティング活動への消費者の反応に対して，ブランド知識が及ぼす差異的な効果のことである。その中核にあるのはブランド知識であり，消費者の知識構造が生む出す差異化効果こそが，ブランドの資産的価値の源泉であるという考え方である（田中，2014）。

　1996年ころからは，ブランドはマーケティングの起点として認識されるようになり，ブランドアイデンティティ概念が用いられるようになった。ブランドアイデンティティとは，ブランド戦略を策定する際の長期的ビジョンの核となるべきものである。戦略立案者が創造し維持しようとする，ブランド連想のユニークな集合であり，また，ブランドに一体感を与え，マーケ

表10-1　ブランド研究の歴史とブランド概念の変遷

時代区分	～1985年 （手段としてのブランド）	1985～95年 （結果としてのブランド）	1996年～ （起点としてのブランド）
主たる ブランド概念	ブランドロイヤルティ ブランドイメージ	ブランドエクイティ	ブランドアイデンティティ
ブランド認識	断片的認識 マーケティングの手段	統合的認識 マーケティングの結果	統合的認識 マーケティングの起点

（出所）田中（2014），p.6

ティングミックスの方向性と内容を規定するものでもあり，ブランドのあるべき姿として，明確化，共有化されるものでもある（田中，2014）（表10-1）。

10-2　ブランドは顧客と共創する時代へ

　デジタル化が進むなかで，企業は顧客との双方向のやりとりを大切にするようになり，顧客がブランドでどのような経験をするか（カスタマーエクスペリエンス）が関心の的になった。さらに顧客がブランドを経験する経路やタイミングを設計するカスタマージャーニーが重視されるようになった。顧客がブランドのファンとなるような経験価値を提供するためには，個々の顧客の関心やニーズに応じた最適なタイミングで接することが求められている（田中，2014）。

　顧客の経験（カスタマーエクスペリエンス）が重視される時代になり，企業にとっては，顧客の心に訴える経験や世界観をブランドがいかに提供するかが課題になった（田中，2014）。

　さらに現在では，価値を創造するのは企業と顧客の双方であり，ブランドは顧客と共創するものであると考えられている。ブランド価値は，顧客を含むすべての関係者との相互作用によって共創されるという考え方である。これに伴い，ブランド戦略を立案する上でも共創のプロセスが重視されるようになった。たとえば，ソーシャルメディアなどを活用して，企業と顧客が協働することで，新たな経験価値を共創することなどが行われている（田中，2014）（表10-2）。こうしたブランド価値共創においては，企業と顧客に加え，

表10-2　価値提供から価値共創へ

	従来の価値提供	新たな価値共創
価値創造の主体	企業	企業と顧客
価値創造の源泉	製品や技術	顧客の経験
価値創造の発想	価値を創造するのは企業。顧客は企業が創造した価値を受け取るかどうか。	価値を創造するのは企業と顧客。企業と顧客な価値を共創する。

（出所）田中（2014），p.14，p.15

すべての関係者を巻き込むことで，その周囲に広がる生活者へとつながる可能性がある（澁谷，2020）。

10-3　デジタルネイティブ・Z世代のYouTuberアパレルブランド

　ソーシャルメディアが発展し，価値共創が行われる中，デジタル発のブランド，DNVB（Digital Native Vertical Brand：デジタルネイティブ世代の直販ブランド）と呼ばれるブランドが生まれている。D2C（ダイレクト・トゥ・コンシューマー）と呼ばれるビジネスモデルを採用するこれらのブランドとその顧客の関係は，一般の企業にとっても，今後のブランドについて考える上で重要な示唆を与える（澁谷，2020）。

　こうした流れのなかで，YouTuberによるアパレルブランドが次々に誕生し，デジタルネイティブやZ世代からの支持を集めている。YouTuberの活動の中心は，動画配信を行って広告収入を得ることにあるが，加えて，アパレルブランドを立ち上げるYouTuberが生まれている。アパレル事業を行うにあたって，YouTuber自身は，ブランド名を作り，ブランドの方向性を決める。製造，デザインといった工程は，他の製造工場やデザイナーに委託していることが多い（岡本，2021a）。

　次に，YouTuberによるアパレルブランドのケースを紹介する。YouTuberのヒカルはチャンネル登録者447万人（2021年）を持つ人気YouTuberである。2019年よりアパレルブランド，ReZARDを運営している。このブランドは着心地の良さを追求し，上質な生地をシンプルかつラグジュアリーなデザインに，というコンセプトのもと，メンズ・ウィメンズ両方で幅広いアイテムを展開している。同ブランドは靴のECサイトLOCONDO.jpとのコラボレーションを行うとともに，著名芸能人やアーティストとのコラボアイテムも販売しており，売上は25億円に達している（FASHIONSNAP，2021；modelpress，2021）。

　一般に，ブランドは長期的視点に立ってマネジメントを行うことが重要であると言われている。今後，YouTuberによるアパレルブランドが，長期的に展開していくため，どのような施策をとっていくのか注目していきたい。

10-4　五感マーケティング：サウンドとブランド

　さて，次に，新しい技術を使ったブランド経験について述べていこう。

　マーケティングにおいては，近年，五感の活用に注目が集まっている。特に，これまで注目されてこなかった，味覚，嗅覚，触覚，聴覚の活用を探る研究が盛んに行われている。ブランドにとっても，五感は重要なテーマであるが，ここでは聴覚に着目して，サウンドとブランドについて見ていきたい。

　ブランドにおけるサウンド（聴覚的イメージ）の役割は，消費者の注目をひきつけ，ブランド想起を高めることにある。ブランド名などにメロディを付けたり音声や効果音などの音響を加味すれば，消費者の注目をひきつけ，ブランド想起を高めることができる（海老原・進藤，2013）。

　サウンドロゴは，ブランドが扱う聴覚的イメージのひとつである。サウンドロゴとは，自社や商品の名称などにメロディを付したものである（岡本，2021b）。

　サウンドロゴの活用にあたっては，実務的な成功法則がいくつかわかっている。たとえば，テレビコマーシャルや動画広告においては，積極的に冒頭でサウンドロゴを提示することにより，視聴者の注意を喚起可能である。また，企業ブランド名の聴覚的提示回数を増やすことにより，より強い印象を与えることができる。さらに，同一企業の異なる製品ライン間において，企業ブランドの訴求を目的としたサウンドロゴを統一することで，視聴者にブランド認知の促進を促すことができる。また，ある特定の効果音をサウンドロゴとして活用し，企業ブランドのシンボルとして長期的に活用することも有効である。このように，効果音型のサウンドロゴを長期的に活用したり，同一企業の異なる製品ブランド間で統一して活用をすることで，ブランドの認知を促進することが可能になっている（海老原・進藤，2013）。

　加えて，企業には，それぞれ特有のノイズがあることも注目に値する。たとえば，機械メーカーにおけるドリルの音や，交通機関における電車の音などである。これらのノイズを活用したサウンドのブランディングを展開し，ユーザーとのコミュニケーションを確立することも可能である（松下・進藤，2020）。

10-5　AI の浸透によるブランドの意義の破壊と変化

　続けて，デジタル技術がブランドへ与える影響について，AI に着目して見ていこう。

　AI の技術は，日常生活で活用されるようになってきた。家庭で，掃除ロボットや自動運転車，AI スピーカーなどの AI を活用した製品を使うシーンは増えている。この AI スピーカーは，近い将来，AI アシスタントに進化することが想定されている。AI アシスタントとは，その名の通り，生活者の日常を支える，助手である。買い物をする場合に，従来の EC サイトを使ったショッピングでは，生活者が自分で，自宅の日用品の欠品を確認し，必要な商品をクリックして注文する必要があった。注文にあたっては，良く買う，なじみのブランドを指定して買うことが多かっただろう。しかし，将来的には，AI アシスタントが生活者に代わり，自宅の欠品を確認し，必要な商品を大量の情報を用いて適切に選択して購買してくれるようになる。

　AI アシスタントは，商品の品質がよく，ニーズに合っているなら，ブランドには執着しないで，購買するだろう。こうした時代になると，従来のブランドのあり方は変化し，伝統的な意味でのブランド価値は下がるかもしれない。AI アシスタントは，ブランドに頼ることなく，データを用いて顧客のニーズを的確に満たすようになる。そうなれば，企業が実行するブランド戦略の対象は，生活者ではなく，AI アシスタントになるだろう。AI アシスタントに対し，強力なブランディングを展開すれば，その企業の商品が AI アシスタントによって選択される可能性が高まるからである（ダワル，2019）。

　以上のように，ブランドが品質などについてのシグナル機能を生活者に提供することで意思決定プロセスを簡便化するという認知的機能は，AI により将来的には意味を失う可能性がある（久保田他，2019）。

ケーススタディ⑩

BEAMS　デジタル時代にも光り輝くブランド

　デジタル時代に強力なブランドを展開している BEAMS のケースについ

て述べる。

BEAMS は設楽洋氏らにより1976年に原宿で創業された。 1 号店は「アメリカンライフショップ ビームス」と名付けられた6.5坪の店だった。BEAMS は，付加価値を与えるライフスタイル提案をめざしており，ファッションというより「アメリカのライフスタイルを売る店」としてスタートした（FASHIONSNAP, 2010）。

BEAMS というブランド名は，設楽氏の父の会社名「新光」の「光」からとったが，設楽氏はこれに 3 つの意味を持たせていた。 1 つ目は「光線」で，まだ光の当たっていないものに光を当てて世の中に出していこうという思いである。 2 つ目は「梁」で，そこに参加する人々が人の文字のように組み合わさって支え合って提案していこうというものである。 3 つ目は「beaming face」で，光り輝く笑顔の意味であり世の中を笑顔にしていこうという気持ちが込められている。また，ブランドカラーのオレンジ色は，あたたかい太陽の色をイメージしている（FASHIONSNAP, 2010）。

企業理念としては，公式サイトで，「我々 BEAMS はモノを通して文化をつくるカルチャーショップを目指しています。即ち，モノを手に入れた満足感の先にある，そのモノが生まれた背景や時代性といったことを含む情報を共有することで，物質的満足以上の価値を提供するということです」と述べられている（BEAMS, n.d.）。

BEAMS はセレクトショップであり，強みは，時代の色に合わせることが可能なところにある。創業者のイメージやレガシーを活かしてひとつのスタイルを突き詰めていくという他のファッションブランドとは異なり，常に変化していく存在として自らのブランドを規定しており，デジタルに対しても，積極的で柔軟な対応を行っている（FASHIONSNAP, 2010）。

デジタルへの対応として，設楽氏は，モノや情報があふれている現在だからこそ，多くのモノの中からその人にあったものを提案する役割が重要である，と述べている。そうしたキュレーション力があるのがセレクトショップである BEAMS の強みとなっている（尾原, 2021）。

EC についても BEAMS は力を入れており，キュレーション力を生かした展開をしている。EC 比率は近い将来に50％になることを見込んでいる（尾

原, 2021)。しかし, リアル店舗も大切にしている。さらに, 顧客がリアル店舗と EC サイトの両方を行き来することを想定して, 顧客がリアル店舗で行うお気に入り登録を用いて, EC サイトでもおすすめを提示できるアルゴリズムを導入している（日本経済新聞, 2022)。

　他にも BEAMS はさまざまなデジタル施策を実施している。2021年には Netflix とのコラボ商品を発表し, 2020年には「バーチャルマーケット (Vket)」に出店している。この「バーチャルマーケット」は HIKKY が展開する世界最大級の VR イベントである。メタバース上にある会場で, アバターなどの3D アイテムやリアル商品を売り買いでき, 2018年に第 1 回が開催されている（HIKKY, 2021)。BEAMS はこの「バーチャルマーケット」に 2020年の第 5 回から参加している。参加にあたっては, BEAMS の原宿の店舗を模したバーチャルショップをオープンした。BEAMS のバーチャルショップの特徴は, 仮想空間内で現実のスタッフがアバターを使ってリアルタイムに接客するところにある。品ぞろえとしては, リアルな限定商品に加え, デジタル商品の販売も行った。続く2021年の第 6 回では, アバターの販売に力を入れ, 大きな売上を記録している（日経トレンディ, 2022)。

　以上のように BEAMS は, 常に生活者サイドに立脚した流行発信体 (BEAMS, n.d.) として, キュレーションのプロフェッショナルとして, ブランドを守り発展させ, デジタル時代においても光り輝く存在となっている。

まとめ

　この章では, デジタル時代のブランドについて考察した。まず, ブランドの定義と概念について確認したあと, 顧客と共創するデジタル時代のブランドについて見た。そのあとで, 新しい技術の導入によるブランドの進化について確認した。最後にデジタル時代にますます発展するブランドとして BEAMS のケースを見た。AI アシスタントの進化などで従来型のブランドの意義はなくなる日が来るかもしれないが, ブランドは新しい定義を得て, 企業にとって重要なものであり続ける。

第3部

デジタルコミュニケーションを推進する

第3部の概要

第3部では，デジタル時代のコミュニケーションについて扱っている。コミュニケーションを「共有する行為」，コミュニティを「共有した状態」，メディアを「媒介するもの」ととらえて，解説する。

第11章では，このデジタルコミュニケーションの全体概念を示すとともに，デジタル時代のネットワーク，インタフェース，コンテンツについて扱う。そして，デジタル時代のコンテンツホルダの成功例と，メタバースについて見ていく。

第12章では，デジタルコミュニティについて扱う。コミュニティとは何かについて考えた後，さまざまなデジタルコミュニティについて見ていく。

第13章では，デジタルメディアについて扱う。伝統メディアのデジタルトランスフォーメーションについて見た後，デジタル時代のメディアとして，動画配信サービスなどについて見ていく。さらにデジタルジャーナリズムについても検討する。

第14章では，デジタルソーシャルグッドについて扱う。第3部の最終章にあたる，デジタル時代のコミュニケーションにおいて欠かせない概念である，ソーシャルグッドを，デジタル技術を用いてどう実現するかについて考えることで，第3部のまとめとする。

価値の伝達：
デジタルコミュニケーション

> 同胞への，愛する者たちへの同情，愛
>
> レフ N. トルストイ，望月哲男訳（2021）『戦争と平和』

はじめに

　本書の第3部（11章〜14章）では，デジタル時代のコミュニケーションについて扱っている。コミュニケーションを「共有する行為」，コミュニティを「共有した状態」，メディアを「媒介するもの」と，とらえて，解説する。

　この11章では，コミュニケーションの概念を示すとともに，デジタル時代のネットワーク，インタフェース，コンテンツについて扱う。なお，ネットワークは「接続された網状の広がり」，インタフェースは「共用部分，界面，接触面」，コンテンツは「人間の著作物や作品，クリエイティブ」と，とらえている。

　そして，デジタル時代のコンテンツホルダの成功例や，メタバースについて見ていく。

11-1　コミュニケーションに関連する用語の定義

　「コミュニケーション」とはどんな意味を持つ言葉なのだろうか。communication という英語は，共に，を意味する接頭辞 com と，分かち合う，を意味する municate が結合してできた言葉である（渡辺, 2021）。ここから，「共有する行為」を communication というようになった。「コミュニケーション」の定義は多々あるが，「人と人との間で，意図を持ってなされる，情報伝達の行為」という定義が一般には知られている。しかし IT の領域では，人と人の間ではなくコンピュータの動作も，「コミュニケーション」に含めている（辻他, 2014）。

　本書では「コミュニケーション」を広くとらえて，「共有する行為」と定義する。これに対し「共有した状態」については「コミュニティ」という言葉が使われる（渡辺, 2021）。

　「コミュニティ」という言葉は，もともと，生きるために必要な仕事を積極的に分担しあいお互いに奉仕しあうような，強いコミットを求める関係性を意味する語であった。広井（2009）は，コミュニティのこうした側面に着目して，「コミュニティ」を，「構成メンバーの間に一定の連帯ないし相互扶助（支え合い）の意識が働いているような集団」である，と定義している。現代日本におけるコミュニティは，地域コミュニティ，専門家や同じ関心を持つ人々からなるコミュニティ，サイバー空間のコミュニティなどの多様なコミュニティが重なり合って展開しており，より広い意味を持つようになっている（進藤, 2013）。この，コミュニティについては，12章で詳しく扱う。

　さて，「コミュニケーション」が「共有する行為」，「コミュニティ」が「共有した状態」であるとすると，関連した言葉である，「メディア」や「ネットワーク」，「インタフェース」や「コンテンツ」はどんな意味を持つのだろうか。

　英語の media という言葉は medium（単数）の複数形である。medium の語源はギリシア語，ラテン語の medius であり，神様からのメッセージを運ぶ人を意味した。現在では media は「中間」「媒体」「媒介物」「手法」「マスコミ」といった意味で用いられる（進藤, 2013）。この，「メディア」について本書では，「媒介するもの」ととらえて，13章で詳しく扱う。

　一方，network はもともと網を意味する言葉から生まれて，「複数の要素が互いに接続された網状の構造」のことをいうようになった。一般的には，

人間関係の広がりのことや，組織や集団，拠点などの間のつながりや体系，交通機関や道路などの地理的な構造（交通網）なども「ネットワーク」と呼ばれる。IT の分野では，複数のコンピュータや電子機器などをつないで信号やデータ，情報をやりとりすることができるコンピュータネットワークあるいは通信ネットワークのことを意味する。こうしたネットワーク状の構造を構成する各要素のことをノードと言い，ノード間のつながりのことをリンク，エッジと言う（e-Words, n.d.）。以上から，「ネットワーク」は「接続された網状の広がり」であるということができる。

　また，異なる種類のものを結びつけるときの共用部分，界面，接触面は interface,「インタフェース」と呼ばれる（小学館, n.d.a）。「インタフェース」は「共用部分，界面，接触面」であるということができる。

　そして，メディアやネットワークに乗って運ばれるのが，content,「コンテンツ」である。コンテンツは，もともと，中身を意味する言葉だが，デジタル時代になって，人間の著作物や作品，クリエイティブを意味するようになった。コンテンツを活用したマーケティングは生活者の心を動かし，エンゲージメントを作り出すことができるという強みを持つ。以上から「コンテンツ」は「人間の著作物や作品，クリエイティブ」であるということができる。

　コミュニケーションに関連する用語の定義については，表11-1にまとめている。これらの，「ネットワーク」，「インタフェース」，「コンテンツ」について，デジタル時代ではどのようなものになっているかについて，以下で詳しく見ていく。

表11-1　コミュニケーションに関連する用語の定義

抽象度が高い用語	コミュニケーション	：共有する行為
	コミュニティ	：共有した状態
具体性が高い用語	メディア	：媒介するもの
	ネットワーク	：接続された網状の広がり
	インタフェース	：共用部分，界面，接触面
	コンテンツ	：人間の著作物や作品，クリエイティブ

（出所）各種資料より筆者作成

11-2　デジタルネットワーク

　デジタル時代の「ネットワーク」について考えるにあたり，電気通信とは何か，確認するところからはじめたい。電気通信とは telecommunications の訳語であり，tele，すなわち，遠隔と，communications を合わせた言葉になっている。遠いところをつなげるコミュニケーションを，電気通信と呼んでいる。この電気通信の実用化は1700年代ころからはじまり，1837年にはモールス電信が開発されて，有線式の電気通信が発展していった。日本では1869年に東京―横浜間で電信線の工事がはじまり，1890年に有線電話サービスがはじまった（日本 ITU 協会，2018）。

　現代における代表的な電気通信のサービスは，電話とインターネットであろう。インターネットに関しては第 2 章で詳述したので，ここでは，電話について述べる。電話は身近なコミュニケーションツールとして長い間，利用されており，固定電話，IP 電話，携帯電話など多彩なサービス形態で提供されている（総務省，n.d.）。しかし，近年ではすべてのネットワークが IP 化しつつある。例えば，NTT は交換機を用いた固定電話網については2024年に IP 網に移行する予定である（NTT 東日本，n.d.）。

　現在は電気通信のなかでも，携帯電話（モバイル）が現在では最も人々のコミュニケーションで使われているので，これについて詳しく見ていこう。そもそも，携帯電話とは，電波を使用して無線で通信を可能にする移動電話サービスのことである。携帯電話は個人が場所に依存せず自分専用の通信手段を確保することを可能にするという革新的な意味を持っていた（進藤，2007；神崎他，2006）。

　日本で最初に誕生した移動可能な無線電話は1953年に日本電信電話公社（現　日本電信電話株式会社，NTT）が提供開始した港湾電話サービスであった。そして1979年には自動車電話サービスを開始している（第 1 世代，1G）。1993年には日本独自の規格：PDC（Personal Digital Cellular）によるデジタル携帯電話サービス（第 2 世代，2G）がはじまった。1999年には IDO が cdmaOne（第2.5世代，2.5G）サービスを開始している。

　当初，携帯電話の端末はレンタルのみで買い取りができなかったが，その

後，端末の買い取りが可能になったことや，i-mode のサービス開始（1999年）等により，携帯電話の普及は加速していった。1991年には53万契約であったのが，2000年には固定電話の加入者数を上回った。サービスも第 3 世代（3G），第 4 世代（4G），第 5 世代（5G）と進化し，2021年 6 月における携帯電話の契約数は，1 億8963万6900契約に達している（電気通信事業者協会，2021）。

　次に携帯電話の業界構造を見てみよう。日本においては1985年に日本電信電話公社が民営化して NTT が誕生し，1988年には，通信産業に競争原理が導入されて新規参入業者（IDO，DDI）が事業を開始した。NTT ドコモは1992年に営業を開始した。NTT 本体は1999年に 4 社に分割，再編された。そして2000年には KDD，DDI，IDO の 3 社の合併により KDDI が誕生し，au の統一ブランドによる携帯電話サービスを開始した。一方ソフトバンクは2001年にブロードバンド事業を開始，2003年には日本テレコムを買収，さらに2006年にはボーダフォンを買収し，携帯電話サービスを発展させていった。2021年 6 月における契約数は，NTT ドコモ8291万6500，au 6056万7200，ソフトバンク4615万3200となっている（電気通信事業者協会，2021）。

　以上のような経緯を経て，日本の通信産業は固定電話，携帯電話，インターネット事業を総合的に提供可能な 3 つのグループに再編された。再編が進んだ背景には，価格破壊による利益率の低下や大型化する投資への対応，統合サービスの提供によって顧客を囲い込もうという思惑もあった（総務省，2007）（図11-1）。

　さて，現在の携帯電話について考えるとき，デジタルコミュニケーションを進化させる第 5 世代（5G）の技術が重要であるので，その点について詳しく見ていこう。携帯電話のシステムは，音声主体のアナログ通信であった1G，パケット通信に対応した2G，世界共通の方式となった3G，LTE-Advanced 等の4G と発展し，5G に至っている。5G は通信の高速化を実現するとともに，IoT の基盤としても，期待されている。さらに5G は多数同時接続，超低遅延といった特徴を持っている。この多数同時接続とは，基地局 1 台から同時に接続できる端末を従来に比べて飛躍的に増やせることを意味しているため，IoT の機器やセンサーを多数ネットに接続することを可能にする。また，超低遅延は，通信ネットワークにおける遅延を極めて小さく

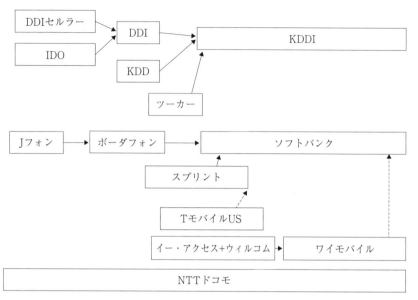

（出所）各種資料より著者作成

図11-1　携帯電話業界のプレイヤーの再編

抑えられることを意味しているため，自動運転車のように高い安全性が求められ，かつリアルタイム通信が必要なサービスを可能にする。このように，5Gはデジタルマーケティング推進の重要な基盤となっている（総務省，2018）。

11-3　デジタルインタフェース

　ここまで，デジタルネットワーク，そのなかでも，携帯電話の進化について見てきた。現代人は，携帯電話端末であるスマートフォンを日々，通話だけでなく，小売店での決済などさまざまな場面で使っており，このデバイスに触れずに1日を過ごすことが難しいとさえいえる状況になっている。そのため，スマートフォンのような「デバイス」と，その「インタフェース」について考えるのは非常に重要になっている。そこで，次に，インタフェース

について見ていく。

11-3-1　人とコンピュータの未来のインタフェース

　そもそも「インタフェース」とは，異なる種類のものを結びつけるときの共用部分，界面，接触面のことをさす（小学館, n.d.a.）。これを発展させた言葉に，ヒューマンインタフェースがあり，人と技術の接点，境界面のことをいう。利用者にとっては，進歩した革新的なデバイスを渡されてもその中身はわからないので，インタフェースだけが知覚され，行為はそこでおこる。ここから，人間にとってのコンピュータとは，インタフェースのことであり，人にとってはインタフェースがすべてであるともいえる（渡邊, 2015）。そして，現代において，人々が最も接しているヒューマンインタフェースが，スマートフォンであろう。

　スマートフォンは，現代を代表する「デバイス」であり，スマートデバイスの一種である。スマートデバイスは，(1)ナチュラルユーザーインタフェースを搭載して，タッチパネルや音声認識，ジェスチャー認識など，触る，なぞる，話す，動くといった，人にとって自然な操作ができる　(2)センサー機器を利用した情報取得が可能で，位置情報（GPS など）や環境情報（気温など），生体情報（体温や脈拍など）を，利用者に代わってセンサー機器が自動的に取得できる，という特徴がある（野村総合研究所, 2013）。

　さて，現在の代表的なデバイス，ヒューマンインタフェース，がスマートフォンであることは疑いないが，将来的にはどうなのだろう。より，発展したヒューマンインタフェースが登場してくるのは確かだろうが，どんな可能性があるかを，次に検討していく。

　ひとつの可能性は，ブレインマシンインタフェース（BMI）であろう。ブレインマシンインタフェースとは，人間の脳と機械をつなぐ技術であり，頭に浮かんだ言葉や意思を機械が読み取って伝えたり，頭で考えるだけでモノを動かすといったことを実現する技術である。これまでも人間は，眼鏡や補聴器などの力を借りて失われた能力を補ってきたが，ブレインマシンインタフェースを活用すれば，人間の能力は，大きく拡張できる。たとえば，ALS などの難病で体が不自由な人が，脳に浮かぶ言葉を，自由に伝えるこ

とを可能にする（日本経済新聞，2017）。

　産業技術総合研究所が開発した，非侵襲型意思伝達支援装置「ニューロコ
ミュニケーター」はブレインマシンインターフェースの実現例として知られて
いる（長谷川，n.d.）。また，イーロン・マスクが2016年に設立したニューラリン
クは，ブレインマシンインタフェースを頭に埋め込み，記憶障害，難聴，抑う
つ，不眠，依存症，脳卒中，麻痺，発作など，さまざまな神経疾患を解決する
ことをめざしている。マスクは，2020年には埋め込み型デバイスのプロトタイ
プ「リンク0.9」を発表している。これは，幅23ミリ，厚さ８ミリのデバイス
で，1024本の電極を持ち，６軸慣性測定ユニット，体温センサー，血圧セン
サーなどが搭載され，内蔵バッテリーで１日動作し，Bluetooth によって無線
通信するものだ（松岡，2020）。

　さらに，テレパシー通信にも期待が寄せられている。テレパシー通信と
は，テレパシーのように，考えただけで，自分の思考が他の人々に伝わる技
術のことである。これは，ブレインマシンインタフェース技術を使い，頭に
チップを搭載したマシンを装着したり（非侵襲型），脳にチップを直接埋め込
んだりする（侵襲型）ことで実現できる。テレパシー通信は革命的なコミュ
ニケーション方法となりえるものである。人間の思考をオープン化すること
により，これまで想像もしなかった進化が可能になる。しかし，一方で，人
が心の中で考えていることや，秘密の考えが，本人の了解なしに開示され，
プライバシーが究極的に脅かされる可能性もある（日本経済新聞，2017）。

　その他の，新たなヒューマンインタフェースとして，サイバネティックア
バターの提案もなされている。サイバネティックアバターは，自分の代わり
としてのロボットやアバターに，人の身体的能力，認知能力及び知覚能力を
加えて拡張する技術の概念である。サイバネティクアバターを使えば，サイ
バーとフィジカルが融合する空間で，人間にはこれまで不可能とされてきた
ことも実行できるようになる。サイバネティクアバターの実用化には日本の
内閣府のムーンショット目標として示されており，2050年までに，実現す
ることをめざしている。このヒューマンインタフェースが実現すれば，望む
人は誰でも身体的能力，認知能力，知覚能力を大きく拡張できるようになる
だろう（内閣府，n.d.）。

11-3-2　ユーザーエクスペリエンス戦略，顧客エンゲージメント

　前項では，少し未来の話まで行ってしまったが，この項では，現在に時計の針を戻して，デジタルインタフェースを用いて，マーケターが，現実の顧客のエンゲージメントを獲得する方法について考えよう。

　デジタルインタフェースを用いて，現実の顧客のエンゲージメントを獲得したい場合，最も重要になるのは，顧客に良いユーザーエクスペリエンス（UX）を提供することではないだろうか。残念ながら，今でも，多くの生活者が，ユーザーエクスペリエンスの質の低さからブランドを乗り換えている。

　この，ユーザーエクスペリエンスとは，生活者の体験のことである。生活者を引き付けるためには，優れたユーザーエクスペリエンスをデザインしなければならない。そのためには，生活者の体験価値を定義し，新しい知覚を広げ，自己拡張感を与え，体験を拡張するという目標に向けて，モノやサービスをデザインしなければならない（渡邊，2015）。

　デバイスに関しては，生活者の意識に上らなくなることが理想とされている。なぜなら，道具であるデバイスが意識に上るのは，何か問題が発生したときであり，問題が起きなければ，道具を意識しないで，生活者がやりたいと思ったことに集中できるからだ。さらに，現在では，サイバーフィジカルコンバージェンスが進んだため，ユーザーエクスペリエンスデザインの対象もサイバーワールドとフィジカルワールド双方にわたるようになった（渡邊，2015）。サイバーワールドとフィジカルワールドにおいて，優れたユーザーエクスペリエンスデザインを行うことができた企業は，顧客とのエンゲージメントを結ぶことに成功するだろう。

　ユーザーエクスペリエンスデザインに，企業として取り組む場合には，カスタマージャーニーマップやカスタマーエクスペリエンスマップを作ることが有効であるとされている（レヴィ，2016）。カスタマージャーニーとは，消費者が購買決定に至るまでのプロセスを旅にたとえた考え方である。コトラー他（2020）は，カスタマージャーニーのモデルとして5A を提唱している。すなわち，Aware（認知：顧客がブランドを知る），Appeal（訴求：企業のブランド訴求に顧客が反応する），Ask（調査：顧客が魅力を感じたブランドについて，デ

ジタルとフィジカルを行き来しながら調べる），Act（行動：顧客は行動を決意する），Advocate（推奨：顧客は時とともにブランドに対しロイヤルティを持つようになり，他者への推薦も行う），という5段階である。しかし，カスタマージャーニーは，固定的ではなく，顧客がすべての段階を通り抜けるわけでもないことには注意が必要だ（コトラー他，2020）。

11-3-3　経験価値を使って伝える：AR，MR，VR

　次に，経験価値を提供するインタフェースについてまとめておこう。ここでいう経験とは過去の体験という意味ではなく，顧客が感じる身体的・精神的・美的な感動や共感のことをいう。感動を与える経験に対して，人は進んでその代価を支払う。その価値を経験価値とよび，現代の経済において重要なキーワードになっている（パイン他，2000）。

　デジタルで経験価値を提供するインタフェースの代表的なものとして，xR について見ていこう。xR とは，現実世界において実際には存在しないものを，表現・体験できる技術をいう。そう遠くない将来，インターネット上で我々が行う活動の大半は，xR を通して行うようになるという予測もある（ベイレンソン，2018）。

　xR には，AR，MR，VR がある。AR（Augmented Reality）は，拡張現実のことである。スマートフォンなどを利用して，切り取った現実世界に仮想の情報を重ね合わせる技術で，カメラ等から入力された実際の映像の手前にコンピュータ画像を表示することができる（総務省，2017）。

　MR（Mixed Reality）は複合現実のことである。メガネやヘッドマウントディスプレイなどを通じて視界全体に広がる現実世界に仮想の情報を重ね合わせる技術である。複数名で同一の映像の確認ができるため，複数の人が協力して行う作業に適している（総務省，2017）。

　VR（Virtual Reality）は仮想現実のことである。ヘッドマウントディスプレイなどを使って現実世界の情報を遮断し，現実とは別の仮想世界に没入することができる技術である。空想的な風景の可視化や，実現が難しい事象の体験を容易にする（総務省，2017）。

　AR と VR についてさらに詳しく見ていこう。

　AR はデジタルデータを物理世界に重ね合わせる技術で，可視化，指示や案内，相互作用などにすぐれている。AR は，マーケティングでは，製品開発，製造，サービスなどの多様な分野で活用できる。開発中の製品を現実空間に重ね合わせて確認できれば製品開発をよりスムーズに行うことができるだろう。なお，現在は AR を使う際にはスマートフォン越しに使うことが多いが，スマートグラスを使うことにより，AR はより幅広く活用できると予想されている（ポーター他，2019）。

　次に VR について見てみる。日本バーチャルリアリティ学会（2012）は，Virtual とは，みかけや形は原物そのものではないが，本質的あるいは効果としては現実であり原物であることであると定義している。ここから，バーチャルリアリティは人間の能力拡張のための道具であり，現実世界の本質を時空の制約を超えて人間に伝えるものであるとしている。

　VR の特徴は(1)「経験」による理解（教育効果）　(2)心を揺さぶられる体験（感情・感動）　(3)物理的・時間的制約からの解放（コスト削減）　が提供できることにある（映像産業振興機構，2018）。VR が広く活用されるようになれば，我々の生活の仕組みやコミュニケーションの方法は根底から変わる可能性がある。

　しかし現在の VR 用のヘッドマウントディスプレイは重たく邪魔で，不快なもので，周囲の人からひとりでおかしなことをしているとみられることもある。デジタル技術は本来不可視でなくてはならない。新しい技術がユーザーにとって価値をもたらすのは，軋轢のないスムーズな経験を実現できるときである（コトラー他，2020）。この点まだ VR には改善すべき点が多い。

　こうした点に配慮した VR の例としては，Lockheed Martin の「Field Trip to Mars」（2016）が知られている。子供たちの通学バスの窓に VR の装置をとりつけてスクリーンとし，火星の VR を映すことで，バスに乗って移動している子供たちが，あたかも，火星の中を走っているかのような経験ができるというものだ。未来を担う子供たちに，火星に行く夢を現実として感じさせて将来への希望を持たせる目的で行われたものだ。ヘッドマウントディスプレイをつけて孤独に体験するのではなく，バスの中で友人たちと一緒に VR 体験できたことに大きな意味があった。

　VR の発展形についてのメタバースについては，この章の最後で，別途，詳述する。

11-4　デジタルコンテンツマーケティング

　ここまでは，ネットワークとインタフェースについて述べてきたが，続けて，中身であるコンテンツを使ったマーケティングについて見ていこう。

　コンテンツは，もともと，中身を意味する言葉だが，デジタルマーケティングにおいては，人間の著作物や作品，クリエイティブを意味する。こうした著作物，すなわち，音楽や映像やゲームや書籍などを人々に見たり買ったりしてもらうために，コンテンツホルダ（コンテンツの製作者）が行うマーケティングを，コンテンツマーケティングという。

　しかし，より広く認知されている，コンテンツマーケティングの意味は，上記のような，コンテンツホルダにとってのコンテンツマーケティングの意味ではない。一般企業にとってのコンテンツマーケティングの定義は，「価値，関連性，一貫性のあるコンテンツを作成して配信することに重点を置いた戦略的マーケティングアプローチであって，明確に定義されたユーザーを引きつけて維持し，最終的には収益性の高い顧客行動を促進する手法」(Content Marketing Institute, n.d.；Lucy, 2021) である。つまり，コンテンツマーケティングは，コンテンツを活用して自社製品や自社へのファンを増やし，ブランドリフトを実現し，ひいては利益を増加させることを狙うマーケティング手法 (Lucy, 2021) と，一般にはとらえられている。

　この項では，この 2 つのコンテンツマーケティングへの考え方を共に採用しながら，デジタルコミュニケーションの一環としてのコンテンツマーケティングの具体的な方法を提示していく。

11-4-1　物語を使って伝える

　コンテンツマーケティングの定義 2 つのいずれと考える場合においても，コアにあるのは，何らかの形での，ストーリー，物語である。では，物語とはいったい何だろう。物語とは，「さまざまの事柄について話すこと。語り

合うこと。また，その内容」「特定の事柄の一部始終や古くから語り伝えられた話をすること。また，その話」「作者の見聞や想像をもとに，人物・事件について語る形式で叙述した散文の文学作品」を意味する（小学館, n.d.b.）。

　コンテンツホルダにとって物語はもともと重要だが，一般企業にとっても，価値を伝えるために，何らかのかたちでストーリー，物語を使うことが，現代では重要になっている。

　では，なぜ，物語が重要なのか。物語形式が，人間の経験において原初的であるため，人々の時間的経験を表現できるからとされている（東方, 2009）。物語を使ったコミュニケーションを行うことで，企業は，消費者の興味を呼び起こすことができ，感情を動かすことができ，自分のこととしてとらえてもらうことができる。また，物語という文脈でメッセージを伝えることができるので，企業が伝えたいことが，消費者の長期の記憶に残る（山川, 2007）。

　このような物語の特色は，企業のマーケティング活動で活用できるが，それ以外の分野，たとえば医療や宗教でも活用できる。

　医療における物語の活用は，ナラティブベイスドメディスンと呼ばれる。これはナラティブ，すなわち物語という観点から，医療を見直すものであり，患者の語る病いの体験の物語を尊重するという考え方である。現代医学の主流は，科学的根拠に基づく医療，すなわち，エビデンスベイスドメディスンである。が，それだけでいいのかという疑問が生まれている。個人の病状を，データだけで見ることで，見落とされるものがある。医療に人間的な視点を導入し，患者と医療従事者の関係性を作りだせば，それ自体が癒しに貢献すると言われている（斎藤, 2001）。

　宗教でも物語は活用されている。キリスト教の聖典である，『新約聖書』の4つの福音書は，物語形式をとって書かれている。キリスト教の最も重要な内容であるキリスト論が，物語形式，すなわち，イエス・キリストの誕生，生涯，奇跡，説教，十字架上の死と復活，という物語として書かれている。それは，人間の経験は，過去・現在・未来の3つの時間様式によって決定されており，この時間様式が物語形式を必要としているからである（東方, 1995）。

　このように，物語とは人間にとって重要なものだが，改めて，企業が物語を活用するにはどうしたらよいのか考えてみよう。企業による物語を活用したマーケティングは，まず，(1)物語で売る　(2)物語を売る　の 2 つの方向がある。(1)物語で売るは，物語を使って，企業の製品を売ることを意味する。例えば，既存の物語を使って，もしくは，新しく物語を作って，連作の動画広告を制作して，企業の製品の売上増をめざすような活動である。一方(2)物語を売るは，コンテンツホルダが，物語そのものを製品として売ることを意味する。例えば，映画会社が映画を製作して売上を得ることをめざすような活動である。

　いずれの場合であっても，物語を作るという作業は必要である。物語を作ることはナラティブプランニングと呼ばれる。ナラティブプランニングは，物語の世界観（世界についての統一的な見方・考え方）を作り，登場人物を創造することから始める。続けて主人公だけでなく，敵対者，協力者なども作る。そして，物語の流れを考えて，物語を完成させたら，物語の伝達方法や，製品化について考えるという手順を踏む（山川，2007）。

　物語をマーケティングに導入することができたら，次は，拡大することを考えよう。拡大をめざすマーケティングはエクステンドマーケティングというが，拡大するのは，物語そのものの場合もあれば，世界観の場合もある。こうした拡大により，これまでリーチできなかったターゲットにリーチできたり，グローバル市場に展開することが可能になる（キャラクターマーケティングプロジェクト，2002）。拡大していく上で，デジタル時代において，特に重要なのが顧客の参加だ。顧客の語る物語を取りこむことに，注力しなければならない（山川，2007）。

11-4-2　キャラクターを使って伝える

　次に，物語を伝えてくれる存在であるキャラクターについて見ていこう。

　そもそも，キャラクターとは何だろう。いろいろな意味があるが，コンテンツマーケティングにおけるキャラクターとは，メディアに出稿される作品，広告，商品などに登場する，人物，動物，植物などをさす。これを活用したコンテンツマーケティングは，キャラクターマーケティングと呼ばれ

る。キャラクターを有効活用して展開するマーケティングであり，ライセンスビジネスでもある。なお，ライセンスとは，著作物に関して著作権者が使用者に与える使用権の許諾のことをいう（キャラクターマーケティングプロジェクト，2002）。

コンテンツや物語にとって，キャラクターは不可欠なものである。

だが，現代において，特に，日本で，なぜ，キャラクターマーケティングが重要になってきているのだろうか。それにはいくつかの理由がある。まず，キャラクターは人物，動物などの形をとるので，それ自身がコミュニケーション能力を持っている。また，日本人は世界の中でも特にキャラクターを好んでおり，大人になっても，キャラクターグッズを使い続ける傾向がある。さらに，キャラクターが世界へ発信できる日本の文化に成長しているということもある（キャラクターマーケティングプロジェクト，2002）。

では，キャラクターマーケティングの目的は何だろうか。目的としては，(1)認知効果が期待でき，広告などを通じて製品の認知度を高めることができる　(2)販売効果が期待でき，製品そのものの販売量アップができる　(3)イメージアップ効果が期待でき，キャラクターを採用した企業や製品に良いイメージを加えることができる　(4)ターゲットコミュニケーション効果が期待でき，製品のターゲット客を引きつけることができる　などがある（キャラクターマーケティングプロジェクト，2002）。

なお，キャラクターは，その生まれと育ちからおおむね3つに分けられる。(1)作品キャラクターは，作家による作品の登場人物として生まれ，その後，コンテンツホルダである出版社やアニメ会社などがプロデュースして展開するものである。(2)マーチャンダイジングキャラクターは，デザイン会社などに所属するデザイナーが，ライセンスフィーを目的に生み出し，他社にライセンスをしたり，製品を販売したりして展開するものである。(3)PRキャラクターは，企業のブランド計画の一環として，コーポレートコミュニケーションを行うために，委託されたデザイナーが生み出し，企業のブランディングや製品の販売促進の目的で展開するものである。

(1)作品キャラクターは作家によるクリエーションとして生まれるが，(2)マーチャンダイジングキャラクターと，(3)PRキャラクターは，そもそも

ビジネスを前提に生まれるので，トレンド分析や企業の戦略を考慮してデザインされる。こうしたキャラクターは，世の中の空気を如実に反映する。たとえば，以前は，日本でもヒロイックなキャラクターが人気だったが，現在は，生活者に癒しを与えるキャラクターの人気が高い（キャラクターマーケティングプロジェクト，2002）。

　この，(2)マーチャンダイジングキャラクターを提供している代表的な企業に，サンリオがある。サンリオは，1960年に設立されて以来，グローバルに展開している。世界的に知られたキャラクターであるハローキティは，1974年に誕生し，現代まで人気を保っているが，その背景には，時代に応じてデザインを変えてきたことや，積極的なコラボレーション，自由なデザインを許容してきたことなどがあった。結果，子供のころからのファンが，母親になって娘へその思いを引き継ぐという世代間の継承が行われている。また，ハローキティはYouTuberとして活躍するなど，ソーシャルメディアも積極的に活用している（サンリオ，n.d.）。

　ソーシャルメディア上でのキャラクターの活用は重要になっている。Twitter，Instagram，YouTube等のソーシャルメディア上で，キャラクターを使うことで，生活者とのコミュニケーションが，スムーズに，活発になることが期待されている。

　ソーシャルメディア上のキャラクター，すなわちソーシャルメディアキャラクターは，当初は消費者に身近な小売業などで用いられることが多かった。しかし，現在では不動産や大学などの高関与で高価格な製品やサービスでも，活用されている。たとえば，不動産業であるリクルート住まいカンパニーのTwitterアカウントには，SUUMO〈公式〉（@suumo_recruit）とスーモ（@suumo）がある。SUUMO〈公式〉は，リクルートの住宅情報サイト「SUUMO」の公式アカウントで，SUUMO関連の情報やお知らせをつぶやいている。スーモは，リクルートのキャラクターによる公式アカウントで，スーモが日常体験したことや感じたことをつぶやいている。このスーモのツイートには，季節感のあるかわいらしいイラストがつけられており，生活者にとって，親しみやすいものになっている（進藤他，2015）。

ケーススタディ⑪

講談社　デジタル時代のコンテンツホルダの成功例

　デジタル時代のコンテンツホルダの成功例として，講談社のケースを見ていこう。

　雑誌は，デジタル化，メディア環境の変化の影響を最も大きく受けた伝統メディアのひとつである。生活者が主としてスマートフォンなどで情報を得るようになったため，紙の雑誌に関する限り市場環境は厳しい。雑誌各社は，そうした環境を逆手にとり，また，もともと持っている強みを活かしてデジタルトランスフォーメーション（DX）に積極的にチャレンジしている。

　講談社は2015年に「出版の再発明」を宣言し，コンテンツを核にデジタル化を推進し，大きな成果を上げている。このDXを推進する講談社 ライツ・メディアビジネス局次長兼IT戦略企画室次長 長崎亘宏氏に対し，2019年1月16日にインタビューを行った。長崎氏は，講談社は読者の性年代，ライフスタイルなどに合わせて50を超える大小さまざまなメディアが存在している，いわゆるハニカム（蜂の巣）構造になっていると説明した。こうしたバーティカル（独立した）展開のもと，コンテンツを基点に社内との横連携や，社外との協業が行われているとのことであった。

　長崎氏は，出版社らしいDXを成功させる2つのファクターはコンテンツ資産とデータ資産であり，雑誌ブランドの傘下で，オンラインによる多様なコンテンツ配信と読者データを取得することが重要になると指摘した。今後の出版社コンテンツのビジネス拡張にあたっては，B2Cでは利用者課金やサブスクリプションモデル，B2Bでは，デジタル広告ビジネスとライツビジネスが重要になるとのことであった。

　広告ビジネスの面では，講談社はデジタル広告にシフトしており，広告収入の過半数を占めている。シフトの過程では，「出版の再発明」に加えて「広告の再発明」にも挑戦し，広告主に対し，広告枠ではなく，コンテンツ起点のソリューションを提案するような体制作りに取り組んでいる。

　ソリューションの中心となるのは，広告主の「コンテンツマーケティング」を支援することである。インターネット広告においてはターゲットを

「追いかける広告」が主体となっており，広告主は生活者から忌避されないように，コンテンツの有効活用に力を入れている。講談社は，こうした広告主へのコンサルティングや，コンテンツの提供に力を入れている。

　広告主は自社ブランドや商品の価値をコンテンツ化し，オウンドメディアを強化したいと考えているが，自らコンテンツやストーリーを作ることは難しい。一方で講談社はストーリーメイクを得意としている。広告主のブランドとメディアブランド，それぞれのコンテンツバリューをぶつけて，共創型コンテンツを作って発信することで，生活者の理解共感を得るコミュニケーションを成立させうる。そして，ブランド認知を獲得し，体験を促すというサイクルが生み出せる。以上により，広告主の広告は，ターゲットを「追いかける広告」からターゲットに「追いかけられる広告」（生活者に積極的に読んでもらえる広告）へ転換できる。

　そのため講談社は，広告主に対して，ファンベースを持つコンテンツ，つまり，雑誌やコミック作品が長年展開してきた有名なストーリーに相乗りすることを勧めている。限られたメディア可処分時間の中で，こうしたコンテンツこそが，生活者の滞在時間を止める制動力があり，それが出版社の価値であるとも考えている。エンゲージメントと信頼性を広告効果として重視しているのも，コンテンツやストーリーにはエンゲージメントと信頼性を生む力が強いからである。

　事例としては，「島耕作」の活用がある。講談社 C-station（講談社ライツ・メディアビジネス局，2021a）によると，島耕作シリーズはサラリーマン社会を題材にした，累計発行部数4610万部を超える人気作品であり，コラボレーションを実施した際に，ニュース・新聞各社・ウェブ記事にも取り上げられやすい傾向にある。島耕作の作品，物語，キャラクターを活用した例としては，トヨタ（2013）「カムリ」（講談社，2013），エドウイン（2020）「デニスラ」（エドウイン，2020），長野県（2021）「企業誘致」（講談社ライツ・メディアビジネス局，2021b）などのキャンペーンがある。また，2021年5月からは，持続可能な開発目標 SDGs に企業が取り組む際，取り組みを発信するアンバサダーとして島耕作を起用する企画を広く提案している（進藤，2021）。

　講談社は，さらに，2021年にパーパス（理念）「Inspire Impossible Stories」

と企業ロゴを発表した。このパーパス（理念）に含まれる 3 つの言葉には以下のような意味がこめられている（講談社，2021）。

Inspire

　私たちは，あらゆる物語の作り手，受け手の感情を呼び起こします。

　それは私たち自身の刺激ともなります。

　私たちはいつでも，新しさと創造性を，はっきりと目に見える形で示します。

Impossible

　物語には，新たな現実を見せる力があります。

　私たちはいつでも，語られたことのない物語を追い求めます。

　「ありえない」と思われた物語は，語られることで，初めて現実のものになるのです。

Stories

　私たちの本質は，物語の語り手です。

　それがどんな物語であっても，それを作り，伝えることで受け手の心を動かすことが，私たちの仕事であるからです。

　講談社は，こうした企業の原点，存在理由，目標を見据えて，デジタル時代における挑戦を続けていく。

（注および謝辞）

「【ケーススタディ⑪】講談社 デジタル時代のコンテンツホルダの成功例」は『日経広告研究所報』（進藤美希（2021）「伝統メディアにおける広告ビジネスのデジタル・トランスフォーメーションに関する研究：デジタル広告効果研究会報告」『日経広告研究所報』vol.317，pp.18-27）に掲載されたケースに現時点における情報を加えて加筆修正したものである。元になるインタビューは，講談社 ライツ・メディアビジネス局次長兼 IT 戦略企画室次長 長崎亘宏氏に対し，2019 年 1 月16日に行った（肩書は当時のもの）。ご協力に心から感謝申し上げます。

HIKKY　メタバースの歴史と進化の先端

VRのさらなる発展の姿として，メタバースと，それを開発，活用している企業の例を見ていこう。

メタバースとは，超越を意味するメタと，宇宙や空間を意味するユニバースを組み合わせた言葉で，主にインターネット上に構築した3次元の仮想空間をさす。ユーザーは自分の分身として活動するキャラクターであるアバターを用いて，メタバース内で自由に動くことができる（高槻，2022）。

メタバースという言葉は，ニール・スティーヴンスンが1992年に発表したSF小説『スノウ・クラッシュ』で最初に用いられた。『スノウ・クラッシュ』から影響を受けたと言っている著名人には，ラリー・ペイジ，セルゲイ・ブリン（Google），リード・ホフマン（LinkedIn），ピーター・ティール（PayPal）などがいる。スティーヴンスンは，バーチャルリアリティという言葉が気に入らなかったので，メタバースという言葉を作り出したと述べている（スティーヴンスン，2022）。

歴史を振り返ると，スティーヴンスンがメタバースと呼んだようなサービスの原型はルーカスフィルム・ゲームスが1986年に発表した『Habitat』にある。Habitatは1988年にサービスを終了したが，アバターの採用などで以降のサービスに大きく影響を与えた（浅田・細井，2009）。

1990年代になると，インターネットの普及，高速化とともに，世界中の人がオンラインで参加できるゲームがいくつも生まれた。特に，MMORPG（Massively Multiplayer Online Role Playing Game）と呼ばれる，大規模多人数参加型オンラインロールプレイングゲームは，メタバースとの関連が深い。1990年代半ばには，『Diablo』『Ultima Online』などが人気を集めた。これらのゲームは，ユーザーがアバターを使って，多くの人々とコミュニケーションしながら，目的を達成するもので，メタバースへの発展の道筋を作った。つまり，最初から，メタバースは，ゲームの世界で発達してきた（浅田・細井，2009）。

一方で，2003年に，パソコン専用の仮想空間アプリケーション「Second

Life」が公開された。ユーザーはアバターを用いて，さまざまな経験，つまり，第 2 の人生（Second Life）を仮想空間で楽しむことができるというコンセプトで作られた。しかし，当時はネットワークやコンピュータのスペックが今よりも低かったために，スムーズな操作がむずかしく，デザインもあかぬけていなかったこと，また，いろいろできるが何をしていいかわからないという目的意識のない状態が，ユーザーの参加意欲を失わせた。そして，過剰な期待も2009年ころには冷めていった（岡田，2022）。

　以上のように，メタバースはオンラインゲームのような「目標設定型空間」と，Second Life のような「非目標設定型空間」が共存して発展してきたということができる（浅田・細井，2009）。

　しかし，2010年代になって，ネットワークやコンピュータのスペックが驚異的に発展し，同時に，バーチャルリアリティの技術やコンピュータグラフィックスの技術も発展，さらに，バーチャルリアリティを手軽に体験できるヘッドマウントディスプレイの進化・低価格化などで，メタバースは再度，活況を呈するようになった。

　もともと多くのユーザーがいたオンラインゲームにおいては，2010年代になると，『Fortnite』『あつまれ どうぶつの森』などの人気ゲームがより進化し，メタバースとしても使われるようになった（高槻，2022）。

　『Fortnite』は，エピックゲームズによるゲームであり，登録ユーザー数は2020年に世界で 3 億5000万人を超えている。基本的に，無料のバトルロイヤルゲームであるが，現在ではその中でライブが行われたり，さまざまなコミュニケーションの場として使われている。こうしたことから，Fortnite が，メタバースという領域で独占的な地位を得る有力候補であるという意見もある（日経クロストレンド，2021）。

　『あつまれ どうぶつの森』は，任天堂による Nintendo Switch 向けゲームであり，2021年までの累計販売本数は3762万本となっている（任天堂，n.d.）。ここでも，著名なアーティストによるライブや，企業等によるさまざまなイベントなどが行われており，メタバースとしても活用されている。

　2020年代のメタバースのブームを決定的なものにさせたのは，2021年にFacebook が「Horizon Workrooms」というビジネス向けのメタバースを

立ち上げるとともに，社名を Meta Platforms に変更すると発表したことである。だが，このブームも以前と同じように，一時的なものなのではないかという疑義も寄せられている。こうした疑義に対しては，(1)ネットワークやコンピュータのスペックが発展したこと　(2)オンラインゲームの上でさまざまなイベントなどが開かれ，多くの人が楽しんでいる状況が，すでにあること　(3)ソーシャルメディアの延長線上での進化がおこっていること　(4)ヘッドセットを使わなくても，2D のデバイス（スマホなど）を使って3Dコンテンツを楽しめるようになっていること　などから，解決可能であるという意見もある（日経クロストレンド，2022）。

　現在は，さまざまなメタバースがバラバラに存在しているような状態である。今後は，ひとつのメタバースが独占的な地位を得るというよりは，インターネットにおける Web のような仕組みを作って，さまざまなメタバースの間をユーザーが行き来できるような仕組みの確立が待たれる（日経クロストレンド，2022）。

　ビジネス界からのメタバースへの期待も高い。B2B では，コロナ禍に見舞われた社会ならではの使い方として，メタバースを用いて，オフィスに出社しないでも，あたかも対面して行っているようなコミュニケーションを社員同士が行って，生産の効率化を実現することなどが期待されている。B2Cでは，メタバース上に観客を集めてイベントを行ったり，消費者との接点を作って販売やマーケティングを行ったり消費者の行動データを取得することが可能である（日経クロストレンド，2022）。

　日本における事例としては，KDDI が渋谷区などとともに2020年から運営している「バーチャル渋谷」の例がある。バーチャル渋谷は，自宅に居ながらアーティストのライブやアート展示，トークイベントなど渋谷らしいコンテンツを発信・体験できることをコンセプトとしている（KDDI，2020）。大変人気があり，2020年10月に開催した「バーチャル渋谷 au 5G ハロウィーンフェス」には，約40万人がイベントに集まった（KDDI，2021）。

　また，日本において，メタバースを開発，展開している企業としては，VR 法人 HIKKY がある。HIKKY は，舟越靖氏らにより2018年に設立された企業である。メタバース事業や VR，AR 領域における大型イベントの企

画・制作・宣伝，パートナー企業との新規事業開発を行っている（HIKKY, n.d.）。

　HIKKY の主要なサービスに，世界最大級の VR イベント「バーチャルマーケット」（Vket）の開発，運営がある。バーチャルマーケットはメタバース上にある会場で，アバターなどの3D アイテムやリアル商品（洋服，PC，飲食物など）を売り買いできる VR イベントである。2018年に第 1 回が開催され，現在までに，日本および世界中から100万人を超す来場者を集めている。ここでは，乗り物に乗ったり，映画を観たり，音楽ライブに参加するなど，バーチャル空間ならではの体験も可能になっている。さらに来場者間では音声によるコミュニケーションが可能で，現実世界で一緒に街を巡っているかのような臨場感が楽しめる。また，メタバースに関心のある，さまざまな企業も参加し，VR コマースの新たな可能性を創出している（HIKKY, 2021a）。

　2021年 8 月に開催された第 6 回バーチャルマーケットには，JR 東日本，NTT ドコモ，ヤマハ発動機など数多くの企業が初出展した。これらの企業のための企業会場としては，「パラリアル渋谷」「パラリアル秋葉原」が用意され，現実世界を精巧に再現し，現実とバーチャルがリンクするパラリアルな街を表現した（HIKKY, n.d.）。この第 6 回バーチャルマーケットでは，NTT ドコモは「NTT ドコモ渋谷ビル」と「NTT ドコモ秋葉原ビル」を出店するとともに，メディアジャックを実施して，街にあるメディアを全てドコモ一色に埋め尽くした（HIKKY, 2021a）。

　HIKKY は，企業に対するメタバースマーケティングソリューションの提供を積極的に展開している。メタバースや VR を活用して新規事業を開発したいと望む企業や，マーケティング手法として，PR，販促活動などで VR を活用していきたいと望む企業に対し，コンサルティング・アドバイザー業務を行うサービスを実施している。HIKKY は，すでに300社以上とメタバース事業を実現した実績があり，トヨタ自動車のバーチャルブース「TOYOTA Marine WORLD」の企画制作，LDH JAPAN 所属のクリエイティブ・ユニット「PKCZ®」のバーチャルライブのサポート，BEAMS の東京・原宿に実在する BEAMS HARAJUKU を再現したバーチャルショッ

プなどを実現に導いている。なおこの BEAMS の店舗では，社員がリアルタイムで操るスタッフアバターが来場者を迎え，コミュニケーションを行ったり，3D アバターも販売した（HIKKY, 2021b）。

　以上のように，メタバースは紆余曲折を経ながらも，リアルなビジネスの場としての存在感を増している。

　メタバースの今後の課題としてはメタバースのプラットフォームのビジネスモデルをどのように作り上げ，企業がその上でどのようにビジネスを継続可能にしていくかといった点がある。

　このようにさまざまな課題はあるものの，GAFA などに支配されてきた IT，ソーシャルメディアの世界に比べれば，メタバースはまだまだ，フロンティアということができる。IT，ソーシャルメディアでは負けてきた日本企業にとっても大きなチャンスがある（日本経済新聞, 2022）。

まとめ

　この章では，デジタルコミュニケーションについて扱った。最初に，コミュニケーションに関連する用語の定義をしたあと，デジタルネットワーク，デジタルインタフェース，デジタルコンテンツマーケティングについて議論した。そして，デジタル時代のコンテンツホルダの成功例と，メタバースの歴史と進化の先端を見た。この分野では，今後もさまざまな新しい技術が登場するだろうが，本質を見失わず戦略を立案していくことが重要になるだろう。

第12章

コミュニティを活用する： デジタルコミュニティ

はじめに

　この章では，コミュニティとは何かについて考えた後，デジタル時代のコミュニティとして，アンバサダーのコミュニティ，プロシューマーのコミュニティ，コンテンツファンのコミュニティについて見ていく。最後に，ケーススタディについて議論する。

12-1　コミュニティとは何か

　コミュニティとは何だろうか。

　人は一人で生きることはできない。コミュニティは人に，生存のための「場」，他の人と共に生きる「場」，コミュニケーションのための「場」を与えるものである。ゆえに，人にとってコミュニティは本質的に重要である。

　コミュニティの形や役割は時代と共に変わってきた。20世紀半ばまでのコミュニティは，地理的に近くにいる人々と共に，食料の生産・獲得活動などを行うために形成するものだった。近くの地域の人々とコミュニティを形

成していたのは，個人が自由に使えるメディアが未発達であったために，遠隔地にいる人々と連絡を取り合うことが難しかったためである。

　しかし，インターネットの登場は，この状況を大きく変えた。インターネットほど，個人を一対一のみならず一対多，多対多でリアルタイムにつなぎ，多くの人が参加するコミュニティを円滑に運営可能にするメディアはなかった。インターネットは，コミュニティから場所の制約や古いしがらみをとりはらい，グローバルな広がりを与えた。

　コミュニティの変化にはもうひとつ別の要素が影響している。人々の生産活動の変化である。現代は，農業や工業よりも，情報産業やサービス産業が，産業の中心に位置する時代になった。情報産業における生産活動は，立地に縛られることはない。結果，インターネットコミュニティは，多くの人と共に創造を行う場，すなわち「価値創造の場」としても機能しはじめた。

　以上のように，コミュニティの活動は大きく広がり，自由度は増した。しかし，課題がないわけではない。広井（2009）は，第二次世界大戦後の日本では，農村から都市への移動が進んだが，人々は孤立を深めていると指摘している。そして，日本社会における最大の課題は，個人と個人がつながるようなコミュニティないし関係性というものをいかに作っていけるかにあるとしている。

　その可能性を垣間見せるのが，義務感ではなく興味や関心で結びつきつつ，自由に新しい価値を創造する人々のデジタルコミュニティではないだろうか（進藤，2013）。そこで本章では，興味や関心で結びつきつつ，自由に新しい価値を創造する人々のデジタルコミュニティに焦点を当て，具体的な例を挙げて検討していく。

　以下で紹介する，アンバサダーのコミュニティ，プロシューマーのコミュニティ，コンテンツファンのコミュニティは，いずれも興味や関心で結びつきつつ，自由に新しい価値を創造する人々のデジタルコミュニティである。

12-2　アンバサダーのコミュニティ

　企業が組織するアンバサダーのコミュニティについて述べる。

　アンバサダーとは何だろうか。一般には，大使などと訳される。しかし，

デジタルマーケティングにおけるアンバサダーは，ある特定の企業や企業の製品へのロイヤルティが高く，他の人々へ，その価値を広めることに取り組んでくれる人のことをさす。類似の言葉にインフルエンサーがあるが，インフルエンサーは，ソーシャルメディア上での影響力が大きい人，例えば芸能人などをさしており，アンバサダーとは区別される。アンバサダーを，企業が自社のマーケティングのために活用することをアンバサダーマーケティングと呼ぶ。そのコミュニティをアンバサダーコミュニティと呼ぶ。アンバサダーコミュニティを使って企業は，アンバサダーとともに，自社製品のクチコミや評判が広がる仕組みを作っていく（徳力，2016）。

　アンバサダーは，現在，企業やその製品への信頼感醸成に大きな影響を与える存在となっており，その推奨力に注目が集まっている。アンバサダーの推奨力を企業のマーケティングに活かすには，組織化が不可欠である。しかし，企業はアンバサダーへは金銭的な報酬を支払ってはいけない。

　なぜ，アンバサダーは，無報酬でも推奨活動を行うのか。アンバサダーは企業と雇用関係にある従業員ではないが，組織の目標や価値観を受け容れ，組織を代表として努力し，組織の目標へ貢献したいという意欲があるからだと考えられてきた。しかし，最近の研究では，自分がよいと思ったものを人に伝えたい，共有したいという動機が強いことが，明らかになっている。また，推奨活動が，純粋に楽しいという動機も強くあり，企業と一緒に活動することを，アンバサダーは楽しんでいる。こうした，自発的に楽しんで推奨活動を行うアンバサダーのデジタルコミュニティは，企業がデジタルマーケティングを推進する上での，大きな力となっている（藤崎，2016）。

12-3　プロシューマーのコミュニティ

　次にプロシューマーのコミュニティについて見ていこう。プロシューマー（prosumer）とは producer と consumer からなる造語で，生産と消費とを一体化し，消費するだけでなく創造をも行う生活者のことを意味する（トフラー，1982）。

　このプロシューマーのコミュニティの代表例として，フリー／オープン

ソースソフトウェアのコミュニティについて紹介する。フリー／オープンソースソフトウェアは現代社会の重要なシステムに広く採用されているソフトウェアである。フリーソフトウェアは，アメリカのリチャード・ストールマンが提唱した自由なソフトウェアとその概念のことをいう。これに対し，オープンソースソフトウェアは，語源的，一般的には，プログラムのソースコードが開示されているソフトウェアのことをいう（進藤，2007）。

　フリー／オープンソースソフトウェアは，企業のなかから生まれたものではない。個人が生み出したものであり，ハッカーによる自発的な開発活動が，コミュニティを舞台にして行われている（井田・進藤，2006）。なお，ここでいうハッカーとは，コンピュータやソフトウェアなどの情報技術に熟達した人への尊称の意味で用いている。ハッカーという言葉が，不正侵入やウイルスの配布などを行う者（クラッカー）として使われるのは誤用である。消費だけでなくフリー／オープンソースソフトウェアの生産，創造を行うハッカーは，プロシューマーでもある。

　ハッカーたちがインターネット上のデジタルコミュニティ上で行うソフトウェアの創作活動は，基本的に個人活動であるが，仲間同士で技術を共有して意見を交わすことを好むオープン性をもそなえている。創作を促進する場として，デジタルコミュニティを活用し，オープンに意見を交換しながら，すぐれた技術を生み出している。

　フリー／オープンソースソフトウェアのコミュニティの広がりは世界的である。しかし，いくらデジタルコミュニティが存在し，そこで自由に活動できるとしても，多くの人々と，何かを一緒にやる，一緒に作るというのは，大変難しいことである。フリー／オープンソースソフトウェアのコミュニティではどうやって問題を解決して，開発を成功させてきたのか。それは参加者全員が，自由なソフトウェアを追求するという明確なビジョンを共有していた点と，競争原理を導入していた点にある。後者の競争原理について説明しよう。ハッカーのデジタルコミュニティでは，競い合って，新しい価値を作り出している。こうした厳しい競争プロセスを経ているからこそ，企業や，社会の人々は，フリー／オープンソースソフトウェアのコミュニティから，優れた作品の提供を受けられるのである。

　以上のように，フリー／オープンソースソフトウェアのコミュニティでは，ハッカーというプロシューマーによる自由な創作が行われ，それが広く社会で活用されている（進藤, 2009）。

12-4　コンテンツファンのコミュニティ

　続けてコンテンツファンのコミュニティについて見ていこう。

　コンテンツファンのコミュニティを見るにあたり，最初に，原動力となるコンテンツの定義と，それを生み出しているコンテンツビジネスについて確認することからはじめよう。コンテンツファンが愛をささげるコンテンツは，基本的には商業ベースのコンテンツホルダ（出版社，映画会社など）によって市場に提供されている。

　コンテンツビジネスを定義するならば，「人間の創作活動の成果，芸術作品として著作者が創作した著作物（たとえば，マンガの原稿，映像，ソフトウェア等）を核に，コンテンツ（たとえば，書籍としてのコミックス，映画，ソトウェア製品等），すなわち製品をコンテンツホルダ（出版社，映画会社など）が作り，その製品を著作権法上の権利をもとに，戦略的に，さまざまな形態に変容させ，かつ，物語を拡張させて，多様なメディアに流通させること」ということができる（進藤, 2009）。

　コンテンツホルダは，著作者から，著作物を受け取ると，マーケティング活動を始める。この際に重要な戦略は2つある。上流側である著作権法上の権利に関する戦略（IPランドスケープ）と，下流側であるメディアに関する戦略（メディアフランチャイズ）である。上流側のIPランドスケープとは，知的財産権に関する戦略のことである（杉光, 2019）。下流側のメディアフランチャイズとは，コンテンツを著作権法上の権利をもとに，戦略的に，さまざまな形態に変容させ，かつ，物語を拡張させて，多様なメディアに流通させる戦略のことである。この，メディアフランチャイズ戦略は，日本では，メディアミックス戦略と呼ばれることもある（Tosca他, 2019；ジェンキンズ, 2021）。

　コンテンツホルダのマーケティング活動はB2BビジネスとB2Cビジネスに大別できる。B2Bビジネスには，広告主企業とのコラボレーションで，

コンテンツホルダのコンテンツを企業の広告に活用するビジネスや，商品化権に基づいて，キャラクターなどのライセンスをライセンシーに提供するマーチャンダイジングビジネス（二次利用）などがある。

　B2Cビジネスは，生活者に対して出版権，上映権，公衆送信権等に基づいて作品を見せるビジネスであり，一次利用と呼ばれる。この際，作品自体は変更しないで，時系列で媒体やメディアや言語，地域を変えて提供する戦略を，ウィンドウ戦略と呼ぶ。日本で製作した映画を映画館で上映したあと，英語に吹き替えてNetflixで配信するような場合をいう。これとは異なり，「物語を核に世界観を拡張し，新たな物語に進展させて，統一的かつ連動されたエンターテインメント体験を作り上げるため，複数の伝達手段へとシステム的に分散させ，様々なメディアが協力する方法」を，トランスメディアストーリーテリング戦略と呼ぶ。当初テレビドラマであった物語を核に，映画やアニメーション，ゲームやアトラクションなどの新しい作品に展開する場合をいう（Tosca他，2019；ジェンキンズ，2021）。

　ここで，コンテンツファンやそのコミュニティはどんな役割を果たすのだろうか。

　昔は，コンテンツホルダは，コンテンツのファンを受容者としてのみ想定していた。が，デジタル時代になり，コンテンツのエコシステムに，能動的に参加することが一般のファンにも容易になった。

　ファンの参加文化は，コンヴァージェンスカルチャーと呼ばれる。コンヴァージェンスカルチャーとは，「コンテンツホルダのメディアフランチャイズ戦略のもと，多数のメディアにコンテンツを流通させ，多数のコンテンツホルダやメディアが協力してトランスメディアストーリーテリングを繰り広げる状況に対し，生活者が能動的に参加し，エンターテインメント体験を求めて渡り歩きながら，物語を自分たちのものとし，さらには，ファンダムコミュニティを形成して新たなファンフィクションを作り上げることで，コンテンツホルダやメディア，そして，クラシカルオーサーやモダンオーサー，そして，業界の構造にも影響を及ぼすような，デジタル時代の文化」のことをいう（ジェンキンズ，2021）。

　コンヴァージェンスカルチャーの発展によって，コンテンツホルダは，生

活者は受動的で孤立した存在であると考えるのではなく，能動的でつながりを持つ人々であると考えるようになった。コンテンツホルダは，生活者のコンテンツに対する感情的愛着を強め，そのことによって，さらに売上を増やそうとしている（ジェンキンズ，2021）。

　しかし，このコンヴァージェンスカルチャーとコンテンツホルダの関係には緊張が生まれることがある。特に問題視されやすいのは，一部のファンによるファンフィクションである。ファンフィクションでは原作の映画で発展させられなかった物語の独自解釈を行い，キャラクター同士のエロティックな関係を描写していることも多いため，こうしたファンフィクションを容認しないコンテンツホルダもいる（ジェンキンズ，2021）。

　日本におけるコンテンツファンのコミュニティメンバーが一堂に集まる場として知られているのが，コミックマーケットである。コミックマーケットは，同人誌や同人ゲーム等を販売するリアルイベントとして始まり，1975年以来，夏と冬に年2回開催されている。著作者にとっては，自由に作品を刊行できる場であり，出版社等にとっては新人作家を発掘する場となっている。しかし，コミックマーケットも法的課題をかかえている。発表される作品の多くは，既存のマンガやアニメのキャラクターを使った二次創作，パロディであるが，パロディに対する法律上の見解は定まってはいない。原著作者は，パロディ同人誌を，複製権侵害，翻案権侵害，同一性保持権侵害において告訴可能となっているものの，日本の著作権法には，パロディを明確に規定する条文はない。そもそも原著作者は，パロディが創作されることを嫌がらず喜んでいる場合も多い（進藤，2009）。

　以上まで述べてきた，デジタル時代のコンテンツエコシステム，すなわち，「コンテンツビジネスを主体におきながらコンヴァージェンスカルチャーをも含んだ，デジタル時代におけるコンテンツのクリエイション，プロデュース，活用にかかわる全体像」を，本書では，「コンテンツのデジタルエコシステム」と定義し，その構造について図12-1にまとめて示す（進藤，2021）。

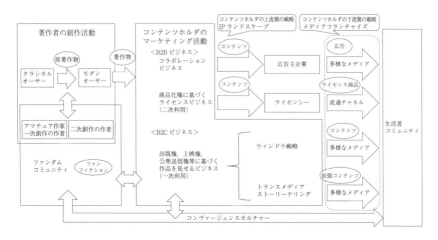

（出所）筆者作成

図12-1　コンテンツのデジタルエコシステム

ケーススタディ⑬

シャーロック・ホームズをめぐるコミュニティ

　コンテンツファンのコミュニティのケーススタディとして，シャーロック・ホームズをめぐるコミュニティについて見ていこう。

　アーサー・コナン・ドイルが生んだ世界一有名な探偵，シャーロック・ホームズは，長編小説『緋色の研究』（1887年）でデビューした。しかし，爆発的な人気を博すようになったのは，1891年に雑誌「ストランド・マガジン」に短編が連載されるようになってからで，その作品は第一短編集『シャーロック・ホームズの冒険』としてまとめられた。シリーズが人気となった要因には，ホームズとワトスン博士というコンビのキャラクター性があった。この二人の物語は，もっとも成功したバディものといってよく，百数十年たっても読まれ続けている大きな原因になっている（北原，2015）。

　雑誌「ストランド・マガジン」はイラストを多用していたが，シャーロック・ホームズの掲載にあたっては，画家シドニー・パジェットがイラストをつけたことも人気爆発を加速した。パジェットは，美男の弟をモデルにホー

ムズを描いたので，作者であるコナン・ドイルが思い描いていたよりも，ハンサムで長身の紳士として，ホームズは世の人々にイメージされるようになった。コナン・ドイル自身も，結果的にこれが良かったと認めている。パジェットのホームズ像は，その後もホームズを演じる舞台俳優や映画俳優に引き継がれて，世紀を超えて長く続くホームズ人気の原因ともなった（中尾，2016）。

　ホームズ物語は，作者の死後も，多くの人々により語り直されている。物語がかたちを変えて語り直されるという現象は，古くから繰り返されてきたが，メディアの種類の増加やデジタル化の進展は，語り直しの作品数を激増させた。ホームズの登場する作品やホームズのキャラクターが，小説，映像，演劇，ゲーム等の複数の媒体で多様に展開されていくようになった。結果，ひとつの物語を取り巻く環境は複雑なものになってきた（鴨川，2015）。

　ホームズの小説作品に関しては，まず，正典と呼ばれるコナン・ドイルによる作品60作以外に，その筆致をまねて他の作家が真面目に書いたパスティーシュと呼ばれる小説等が数多く書かれた。また，設定を改変したり自由に変更して書かれたパロディも数多く書かれた。

　さらに，活字メディアである小説から，他のメディア，つまり，舞台，ラジオドラマ，映画，テレビドラマなどに広がっていき，多くのヒット作を生んでいる（北原，2020）。コナン・ドイル自身もホームズものの劇化に熱心で自ら脚本を書いている（中尾，2016）。世紀を超えてホームズ人気が再燃し，ブームとなったのには映像作品の影響が大きい。21世紀になってからも，BBC のテレビドラマ『SHERLOCK』がスタートし，ガイ・リッチー監督による映画『シャーロック・ホームズ』が公開されたことで，人気は高まる一方である（北原，2020）。

　これら2つの映像作品は，デジタル時代に発表されたものである。そのため，ファンの活動も，デジタル時代らしく，展開している。2010年にイギリスで『SHERLOCK』の初回が放送されると，数時間後には，インターネット上のさまざまなデジタルコミュニティに二次創作が投稿されはじめた。デジタルコミュニティ上の『SHERLOCK』の二次創作は新しいファンを生んだ。彼らはそれをきっかけに原作を手にとったり，また，昔のドラマ

や映画を見るようになったので，売上増加の効果は多方面に波及した（ボーストレム，2020）。

　しかし，こうした作品をめぐっては，訴訟もおきている。遺族らが作っているコナン・ドイル財団は，シャーロック・ホームズに関連する作品が作られる場合，使用許諾料を請求してきた。コナン・ドイル財団のビジネス戦略は，法的根拠はないものの，さほど高額ではない著作権使用料を要することで，面倒を避けたい出版社や映画会社が，使用料を払うよう期待するというもので，功を奏していた（ボーストレム，2020）。だが，これに対しては，アメリカで裁判がおこされている。2013年，シャーロック・ホームズの作品のうち，米国で1923年より前に出版された4編の小説と46の短編小説はパブリックドメインにあり，誰でも自由に新しいシャーロック・ホームズ小説を書くことができるとする判断が下されている（情報管理，2014）。

　シャーロック・ホームズのファンのコミュニティは，現在でも活発に活動を続けている。世界には，ベイカー・ストリート・イレギュラーズをはじめとして，団体が300以上ある。日本でも1977年に，日本シャーロック・ホームズ・クラブ（JSHC）が設立されている。現在会員は700人ほどである。熱狂的なファン，長年にわたる研究をしている人はもちろん，これからホームズを読みたいという人たちまでをも含めて，シャーロック・ホームズを愛する人なら，わけへだてなく集まれる会として運営されている（日本シャーロック・ホームズ・クラブ，n.d,）。

　最後に，デジタルコミュニティを活用して，現代のシャーロッキアン（シャーロック・ホームズのファン）と宝塚歌劇団のファンが，交流した事例について紹介しよう。2021年，宝塚歌劇団は，『シャーロック・ホームズ－ The Game Is Afoot! －』（作・演出／生田大和）を上演した（宝塚歌劇団，2021）。この作品をめぐって，日本シャーロック・ホームズ・クラブの主催で，シャーロック・ホームズ研究家の北原尚彦氏をスピーカーにオンラインイベントが開かれた。Twitter 上のスペースを使い，音声を使ってリアルタイム配信されたイベントは「＃シャーロッキアンが語る宙組ホームズ」と題され，2021年9月20日に開催された。このイベントはリアルタイムで1300人超（著者の目視による数値）が視聴した。

　イベントが開催されたきっかけは，Twitterに宝塚ファンが，『シャーロック・ホームズー The Game Is Afoot! ー』に対する，シャーロッキアンの感想を聞きたい，という書き込みをしたことである。このイベントで語られたのは，シャーロッキアンは，『シャーロック・ホームズー The Game Is Afoot! ー』を，原作へのリスペクトがある新しい世界線の作品として楽しみ，評価しているということだ。参加した宝塚ファンは，シャーロッキアンから宝塚のすばらしさを認められ，優れた舞台と評価されたことを喜ぶとともに，シャーロック・ホームズに関心を持つきっかけになった。

　「#シャーロッキアンが語る宙組ホームズ」は，Twitterというデジタルコミュニティを使って，通常は交わらない，シャーロッキアンのコミュニティと，宝塚のコミュニティがお互いに敬意を持って交流するという場になったということができる（日本シャーロック・ホームズ・クラブ月例会，2021）。

ケーススタディ⑭

eスポーツのコミュニティ

　次に，コンテンツファンのコミュニティとして，eスポーツについて見ていこう。

　eスポーツは，エレクトロニック・スポーツの略で，電子機器を用いた娯楽，競技，スポーツ全般をさす言葉であり，コンピューターゲーム，ビデオゲームなどの対戦をスポーツ競技としてとらえた言葉である。

　eスポーツという名称が使用され始めたのは1999年ごろからである。2000年にはWCGC（World Cyber Games Challenge）という大会が開催された。これは韓国企業のWorld Cyber Gamesが開催している国際的なeスポーツの大会であり，世界最大規模の大会のひとつである。2003年にはフランス企業が運営するESWC（Electronic Sports World Cup）が開催された。このころから世界中でeスポーツの大会が多く開催され始めた。こうした流れの中で，2006年にはOCA（アジアオリンピック評議会）が主催する第2回アジア室内競技大会において，eスポーツが正式種目として採用されるようにもなっ

た（河野，2021）。

　日本では2007年に日本eスポーツ協会設立準備委員会が発足し，2011年には第1回eスポーツ JAPAN CUP が開催されている。さらに，2015年以降は，日本eスポーツ協会（JeSPA）や e-sports 促進機構も設立され，2016年には日本プロ e- スポーツ連盟が設立された。その後，3つが合併し，現在の日本eスポーツ連合となった（日本eスポーツ連合，n.d.）。

　日本におけるeスポーツの大会について見てみると，近年では，賞金が出るイベントが増え，プロゲーマーとして生計を立てる人も生まれた。eスポーツの視聴者だけでなく，YouTuber によるゲーム実況動画の人気も高まり，その広告効果が高いことも明らかになってきたことから，ゲーム各社は配信に関するガイドラインを策定するなどの対応をとってファンによる配信や実況を促進している（河野，2021）。なお，ゲーム実況動画は，Twitch，YouTube などを使って行われている（東洋経済，2020）。

　最近では，コロナ禍で，生活者の在宅時間の増加から消費者がゲームに触れる機会が増加し，eスポーツに対する認知が拡大している。さらに，eスポーツの各団体が国際的なルール統一に向けて検討を開始しているという動きもある（野村総合研究所，2020）。

　なにより，eスポーツのイメージが，暗いイメージから，明るく，スポーティで華やかなものに変化して，多くの人をひきつけはじめていることから，eスポーツのコミュニティは今後もますます発展することが期待されている。

まとめ

　この章では，コミュニティについて扱かった。まず，コミュニティとは何かについて考えた後，アンバサダーのコミュニティ，プロシューマーのコミュニティ，コンテンツファンのコミュニティについて見た。最後に，ケーススタディについて議論した。これらを通じて，デジタル時代におけるコミュニティの重要性について，確認した。

第13章

メディアを活用する：
デジタルメディア

> ティコ・モノリスは，太古にいくつもの文明が同様な活動をおこなっていた
> という隠れもない証拠である。
> 　　　　　　アーサー C. クラーク，伊藤典夫訳（2001）『3001年終局への旅』

はじめに

　この章では，伝統メディアのデジタルトランスフォーメーションについて
見た後，デジタル時代のメディアとして，動画配信サービス，ライブ配信
サービスについて見ていく。そして，デジタルジャーナリズムについても検
討する。最後にケースとして，デジタル時代の最強メディアのひとつとなっ
た YouTube について吟味する。

13-1　メディアとは何か

　メディアとは何であろうか。

　英語の media という言葉は medium（単数）の複数形である。medium の
語源はギリシア語，ラテン語の medius であり，神様からのメッセージを運
ぶ人を意味した。現在では media は「中間」「媒体」「媒介物」「手法」「マ
スコミ」といった意味で用いられる（進藤，2013）。

　社会にとって重要なメディアは時代によって移り変わってきた。20世紀

から21世紀の基軸メディアは，新聞・出版，映画・ラジオ，テレビ，と変わり，現在はインターネットやソーシャルメディアとなった。

　生活者のメディア接触状況はどのようになっているのだろうか。博報堂DYメディアパートナーズ メディア環境研究所（2019）によると，生活者のメディア総接触時間（1日当たり，東京）は，テレビ153.9分，ラジオ25.0分，新聞16.6分，雑誌10.7分，パソコン59.0分，タブレット端末28.8分，携帯電話／スマートフォン117.6分となっている。テレビ，ラジオ，新聞，雑誌の合計接触時間は206.2分，パソコン，タブレット端末，携帯電話／スマートフォンを合計したインターネット等接触時間は205.4分である。生活者の全メディア接触時間411.6分に占めるインターネット等接触時間をデジタルトランスフォーメーション率と考えると，その比率は，49.9％となっている。しかし若い人では，テレビを持っていない，テレビを全く見ない，という人も多く，若い人ほど，メディアの接触時間のほとんどが，パソコン，スマートフォンを使ったインターネットやソーシャルメディアへの接触になっている。

　人々の接触時間が長くなったインターネットやソーシャルメディアは，自由度が高く，双方向性があり，世界に配信できるという特徴を持っている。また，コミュニティを形成して他の人とのコミュニケーションを図ることが容易に可能である。こうした，生活者が接触するメディアの変化，デジタルメディアの進化と普及は，デジタルマーケティングにも大きな影響を与えている。

13-2　伝統メディアのデジタルトランスフォーメーション

　新しいメディアの諸相を見るにあたり，まず，伝統メディアの現状と，デジタル時代への対応について見ていこう。

　日本における伝統メディアとは，4マスと呼ばれるマスコミ四媒体事業社（テレビ，新聞，雑誌，ラジオ）をさす。これらの伝統メディアは，メディアとして，また，広告ビジネスの事業者として，どの程度，デジタルトランスフォーメーションを進展させているのだろうか。

　そもそも，この4マスの市場規模は，最近の10年間でどのように変化して

表13-1　4マスの市場規模の変化（新聞のみ2017年の数値）

（単位：億円）

	市場規模（2008年）	市場規模（2018年）	10年前との市場規模比較
テレビ	24,330	21,427	88%
新聞	21,387	17,122	80%
雑誌	11,299	5,930	52%
ラジオ	1,722	1,387	81%

（出所）各種資料から著者作成

きたのだろうか。2008年と2018年の市場規模を比較してみると，テレビは2008年に2兆4330億円であったのが，2018年には2兆1427億円となり，市場規模は88％の減少傾向となった（民放連，2019）。新聞は2008年に2兆1387億円であったのが，2018年には1兆7122億円となり，市場規模は80％の減少傾向となった（日本新聞協会，2018）。雑誌は2008年に1兆1299億円であったのが，2018年には5930億円となり，市場規模は52％の減少傾向となった（出版科学研究所，2018）。ラジオは2008年に1722億円であったのが，2018年には1387億円となり，市場規模は81％の減少傾向となった（民放連，2019）。伝統メディアの市場規模は最近の10年間で縮小しているということができる（表13-1）。

　続けて，4マスで，メディアとしてのデジタルトランスフォーメーションがどの程度進展しているかを試算する。試算にあたり，(1)テレビのデジタルメディアの市場規模＝定額制動画配信の売り上げ（GEM Partners，2019）(2)新聞のデジタルメディアの市場規模＝日本経済新聞電子版の売り上げ（日本経済新聞，2019）(3)雑誌のデジタルメディア市場規模＝出版科学研究所（2018）の統計　(4)ラジオのデジタルメディアの市場規模＝ラジコの売り上げ（radiko，2018）とした。テレビには，外資系や通信系の事業者の売上が含まれる。新聞，ラジオは，1社の売上のみの試算となっているため，数値に不十分なところはあるが，他社の多くが業績非公開であるため，この数値を用いた。そして，デジタルトランスフォーメーション率を試算したところ，テレビが7.3％，新聞が1.8％，雑誌が3.3％，ラジオが0.1％となった（表13-2）。

表13-2　4マスのメディアとしてのデジタルトランスフォーメーション率

（単位：億円）

	市場規模 （2018年） A	デジタル メディア 市場規模 B	市場規模 （2018年） C テレビのみ A＋B，それ以外 はAのみ	DX率 （B/C）
テレビ	21,427	1,680	23,107	7.3%
新聞	17,122	302	17,122	1.8%
雑誌	5,930	193	5,930	3.3%
ラジオ	1,387	1.4	1,387	0.1%

（出所）各種資料から著者作成

　次に，4マスのメディアとしての10年間の市場規模の減少率と，デジタルトランスフォーメーション率の関係を見てみる。テレビは，他の4マスに比べて，10年間の市場規模の減少率が低いが，デジタルトランスフォーメーション率は高い。しかし，このデジタルトランスフォーメーション率には，外資系や通信系の事業者の売上が含まれるため，既存のテレビのデジタルトランスフォーメーション率が高いとは必ずしも言えない。雑誌は，市場規模の減少率が非常に高い，すなわち，メディアとして危機的で衰退の傾向にあるが，デジタルトランスフォーメーションには果敢にチャレンジしている。新聞とラジオは，市場規模の減少率は比較的低く，デジタルトランスフォーメーション率も低かった（図13-1）。

　続けて広告業界の市場規模について確認する。電通（2019）によると，日本の広告費は2008年に6兆6926億円であったのが，2018年には6兆5300億円となり，市場規模は97.5％の減少傾向となった。その中でインターネット広告費は2008年に6983億円であったのが，2018年には1兆7589億円となり，市場規模は251.8％の拡大となった。仮に，全広告費に占めるインターネット広告費の割合をデジタルトランスフォーメーション率とすると，2008年には10.4％であったのが2018年には26.9％となったということができる。インターネット広告以外の，4マスの広告ビジネスの市場規模の10年間の変化は，テレビは100％，新聞は58％，雑誌は45％，ラジオは83％となっ

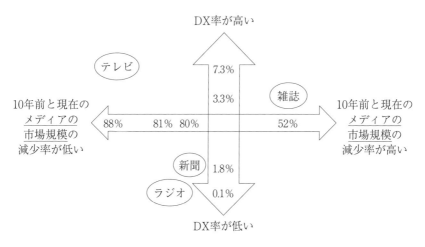

（出所）著者作成

図13-1　4マスのメディアとしてのデジタルトランスフォーメーション

表13-3　4マスの広告ビジネスの市場規模の変化

（単位：億円）

	広告費の市場規模 （2008年）	広告費の市場規模 （2018年）	10年前との 市場規模比較
テレビ	19,092	19,123	100%
新聞	8,276	4,784	58%
雑誌	4,078	1,841	45%
ラジオ	1,549	1,278	83%

（出所）電通（2019）から著者作成

た。インターネット広告が高い成長を見せている反面，4マスの広告ビジネス市場はテレビを除き縮小傾向にあることがわかる（表13-3）。

　インターネット広告以外の，4マスの広告ビジネスのデジタルトランスフォーメーションの推進状況はどうなっているだろうか。電通（2019）は2018年より，「マスコミ四媒体由来のデジタル広告費」を，インターネット広告費の一部として，算出するようになった。定義は，「マスコミ四媒体事業社などが主体となって提供するインターネットメディア・サービスにおける広告費のこと。新聞デジタル，雑誌デジタル，ラジオデジタル，テレビメディアデジタルのことで，これらのデジタル広告費はマスコミ四媒体広告費

表13-4　4マスの広告ビジネスのデジタルトランスフォーメーション率

(単位：億円)

	広告費の市場規模 （2018年） A	マス媒体由来の デジタル広告費 B	合計市場規模 C (A＋B)	DX 率 (B/C)
テレビ	19,123	105	19,228	0.5%
新聞	4,784	132	4,916	2.7%
雑誌	1,841	337	2,178	15.5%
ラジオ	1,278	8	1,286	0.6%

（出所）電通（2019）から著者作成

には含まれない。なお，テレビメディアデジタルの内訳であるテレビメディア関連動画広告は，キャッチアップサービスなどインターネット動画配信における広告費のことを指す」（電通，2019）。この数値でデジタルトランスフォーメーション率を試算したところ，テレビが0.5％，新聞が2.7％，雑誌が15.5％，ラジオが0.6％となった（表13-4）。

　次に，4マスの広告ビジネスの10年間の市場規模の減少率と，デジタルトランスフォーメーション率の関係を見てみる。テレビは，他の4マスに比べて，市場規模の減少率が低く，デジタルトランスフォーメーション率も低い。雑誌は，市場規模の減少率が非常に高い，すなわち，危機的で衰退の傾向にあるが，デジタルトランスフォーメーション率は高く，変革にチャレンジしている。新聞とラジオは，市場規模の減少率は比較的低く，デジタルトランスフォーメーション率も低かった。

　4マスのメディア，広告ビジネスとしてのデジタルトランスフォーメーションを見てみると，テレビは，他の4マスに比べて，10年間の市場規模の減少率が低く，広告ビジネスのデジタルトランスフォーメーション率は低かった。雑誌は，市場規模の減少率が非常に高い，すなわち，メディアとして危機的で衰退の傾向にあるが，デジタルトランスフォーメーションには果敢にチャレンジしていた。新聞とラジオは，市場規模の減少率は比較的低く，デジタルトランスフォーメーション率も低かった（図13-2）。

　以上を踏まえて，テレビと雑誌について，さらに考察してみよう。まず，テレビのデジタルトランスフォーメーションは，技術的には1990年代には実

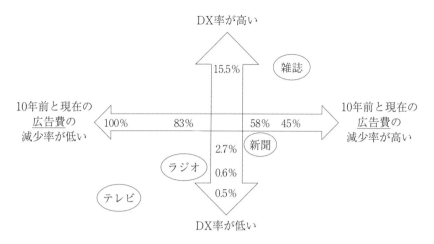

（出所）著者作成

図13-2　4マスの広告ビジネスの市場規模の減少率とデジタルトランスフォーメーション率の関係

現可能になっていたのにもかかわらず，民放各社の推進の意欲は極めて低かった。しかし，生活者のデジタルシフトにより，少しずつ進みつつある状況といえる。地上波テレビのビジネスモデルが，広告によって支えられる広告モデルであり，デジタル時代になっても広告ビジネスの規模が雑誌のようには急減しなかったことが，テレビ各局がデジタル化に対して本気になってこなかった原因であった。しかし，生活者のメディア接触がインターネットにシフトし，特に若い層がテレビを見なくなったことは，テレビ各局に大きな危機感を与えることになった。テレビ各局には高いコンテンツ制作能力とブランド力，企画力があり，デジタル技術を用いて，またIPサイマル放送（インターネットを用いた放送番組のリアルタイム配信）などを行うことで，新たな地平が開けるものと思われる。テレビについては次項でも見ていく。

　一方，雑誌は，危機的で衰退の傾向にあるが，先進的な企業が，デジタルトランスフォーメーションにチャレンジしている。その背景には，過去の成功モデルと決別する勇気，トップの決断，実務を主導するキーパーソンの存在，戦略的な事業活動，などがある（進藤, 2019）。なお，ケーススタディとして講談社の例を11章で述べている。

13-3　動画配信サービス

　前項では伝統メディアについて述べた。このなかで，日本のテレビのデジタルトランスフォーメーションは思ったより進んでいないことを指摘した。では，デジタル時代に，地上波テレビを凌駕する存在になりうるのはどんなサービスだろうか。それは動画配信サービスであると考えられる。そこで，この項では，動画配信サービスについて詳しく述べていく。

13-3-1　アメリカと日本のテレビ，動画配信サービスの歴史と現状

　最初に，アメリカと日本のテレビ，動画配信サービスの歴史と現状について見ていこう。

(1)アメリカのテレビ，動画配信サービスの歴史と現状

　アメリカにおいては，第2次世界大戦後，ABC，CBS，NBCの3大ネットワークに代表される地上テレビが隆盛を誇った。1960年代の終わりには3大ネットワークのプライムタイム視聴率は90％に達した。これに対しハリウッドメジャーが危機感を抱いて訴えた結果，連邦通信委員会（FCC）は1970年，3大ネットワークによる番組制作とシンジケーション権の所有禁止を決めたファイナンシャル・シンジケーション・ルール（フィンシン・ルール）を制定した。このルールは，3大ネットワークの独占をはばむものだった（進藤・鈴木，2017）。

　1980年代からはアメリカでは，ケーブルテレビが普及するようになり，さらに，1990年代に衛星放送が加わった。1990年代半ばになると，1996年のディズニーによるキャピタルシティーズ/ABCの買収がおこり，これをきっかけに，メディア複合体が生まれた（村中，2010）。また，1999年には，CBSのシンジケーション部門からスピンオフした会社からスタートし，その後ケーブルテレビ，映画館運営会社と合併し，パラマウント映画などを傘下に収めていたアメリカの総合エンターテインメント企業バイアコムが，CBSを傘下に収めた（NYT, 1999）。さらに，2009年から2013年にかけて，米国ケーブルテレビ運用会社のコムキャストが，NBCユニバーサルを傘下に

収め，ケーブルプロバイダーから出発した会社が 3 大ネットワークの一角とハリウッドの映画会社を所有するに至った（Arango, 2009；Comcast, 2013）。

　2000 年代からは，インターネット上での動画配信サービス事業者がサービスを開始し，VOD，特に SVOD の市場が活況を呈している。2007 年に Netflix，2008 年に Hulu が SVOD を開始して以来，この市場は発展を続け，2016 年に初めて，SVOD の普及率が DVR（Digital Video Recorder）の普及率と同じレベルに達した（ニールセン, 2016）。2020 年代のアメリカでは，動画配信サービスは，4 大ネットワークを超える存在になったということができる（進藤・鈴木, 2017）。

(2)日本のテレビ，動画配信サービスの歴史と現状

　日本では，1966 年ころからカラーテレビの普及がはじまり，1975 年には普及率が 90％を超えた（内閣府, 2017）。2020 年代になっても，地上波の無料広告放送に対しては，若者のテレビ離れという現象はあるものの，広告主からの出稿需要はいまだ大きく，ビジネスとして存続している。

　日本では，地上波放送局は既得権益（免許）に守られたビジネスであったことが影響している。アメリカとは異なり，日本における地上波放送局は独占的配信プラットフォームであり，広告媒体であり，コンテンツ制作者であり，映画制作や不動産事業，インターネット上の動画配信サービスを含むさまざまなビジネスを推進することができる組織として発展してきた。地上波放送局はビジネスモデルの大きな変革にあえて今すぐ取り組む必要のない，恵まれた状況が長く続いたともいえる（進藤, 2019）。

　しかし，一部の広告主は，テレビコマーシャルは非効率で効果検証がしにくく，機動的な対応がしにくいものだと考えるようになった。広告主が離れれば地上波放送局のビジネスモデルに問題が生じる。地上波放送局では，効果測定可能なテレビコマーシャルの提供やビジネスモデルの再構築の可能性に向けた試行錯誤を始めており，成果も出始めている。

　日本の地上波放送局によるインターネット上の動画配信サービスは，VOD を中心に，2005 年ころから行われてきた。2005 年の第 2 日本テレビ／日テレオンデマンド，2008 年の NHK オンデマンドおよびフジテレビオンデ

マンドなどがあった。しかし当時はいずれも大きな成果をあげるまでにはいたらなかった。

　そのひとつの原因に，著作権の問題があった。著作権処理に関しては，特に音楽について地上波放送局は包括契約（ブランケット）という特権的な方法を長くとってきた。これは権利団体との契約で，放送で楽曲を使用する場合において，一つひとつ許諾をとることなしに使い，後から一定の金額を払えばいいというやりかたであった。この契約によりテレビ局は楽曲に関しては自由に番組に使うことができたが，反面，インターネットで同じ番組を配信する場合の困難を生んだ。現在は，インターネットで配信することを前提に著作権の契約を出演者などと行うことが多くなったが，すべてというわけではなく，特に過去の番組の著作権処理には多くの問題が残っている。こうした中，2021年に，改正著作権法が施行され，放送番組をインターネットで配信する際，権利者が意思表示をしていなければ，インターネットでの配信も許諾したと推定する，許諾推定規定がもうけられた（水野，2022）。今後，簡単な手続きで再利用可能とする仕組みの確立が待たれる。

　一方，地上波放送局以外が提供する動画配信サービスとしては，2005年にUSENが開始した無料動画配信サービスGyaO，2009年にエイベックス通信放送が開始したサービスであるBeeTVなどがある。さらに，アメリカ資本の動画配信会社の日本への進出が2011年からはじまった。

　動画配信は，コロナ禍によって外出できなくなった人々の支持を集めるようになり，日本においても急速な普及を見せている。

13-3-2　動画配信サービスの分類

　次にインターネット上の動画配信サービスの分類について述べる。インターネット上の動画配信サービスは，一様ではなく，さまざまなカテゴリーに分けることができる。リアルタイム性と配信方式を軸として以下のように分類できる（表13-5）。

　インターネット上の動画配信サービスは，リアルタイム性から見ると，リアルタイムサービスと非リアルタイムサービスに分類できる。リアルタイムサービスとは，「生放送」のように，映像の生成，発信，受信，視聴が同時

表13-5　インターネット上の動画配信サービスの分類

リアルタイム性 ＼ 配信方式	非リアルタイム				リアルタイム		
ダウンロード	VOD				—		
ストリーミング	VOD				リアルタイムストリーミング		
	動画共有サイト	VOD ｛ AVOD / TVOD / SVOD	クラウド放送	見逃し配信	地上波放送の延長にあるサービス		ライブ中継
					IPサイマル放送	インターネット専業放送局	

（出所）著者作成

に行われるサービスのことをさす。非リアルタイムサービスとは，発信者が一度サーバー上に映像データを蓄積し，利用者が任意の時間に利用するサービスのことをさす。

　インターネット上の動画配信サービスは，配信方式から見ると，ダウンロードサービスとストリーミングサービスに分類できる。ダウンロードサービスとは，利用者が端末に一旦映像データを蓄積し，その後自分の端末上で再生して視聴するサービスをさす。一方ストリーミングサービスとは，利用者が発信者のサーバーに対して接続を確保し受信しながら映像を視聴するサービスをさす。この場合，利用者の端末に映像データが残ることはない。

　ストリーミングサービスのうち，非リアルタイムサービスはビデオオンデマンド（VOD）と呼ばれ，リアルタイムサービスはリアルタイムストリーミングと呼ばれる。VODにはYouTubeのような生活者が自作の動画を投稿し共有するソーシャルな動画共有サイト，ハリウッド型のプロフェッショナルが作成した映像を提供する狭義のVODサイトなどがある。なお狭義のVODはアメリカでは，OTT（Over the Top）：オーバザトップサービスと称されることが多いが，本稿ではVOD：ビデオオンデマンドとする（柴田，

2016)。

　この狭義の VOD サービスは，課金方式別に以下の 3 種類に分けることができる。

(1) AVOD（Advertising Video on Demand）：広告付きビデオオンデマンド

(2) TVOD（Transactional Video on Demand）：ペイパービュービデオオンデマンド

(3) SVOD（Subscription Video on Demand）：定額制ビデオオンデマンド（基本契約が SVOD で特定のコンテンツだけ TVOD とした混合型もある）

　さらに，テレビ局の放送と密接に連携した方式として，以下の 2 つがある。

(4) クラウド放送：放送局が番組を作るごとに即インターネットのサーバに蓄積する放送型サービス（時間編成はされていないオンデマンドが中心だがリアルタイムストリーミングと組み合わせ，時間編成することも可能な放送）

(5) 見逃し配信：地上波放送の直近の番組を一時的にプールして次回の放送にキャッチアップしてもらうことを目的としたサービス

　リアルタイムストリーミングには，地上波放送の延長上にあるサービスとして，地上波の放送を同時に再送信する IP サイマル放送，地上波放送局とは別に新たに設立されたインターネット専業放送局があり，さらに，さまざまなイベントやコンサートなどを中継するライブ中継サービス等がある。

13-3-3　アメリカと日本の動画配信サービスに関する実験の歴史

　次に，日米の動画配信サービスに関する実験の歴史を振り返ってみよう。

　インターネットを経由して，高速で大容量の映像コンテンツをスムーズに配信するのは，技術的には，大変に難しいことだった。しかし，近年，(1)生活者側において，高品質な映像を配信可能なネットワークと，その映像を容易に再生可能な高機能なデバイスが普及したこと　(2)サービスを提供する配信事業者側に対しては，配信を容易にするコンテンツデリバリーサービス（CDN）や各種クラウドサービスが提供されるようになり，同時に配信サーバーなどの構築に必要な費用が非常に低くなったこと（Akamai, 2016；河井, 2001；Softbank, 2012；Google, 2015；Amazon, 2016）により，技術的な課題はほぼクリアされた。そのため，多数の事業者が，ビジネスに参入してきている。

　動画配信サービスのはじまりは，1994年ころであり，アメリカおよび日本で，インターネット動画配信サービスを含む多様な実験的サービスが行われはじめた。詳細を以下に記す。

(1)1994年；アメリカ；ローリング・ストーンズ　「インターネット・ライブコンサート中継」

　1994年11月に，ロックバンド，ローリング・ストーンズがテキサス州ダラスでのライブに際して，世界最初ではないかと言われているインターネット・ライブコンサート中継を行った。この中継は，インターネット上のマルチキャスト用の実験ネットワークを用いて行われた。しかし，当時日本では，個人向けの ISP が事業を開始した直後で，まだ回線速度も遅く，日本国内でこのライブ映像を受信できたのは，先端的なインターネット設備を備えた一部の大学と企業のみであった（Strauss, 1994；Impress, 2007）。

(2)1994年；アメリカ；タイムワーナー・ケーブル「フルサービスネットワーク」

　1990年代半ば，アメリカでは，CATV 事業者のなかで，インタラクティブ（双方向）TV への期待が高まり，ゴア副大統領（当時）が1994年 1 月に提唱した「情報スーパーハイウェイ」構想の影響もあり，さまざまな実験が行われた。1994年12月には，タイムワーナー・ケーブルが，シリコングラフィックスの技術を使った世界初のデジタル・インタラクティブ・サービスである「フルサービスネットワーク」の実験サービスを開始した。これが現在のインターネット上の動画配信サービスの原型を作ったと言えよう。具体的なサービスとしてはムービーオンデマンド，ショッピングオンデマンド，ゲームオンデマンドなどがあり，オーランドの4000世帯を対象に提供された。なお実験は1997年に終了した（TWC, 2016；小池, 2010；デジタル・クリエイターズ連絡協議会, 2003）。

(3)1994年；日本；NTT「マルチメディア通信の共同利用実験」

　日本では NTT が1994年 1 月に「マルチメディア時代に向けての NTT の

基本構想」（NTT東日本，2000）を発表した。これはアメリカの「情報スーパーハイウェイ」構想にも影響を与えた。NTTは構想に基づき「マルチメディア通信の共同利用実験」を実施し，その一環としてインターネット上の動画配信サービスの実験を行った。

　実験はシリコングラフィックスなどと提携し浦安市などで行われ，システムは「Zoetrope」と名付けられた。Zoetropeは1995年〜1996年に開発され，1996年〜1997年に一般家庭向けのフィールド実験が行われた。モニターとしてフィールド実験に参加したのは千葉県浦安市の約300世帯である。センターからは各モニター家庭に設置したSTB（セットトップボックス）に対して光ファイバを用いて配信した。モニターに対するサービスはリアルタイムストリーミングとVODの2つの形態で提供した。リアルタイムストリーミングとしてはサイマル放送を提供した。VODには，映画，アニメ，ニュース，などをラインナップした。ゲームはネットワークを介して対戦可能な双方向サービスとした。なお本件は実験サービスではあったが，ビジネスの実験も行うため，VODの視聴は一部を除いてペイパービューオンデマンド（TVOD）とした。料金は作品ごとに設定し150円〜1000円とした。この一連の開発および実験で，NTTではインターネット上の動画配信サービスに関わる重要な基本的な特許を取得している。

　この実験の成果を生かしその後，NTTはOCN，ぷらら光TV，dTVといったサービスを商用化していく。しかし動画配信サービスを実験直後の1990年代後半に，世界に先駆けて，Netflixなどの現在世界市場を席捲しているサービスの登場以前に，いちはやく商用化することはできなかった。その理由として以下が考えられる。

（ア）技術的な課題，システム構築に関わるコスト，デバイス上の課題：ネットワークの帯域が1990年代後半時点ではまだ狭く，また，高速回線サービス，サーバーなどの機材が当時は高額であった。また，受信するためのデバイスとしてのスマートフォンは普及しておらず，家庭用パソコンは高価で低速であり，テレビもスマート化していなかった。

（イ）コンテンツの課題：双方向ゲームや映画のビデオオンデマンドなどに可

能性があることはわかっていたが，十分なコンテンツを収集，提供でき
なかった。

(ウ)著作権の課題：デジタルサービスで著作権の保護・管理をどのように行
うべきか社会的合意が形成できていなかった。

(エ)ビジネスモデル，マネタイズの課題：どのようにビジネスモデルを構築
するかの検討が不十分だった。

上記のうち，（ア）（イ）（ウ）については，現時点でかなり解決がはかられ
た。しかし(エ)については，日本では，いまだ解決できていない部分もあ
り，デジタルマーケティングの知見を活かして，工夫が必要である。

13-3-4　日本における動画配信サービスの実際

次に，現在，日本企業によって運営されている SVOD について述べる。
これらの特徴は，携帯電話会社，音楽会社，有線放送会社を母体にしてお
り，放送局，映像制作会社を母体にしていない点にある。

(1)2005年（ブランド変更は2009年）；U–NEXT「U–NEXT」

U-NEXT は，2005年に USEN が開始した無料動画配信サービス GyaO
を起源としている。USEN は2008年にヤフーに GyaO の株式51% を譲渡し
て USEN とヤフーの合弁会社とし，「Yahoo! 動画」と統合した。さらに
2009年には定額配信サービス「GyaO NEXT」を「U-NEXT」へとブラン
ド変更し，2010年には U-NEXT を，会社分割により USEN の100%子会社
である株式会社 U-NEXT に承継させて，発行済株式の全てを宇野康秀代表
取締役に譲渡した（USEN，2010；境，2016a）。さらに2017年にはグループを持
株会社体制に移行し，持株会社「USEN-NEXT HOLDINGS」の傘下に
U-NEXT と USEN の各事業を子会社として配置する経営統合を行った
（CNET Japan，2017）。

U-NEXT の月額料金は他に比べて高く，ペイパービューサービス対象の
コンテンツが多いが，ペイパービューサービスの中には，劇場公開後まもな
い新作映画，NHK オンデマンドの作品，クラシック映画などを含んでお
り，こうした新しい作品や特徴のある作品を見たいユーザーにとっては，望

ましいサービスとなっている（U-NEXT, n.d.）。

(2)2009年（ブランド変更は2023年）；NTT ドコモ「Lemino」（旧 dTV）

　dTV は，2009年にエイベックス通信放送が開始したサービスである BeeTV としてはじまり，ドコモのdマーケットに対して映像を提供する「dマーケット VIDEO ストア powered by BeeTV」，「d ビデオ powered by BeeTV」というブランドで展開していたが，2015年4月より「dTV」へブランドを変更して展開している（NTT ドコモ, 2015）。

　dTV は日本最大の携帯電話会社であるドコモと，エンターテインメント業界大手のエイベックスグループが共同で事業を展開している点に強みがあった（境, 2016a）。その後，NTT ドコモは，エイベックス通信放送を完全子会社化した。そして，2023年には，「dTV」をブランド変更し，「Lemino」としてスタートさせる。これにともない，月額料金を月550円から990円とし，作品数を増やす計画である。「Lemino」では，オリジナルドラマ，バラエティー，スポーツ中継，音楽ライブなどを提供して，海外大手との競争にいどむ（日本経済新聞, 2023）。

　アメリカ企業が日本で展開・推進する SVOD のうち，日本で普及が進んでいるのは「Hulu」「Amazon プライム・ビデオ」「Netflix」「Disney+」である。それぞれ，大手映画会社・放送局，EC サイト /IT 企業，DVD ネットレンタル企業，複合エンターテインメント企業を母体にして生まれた。次にそれらを見ていこう。

(1)2011年；HJ ホールディングス「Hulu」（日本）

　Hulu はアメリカにおいて2008年に大手映画会社，放送局などにより共同で設立された（現在の出資グループは，NBC ユニバーサル，FOX，ABC，ターナー・ブロードキャスティング等）。背景には，YouTube や Netflix の急激な成長があった。それらへの放送局，大手映画会社からの対抗策として Hulu は設立された。なおアメリカにおける Hulu のサービスは，見逃したテレビ番組を広告つきで無料で見せるサービスから始まり，その後 SVOD が提供され

た。日本では2011年に，米国 Hulu の子会社として，Hulu Japan が SVOD を開始した。

　しかし日本での業績は米国本社の期待に達せず，Hulu Japan は2014年に日本テレビの傘下に入り，日本テレビ子会社の HJ ホールディングスが運営することになった。現在の Hulu では，日本の番組，特に国内ドラマやアニメなどが多数視聴可能になっている。日本テレビにとって Hulu はインターネット事業の核であり，インターネットとテレビの融合，そしてクロスメディアマーケティングの将来的な発展に向けた重要な要素になっている（西田，2017；日本テレビホールディングス，2017）。

(2)2015年；Netflix「Netflix」（日本）

　Netflix は1997年に DVD を郵送で貸し出すレンタル会社として設立され，1999年にオンライン上で DVD をレンタルするビジネスを開始，2007年に，SVOD を開始した。アメリカでは Netflix を契約する代わりに，それまで契約していたケーブルテレビの有料チャンネル契約をやめる人が多く出たことから，「コードカッター」と呼ばれて恐れられた。世界でサービスを展開しており，世界最大の SVOD サービス専業会社といえる（東洋経済, 2016）。Netflix は日本では2015年にサービスを開始した。

　Netflix のコンテンツの特徴はオリジナルコンテンツの制作に力を入れていることにある。その代表作としてはアメリカでエミー賞を受賞した「ハウス・オブ・カード」がある。Netflix は，アメリカ以外でも各国でオリジナルのコンテンツを制作しており，日本では，特に，アニメーションの制作に力を入れている（Forbes JAPAN, 2017a, 2017b）。日本のアニメーション制作会社は長らく地上波テレビの下請けとして劣悪な環境に耐えながら優れたアニメを制作してきた。Netflix の支援により，日本のアニメクリエーターは良い制作環境を得るとともに，世界に対して自分たちの作品を配信して正当な利益を得るチャンスをつかんだ。

　さて，Netflix では，利用者がどのようなところで映像を中断したか，何を楽しんだかを，膨大な視聴ログ，ビッグデータとして保有している。それを解析してサービスの改善に活用するとともに，レコメンデーション機能を

精緻なものに進化させている。主要なスマートテレビメーカーと交渉し最新のテレビのリモコンに独自のボタンをつけさせているので，利用者は簡単にサービスへアクセスでき，自分のために最適化されたメニューから見るものを選ぶことができる（CGWORLD, 2016）。

しかしNetflixのユーザーインタフェースは良すぎるために問題も生んでいる。視聴者がドラマを見ているときに，たとえば第1話を見てそれでやめようと考えていても，自動的に第2話がはじまってしまい，つい，次々続けて見てしまうように設計されている。各話の終わりにはクリフハンガー（人が崖にぶら下がっている状態）がしかけられているので，やめられなくなるのだ。こうした視聴への中毒性には注意が必要である。

(3)2015年；アマゾン・ジャパン「Amazon プライム・ビデオ」（日本）

Amazonは「Amazon インスタント・ビデオ」のサービスを2011年からアメリカで，2013年から日本で行っていた。日本でのサービスは，タイトルごとにレンタルで視聴できるペイパービューサービスであった。この時点でアメリカではプライム会員には無料で視聴できるサービスがあったが日本ではなかった。その後2015年に「Amazon プライム・ビデオ」のサービスが日本でも始まった。Amazon プライム・ビデオはプライム会員の付加サービスで利用料は割安である。しかし全ての動画が見放題なのではなく，レンタル（購入）のタイトルも含んでいる。つまり，SVODを基本としながらオプションでTVODというサービスとなっている。またKindle デバイスなどにダウンロードして視聴できる点にも特徴がある（Amazon, n.d.）。

(4) 2020年；Disney「Disney+」（日本）

Disneyは「Disney+」のサービスを2019年からアメリカ等で，2020年から日本で開始した。ディズニーだけでなく，ピクサー，マーベル，スター・ウォーズ，ナショナルジオグラフィックといったスタジオの多様な作品を見ることができる（Disney, n.d.）。Disneyは，動画配信事業としてはDisney+だけでなく，ワールドワイドではHulu，ESPN+といったサービスも傘下においている。これらのサービスを合計したサービス群の合計の加入者数

は，2022年4月に世界で2億560万人となった。さらに，今後，HBO Max もグループに加わる計画がある。なお，加入者数は Disney+ 単独では2022年4月に1億3770万人となっている。Netflix の加入者数は2022年6月に世界で2億2067万人となっている。追撃されている Netflix は安価な広告付きサービスの開始に踏み切った（Forbes JAPAN, 2022）。

13-3-5　日本におけるテレビ放送の IP サイマル放送（リアルタイム配信）

ここまでビデオオンデマンドを中心とした動画配信サービスの現状について述べてきたが，続けて，テレビの放送をそのまま放送と同時にリアルタイムにインターネットでも配信する「IP サイマル放送」について見ておこう。「IP サイマル放送」は「見逃し配信」とは異なる。「見逃し配信」が，テレビで放送し終わった番組をインターネットで配信するサービスであるのに対し，「IP サイマル放送」は，テレビ放送と同時に，リアルタイムにインターネットで配信する。IP サイマル放送は技術的には，1994年の「Zoetrope」でもすでに実現可能な技術となっていた。しかしテレビ局の経営上の判断やコンテンツの著作権上の課題により，海外では広く行われていた IP サイマル放送は日本では発展してこなかった。とはいえ，いくつかのチャレンジはなされてきた。それらを以下に示す。

(1) 2014年；フジテレビ「フジテレビ NEXT smart」

2014年にサービスを開始したフジテレビ NEXT smart では，CS チャンネルを IP サイマル放送としてスマートフォンやパソコンなどの端末から視聴できるサービスを有料で提供した（CNET Japan, 2014）。

(2) 2015年；NHK による実験サービス

NHK は2015年10月〜11月に，約1万人を対象に総合テレビの放送内容を IP サイマル放送として配信する実験を実施した。その後，NHK は，2014年の改正放送法によって，IP サイマル放送が可能となった（日経パソコン, 2016）。

(3)2016年；熊本地震における災害報道

　2016年に発生した熊本地震において，地上波放送局各局は，災害報道を自社のホームページや YouTube 内の自社チャネルなどで IP サイマル放送として配信した。地上波テレビ局各局が一斉に災害時 IP サイマル放送に取り組むことは初めてのことだった（境, 2016b）。世界を見ると，日本以外では IP サイマル放送が数多く行われており，日本でも災害報道などの場合にかぎらず，幅広い実施を検討する時期になってきた。

　2022年になり，IP サイマル放送実現の動きは大きく加速した。日本の民放テレビ局は，IP サイマル放送に関して，慎重な姿勢をとっていたが，若者のテレビ離れや，NHK による IP サイマル放送の本格的な開始が，事態を動かすことになった。以下でその状況を見ていく。

(4)2022年：NHK による番組の IP サイマル放送

　NHK は，2020年に「NHK プラス」のサービスを開始した。ＮＨＫプラスは，ＮＨＫの地上放送の番組をインターネットで視聴できるサービスである。NHK プラスには，放送中の番組を視聴できる IP サイマル放送と，放送後の番組を視聴できる見逃し番組配信のメニューがある（NHK, n.d.）。NHK は2022年度に，総合テレビについては，権利処理ができなかったものを除いて，原則24時間すべての番組をインターネットで同時に配信（IP サイマル放送）し，E テレについても19時間程度を同時に配信するサービスを開始した（島田, 2022）。

(5)2022年：TVer による民放の番組の IP サイマル放送

　TVer は，2015 年にサービスを開始した民放各局による動画配信サービスであり，在京民放キー局および系列局などが参加している。広告付きで無料で提供されており，ドラマやバラエティ，アニメなどの見逃し配信のほか，過去の番組の配信を行っている（TVer, n.d.）。なお，2019年には NHK も番組の提供を開始している（庄司, 2019）。

　テレビの放送をそのままインターネットに流す IP サイマル放送について

は，2021年10月に日本テレビが先行して提供を開始し，2022年4月には，テレビ朝日，TBS，テレビ東京，フジテレビが提供を開始した（読売新聞，2022）。

　NHK とは異なり，民放は広告収入を中心としたビジネスを展開しており，IP サイマル放送により地上波放送と同様の利益を得ることにはいまだ困難があり，ビジネスモデルの確立には時間がかかるものと思われる（水野，2022）。

(6)2022年；AbemaTV によるサッカー W 杯のリアルタイム配信

　AbemaTV は地上波放送局ではなく，インターネット専業放送局であり，IP サイマル放送を行っているわけではないが，リアルタイム配信にも力を入れており，NHK や民放に準ずる存在としてここで取り上げる。AbemaTV はサイバーエージェントとテレビ朝日により2016年にサービスを開始した。広告モデルにより無料で提供され，ニュースや，オリジナルドラマ，恋愛リアリティーショー，アニメ，スポーツなど，多彩な番組を提供している（サイバーエージェント，n.d.）。ニュースとバラエティのチャネルはテレビ朝日が制作しており，これらのチャネルでは地上波との連携も多く行われている（境，2016a）。リアルタイム配信に関しては，2022年11月・12月に実施されたサッカー W 杯の全64試合の生中継を無料配信し話題となった（読売新聞，2022）。

13-3-6　日本における動画配信ビジネス推進上の課題

　以上，日本の企業やメディアのデジタル対応はアメリカに比べると遅いといってよいことがわかった。動画配信サービスにおいても，パソコンやスマートフォン市場で行われたような，アメリカの巨大企業による日本市場の制覇が行われる可能性が見えてきた。

　しかし，なぜ，日本の放送局などのデジタルサービスはあまり成功せず，アメリカ企業によるものは成功しているのだろうか？　この点を解明するため，2017年時点における Amazon および Netflix と日本の地上波民放キー局各社の代表者の経歴を見てみよう。Amazon のベゾスや Netflix のヘイス

ティングスがいわゆる理工系大学出身者であるだけでなく，生粋のITエンジニアであるのに比べると，日本の地上波放送局各社の代表者は文系，それも法律，政治，経済，文学などを専攻し，TVの編成や新聞の政治・経済の記者経験者が多い。その経歴の違いからくる，IT技術，メディア技術の進展に対する考え方の違いが，日本での動画配信ビジネスの展開に影響しているかもしれない（表13-6）。

　しかし，メディアの変化は，過去の事例を見ても，たいへん早い。たとえば，昭和の時代に，日本でカラーテレビの普及率が60％程度から90％に達するまで3年しかかからなかった。アメリカにおいてはNetflixが2007年にSVODを開始してからFoxの売上を抜くのに7年しかかからなかった。

　生活者の意識の変化も大きい。過去においては，インターネット上のコンテンツは無料だという印象が強かったが，現代の生活者は，インターネット上の有料コンテンツに対して，課金し，支払いを行うことについて違和感を持つことはない。

　技術の進歩を止めることはできない。また，生活者のライフスタイルやニーズの変化を止めることもできない。さらに，メディアやエンターテインメントビジネスでは，ユーザーの限られた「時間」の取り合いが発生している。生活者からみたVODの最大の利点は，その名に象徴されるとおり，"On Demand"すなわち，放送局の時間編成にとらわれず，自分の好きなときに（タイムシフト），自分の好きなデバイスで（マルチデバイス），自分の好きなところで（プレイスシフト），数多くのコンテンツから自分の好みにあったコンテンツを楽しめることである。その一方で，ライブ中継のサービスをリアルタイムストリーミングで世界中の生活者が同時に見て楽しむことも可能になった。

　今後，動画配信サービスにおいては，日本でも新たなビジネスモデルの構築が必要になると思われる（進藤・鈴木，2017）。

表13-6　米国SVOD企業と日本の地上波放送局の2017年時点における代表者の経歴

	代表者	生年	主な学歴	主な職歴	経歴の特徴
Amazon.com	ジェフ・ベゾス	1964	プリンストン大学BS，電気工学，コンピュータサイエンス	米国新興企業Fitel社開発部長 米国ヘッジファンドD. E. Shaw & Co. SVP ワシントンポスト社主 民間宇宙開発会社ブルーオリジンCEO	エンジニア，起業家
Netflix	リード・ヘイスティングス	1960	米海兵隊士官学校 ボウディン大学 スタンフォード大学大学院コンピュータサイエンス修士課程	米国平和部隊，数学教師 Pure Software社CEO カリフォルニア州教育委員会の委員長	ソフトウェアの動的メモリーリーク検知に関して特許所有
フジテレビ	A氏		法学部	テレビ，編成等	
テレビ朝日	B氏		法学部	新聞，政治部等	
日本テレビ放送網	C氏		外国語学部	新聞，政治部等	
TBSテレビ	D氏		経済学部	新聞，経済部等	
テレビ東京	E氏		文学部	新聞，経済部等	

（出所）公開情報から著者作成

13-4　ライブ配信サービス（コンサート等のオンライン配信）

　次に，ライブ配信サービス（オンライン配信）について述べる。蓄積したコンテンツを視聴者の求めに応じてインターネット上で配信するビデオオンデマンドと，今まさに開催されているライブをインターネット上でリアルタイムに配信するサービスは全く別のものである。

　日本でもインターネット上のライブ配信は以前から行われてきたが，実験にとどまり，ビジネスとして花開くことはなかった。しかし，コロナ禍が大きく状況を変えた。2020年からのコロナ禍により，人々の外出は大きく制限された。ライブ・エンターテインメントの業界は，大きな打撃を受けた。日本における市場規模は6295億円（2019年）から1306億円（2020年）へと激減

した（ぴあ総研, 2020）。リアルに会場へ観客を集めることが困難になったため，ライブ・エンタテインメントの業界においては，インターネットを用いたライブ配信を行おうとする動きが広がった。2020年 2 月〜 5 月ころは，過去の公演映像をオンデマンドで無料配信するケースが多かったが，2020年 6 月以降は，ライブ配信を行うケースが多くなった。消費者もライブ配信への関心を高めた。その後，会場に観客を入れずに行う無観客ライブ配信に加え，会場に観客を入れて行う有観客ライブ配信も広く行われるようになった（進藤, 2020）。

　ライブ配信には，プロフェッショナルが創作したコンテンツ，すなわち，音楽コンサート，演劇などの PGC（Professionally Generated Contents）を有料でライブ配信するケースと，一般ユーザーが創作したコンテンツ，すなわち，UGC（User Generated Contents）を YouTube Live などで無料配信するケースがあるが，ここでは前者，PGC を有料でライブ配信するケースを扱う。2000年ころまでは，インターネットで配信されるコンテンツは無料であり，消費者がお金を払うことはないと考える人が多かったが，現在では，Netflix などの動画配信サービスの普及もあり，プロが配信するコンテンツに対し，消費者がお金を払うことは一般化した。

　音楽コンサート，演劇などの PGC を有料で配信する場合，日本において，プラットフォームとして著作者（アーティスト，コンテンツホルダ等）が選ぶサービスとしては，Streaming+，PIA LIVE STREAM，ZAIKO などのチケット販売事業者が手掛けるサービスや，ABEMA，GYAO！，SHOWROOM プレミアムライブなどの，インターネット配信事業者が手掛けるサービスなどがある。これらの有料ライブ配信プラットフォームは，著作者への制作支援，配信支援，消費者へのチケット販売代行などを行い，著作者から支払いを受けるビジネスを実施している。

　以下，有料ライブ配信プラットフォームのビジネスモデルについて，ケースを用いながら，動画配信サービスと比較して，特徴を明らかにしていく。

　ケースとして，2020年 6 月25日に，サザンオールスターズが，横浜アリーナで開いた，無観客のライブ配信「サザンオールスターズ 特別ライブ2020 Keep Smilin' 〜皆さん，ありがとうございます!! 〜」について見てい

こう（サザンオールスターズオフィシャルサイト，2020）。このライブ配信のチケット代金は，3600円であり，チケット購入者は約18万人，購入者が複数人で見ていたことを含めた推定総視聴者数は約50万人となった。推定売上額は約6億5000万円である。横浜アリーナの収容人数が約1万7000人であることを考えると，10倍以上の購入者数を集めることに成功した。なお，通常のチケット代金は1万円程度であることから，通常のライブと比較しても3－4倍程度の売上を達成している。

　この配信は，コンサート会場に行くことが難しかった人や，チケットを入手することができなかった人もふくめて，多くの消費者にライブを届けることを可能にした。また，会場には，40台のカメラが設置され，優れた演出効果をえた（SPICE，2020）。非常に多くの観客を集めたこと，有料配信として比較的高額なチケット代でも成立したこと，演出面での見事さなどにおいて，日本のライブ配信史上，特筆すべきエポックメイキングなものとなった。

　有料ライブ配信プラットフォームのビジネスモデルはどうなっていたのだろう。サザンオールスターズという強力なアーティストを中心に，ABEMA，GYAO！，新体感ライブCONNECT，PIA LIVE STREAM，U-NEXT，LINE LIVE，ZAIKO，サザンオールスターズ応援団という，8つの有料ライブ配信プラットフォームが，協調して配信した点に特徴がある。数千人程度までの規模のライブ配信の場合，ひとつの有料ライブ配信プラットフォームを用いれば十分である。しかし，このケースのように，約18万人に対し，品質を保証したうえで，配信する場合，ひとつの配信プラットフォームで実施するのは，技術的にも，ビジネス的にも，非常に困難であり，このようなビジネスモデルが選択されたものと思われる。

　さらに，これらのプラットフォームは，著作者への制作支援，消費者へのチケット販売代行に加え，視聴に必要な会員登録サービス，各種の環境から視聴可能とするサービス，決済サービス，チャット・コメント機能，投げ銭機能などの，多様なサービスを提供し，ライブの成功に貢献していた（表13-7）。

　有料ライブ配信において重要な事項は，著作者の意向を最大限に尊重する

表13-7　サザンオールスターズライブ配信で活用された 8 つの有料ライブ配信プラットフォーム

名称	ABEMA	GYAO！	新体感ライブ CONNECT	PIA LIVE STREAM
視聴に必要な 会員登録サービス	登録不要	Yahoo! JAPAN ID	d アカウント	チケットぴあ
WEB ブラウザから視聴	○	○	○	○
専用のアプリから視聴	ABEMA アプリ	GYAO！アプリ	新体感ライブ CONNECT アプリ	－
テレビ視聴	○		○	○
チャット・コメント機能	○	○	○	－
投げ銭機能	－	－	－	－

名称	U-NEXT	LINE LIVE	ローチケ ZAIKO	ファンクラブ
視聴に必要な 会員登録サービス	U-NEXT	LINE	ZAIKO	ファンクラブ サザンオールスターズ応援団
WEB ブラウザから視聴	○	－	○	○
専用のアプリから視聴	U-NEXT アプリ	LINE LIVE アプリ LINE アプリ	－	－
テレビ視聴	○	－	○	－
チャット・コメント機能	－	○	○	○
投げ銭機能	－	○	○	－

（出所）サザンオールスターズオフィシャルサイト（2020）

　こと，多くのカメラを用意して優れた撮影を行うこと，配信にあたっては複数の有料ライブ配信プラットフォームを活用して品質保証された状態で届けること，などである。

　有料ライブ配信プラットフォーム側から見ると，大規模（数万人以上）な配信を行う場合，著作者（アーティストやコンテンツホルダ等）から直接依頼されたとしても，1 社でカバーできる規模には限界があり，1 社で引き受けることは難しい。また，有料ライブ配信プラットフォームのビジネスでは，失敗が許されない。ライブはその時一回限りのものであり，見逃し配信（オンデマンド配信）を行ったとしても，今，このとき，という一回性，同時性，現前性は再現できないので，失敗した場合取り返しがつかないという難しさがある。

　この有料ライブ配信プラットフォームの性格を明示するため，近い領域にありながら，性格の異なるサービスである，動画配信プラットフォームと比較して検討する。なお，動画配信プラットフォームとは，Netflix，Hulu，Amazon Prime，Disney+ などの，加入者から毎月一定額を得て運営される，映画，ドラマなどの配信サービスのことであり，リアルタイムのライブ配信ではなく，主に，蓄積されたコンテンツをビデオオンデマンド方式で提供する。

　最初に，著作者（アーティスト，コンテンツホルダ等）に対し提供するサービスについて比較する。有料ライブ配信プラットフォームでは，著作者への制作支援，配信支援，チケット販売代行などを行う。動画配信プラットフォームでは，コンテンツアグリゲーターとして多様なコンテンツを収集するとともに，著作者への制作資金提供，共同制作，著作権共有を行う。著作者との金のやりとりでは，有料ライブ配信プラットフォームは，著作者が有料ライブ配信プラットフォームに制作支援費を支払うとともに，著作者が有料ライブ配信プラットフォームに視聴チケット販売手数料（Streaming+ の場合はチケット代の 8 ％〜15％程度）を支払う。動画配信プラットフォームは，著作者へライセンス費を支払うとともに，著作者へ制作費を支払う。これらのことから，さまざまな意思決定の最終決定権は，有料ライブ配信プラットフォームでは著作者が主に持ち，動画配信プラットフォームにおいては，動画配信プラットフォームが主に持つ。

　次に，消費者との関係について見てみる。有料ライブ配信プラットフォームは，消費者との関係は短期的，一時的で，都度，1000〜5000円程度のチケット代を支払ってもらう関係である。動画配信プラットフォームは，長期的，継続的なサブスクリプションモデルに基づき，毎月，500〜2000円程度を支払ってもらう関係である。

　最後に，同業他社との関係について述べる。上記で記したサザンオールスターズのライブ配信では 8 つの有料ライブ配信プラットフォームが共同で，大規模なライブ配信を実現した。このことから，有料ライブ配信プラットフォームにおいては，同業他社との関係は著作者を中心にして協調的であると言える。これに対し，動画配信プラットフォームにおいては，各社が同じ

表13-8　有料ライブ配信プラットフォームと動画配信プラットフォームの
　　　　ビジネスモデルの比較

	有料ライブ配信プラットフォーム	動画配信プラットフォーム
ビジネス内容	有料ライブ配信を提供	ビデオオンデマンド方式で映画やドラマを配信
コンテンツ内容	音楽コンサート，演劇等のPGC	映画，ドラマ，アニメ等のPGC
著作者に対し提供するサービス	著作者への制作支援，配信支援，チケット販売代行	コンテンツアグリゲーター 著作者への制作資金提供，共同制作，著作権共有
著作者との金のやりとり	著作者が制作支援費を支払う 著作者が視聴チケット販売手数料を支払う	著作者へライセンス費を支払う 著作者へ制作費を支払う
意思決定	著作者が主	定額制動画配信プラットフォームが主
消費者との関係	短期的，一時的 都度，1000～5000円程度のチケット代を支払う	長期的，継続的な サブスクリプションモデル 毎月，500～2000円程度を支払う
同業他社との関係	著作者を中心にして協調的	敵対的

（出所）著者作成

コンテンツを配信していることもあり，また，消費者が毎月こうしたサービスにかけることのできるお金の上限もあって，Netflix，Hulu，Amazon Prime，Disney+，などの同業他社は協力しあうことは少なく，敵対的である。以上のように，有料ライブ配信プラットフォームのビジネスモデルには動画配信プラットフォームと比較して顕著な特徴があることがわかった（進藤，2021）（表13-8）。

13-5　デジタルジャーナリズム

　次に，デジタルメディアを使って伝達されるコンテンツとしてのニュースや，ジャーナリズムの活動について見ていく。

　ニュースとは，あらためて考えると，いったい，何のことだろう。字義通りの意味では，ニュースとは，「新しいこと」である。メディアを通じて伝えられるニュースにより私たちは，今日，もしくは今，おこったできごと，

たとえば，台風による大雨が降っていることや，選挙の結果などを知ることができる。しかし，ニュースに求められている要素は，新しさだけではない。新しさに加えて，新聞協会によると，人間性，社会性，地域性，記録性，国際性などの要素が求められ，伝えられている（新聞協会，n.d.）。

この，新聞協会のいう，人間性とは，人間の生死や，苦難について扱うことである。事故で多くの方が亡くなったような場合，大きなニュースになる。社会性とは，社会的な影響力の強い事項について扱うことである。最近になって注目されたりする問題は大きなニュースになりうる。地域性とは，自分の住んでいる地域によって，注目される事柄も変わるということである。自分の住んでいる地域で大雨が降れば自分にとっては大きなニュースであるが，日本国内であっても，遠い地域のできごとであれば，自分にとっての影響はあまり大きくない。記録性とは，さまざまなできごとが，また，株価などの数字が，報道され，掲載されることにより，歴史的に重要な記録を作り出しているという意味である。国際性とは，世界の動向を伝えることである。海外の各国の大統領選挙の結果を伝えたりすることで，世界の動きを読者に伝える役割を果たしている（新聞協会，n.d.）。

次に，ニュースを読者に伝える役割を果たしてきたマスコミについて考える。そもそも，「マス」，とは，「大勢の」「大量の」を意味する言葉である。「メディア」とは，「媒介するもの」を意味する言葉である。ゆえに，「マスメディア」とは，「送り手が大規模かつ大勢おり，読者が大勢いる状況で送り手と読者を媒介するもの」のことをさす。具体的には，新聞，雑誌，テレビ，ラジオなどのことである。「マスコミ」の元の言葉である「マスコミュニケーション」とは，「大量の情報を伝達して大勢の人々の間に相互作用を巻き起こすようなコミュニケーション」のことをさす（小黒他，2010）。

デジタル時代にはいり，生活者がニュースを得るのはマスメディアからインターネット，ソーシャルメディアに移っている。こうしたなかで，新聞，雑誌，テレビ，ラジオなどに所属していたプロフェッショナルな記者や編集者は役割を終え，一般の人々の投稿にとってかわられるのだろうか。アナログ時代には，ニュースがひとつの製品になるためには，新聞の紙面やテレビの放送時間の枠，日程に収めなくてはならなかった。そうした制約はすでに

なくなり，リアルタイムにニュースは拡散されつつある。多種多様な情報がインターネットで入手できることにより，マスメディアの報道に，偏向や誤報がある場合には，それを隠し切れなくなったことがマスメディア不信を増幅させている理由のひとつであるともいえる。

　かといって，デジタル時代には，一般の人が伝えるインターネット上のつぶやきだけで，ニュースは十分かというと，そのようなことはないだろう。きちんと取材，調査をし，専門家による考察を加えた，プロフェッショナルによる，正確で信頼できるニュースの発信は，人々にとって，世界を把握するために重要である。こうした活動をジャーナリズムという。そこで次に，ジャーナリズムとは何かについて考える。

　ジャーナリズムとは何だろうか。小黒他（2010）によると，ジャーナリズムとは，「正確で，公正な情報を伝達して，社会を監視し，そのような情報に対する高い水準の分析，解釈，批判を通じて，民主主義社会の正当性の土台になる世論を形成し，私たちのために，知る権利を代行するという使命を持つ報道活動」のことである。一方，ジャービス（2016）は，ジャーナリズムを，「人々の情報入手，そして情報整理を手助けする仕事で，コミュニティが知識を広げ，整理するのを手助けする仕事であり，ただ何かを知らせるだけでなく，何かを主張するものである」と定義している。

　正確で正しい情報を整理して伝え，人々のために尽くすことがジャーナリズムの使命であり，そうした役割は，インターネット中心の時代になっても，変わることなく必要とされる。ジャーナリズムが行われるということは，自由な社会を作り上げるうえで非常に重要なことである。独裁国家においては，新聞，雑誌，テレビ，ラジオ，インターネットなどで自由なジャーナリズムが行われることはない。民主主義の国家であっても，スポンサーの広告収入に頼るジャーナリズムでは，自由な報道ができないこともある。

　しかし，かつてのマスメディアのように，人々を大きなかたまり，マスとして扱い，少量の画一的なニュースを大量に流すようなジャーナリズムとは一線を画する新しいデジタル時代のジャーナリズムが必要とされていることもまた確かである。

　デジタル時代において，プロフェッショナルな記者が行うジャーナリズム

の役割として重要なのは，調査報道である。調査報道とは何だろうか。通常
のジャーナリズムは，政府，企業などから提供された情報に依存して受け身
で行われることもある。情報源は信用できるものと考え，情報源は明示され
ることが多い。世界の客観的な状況を伝えることを目的としているため，一
定のペースで迅速に発表され，記事は短いものとなる。記者は客観性を保
ち，記事をドラマ仕立ての構成にはしない。間違いがあっても，記者が糾弾
されることはあまりない（ハンター，2016）。

　この，通常のジャーナリズムについては，情報源がホームページ等で自ら
発信したり，一般の人々が，たまたま居合わせた現場から映像を用いて中継
したりするなどのことが容易になった今，プロフェッショナルな記者が行う
必要性は相対的に下がってきた。

　これに対して，調査報道ジャーナリズムでは，記者が率先して継続的に長
期の取材を行い，完成するまで記事は発表しないので，記事は非常に長くな
ることがある。政府，企業などから提供された情報に依存せず，かえって，
彼らの利益を損なう情報を隠していることもあると考え，検証し，真相を突
止め，明らかにしていく。そのため，記者の献身的な姿勢を必要とするが，
さまざまな情報源を用いて，公正な判断を下すことができる。しかし，間違
いがあった場合，記者は個人として制裁を受ける。ゆえに，執筆するストー
リーについては，慎重に評価する必要がある（ハンター，2016）。

　このような調査報道は，プロフェッショナルな記者が行う領域として，デ
ジタル時代にも残るのではないだろうか。しかし，課題もある。次に，それ
らの課題について述べる。

　デジタル時代において，プロフェッショナルな記者が行うジャーナリズム
の役割として重要なのは，調査報道であることは先に述べた。しかし，この
ような活動が，経営的に，ビジネスモデル的に，成立するのだろうか。

　デジタル時代になっても，ニュースへの読者からのニーズは減少しておら
ず，むしろ，増えている。インターネット上や，ソーシャルメディア上で
ニュースを閲覧する人は，非常に多い。しかし，こうした閲覧により，
ジャーナリストやメディアが収入を得られるかというと，まだ難しいのが現
状である。新聞や雑誌のような紙媒体に対して読者がお金を払ってくれ，そ

こに，広告を付ければよいという時代は終わったが，新しいビジネスモデル
は確立していない。

　調査報道ジャーナリズムはアメリカでは経済的な危機にさらされてはいな
い。調査報道の注目度は高く，非営利で調査活動をするプロパブリカなどが
活発に活動を続けている。調査報道に必要な費用は一般にさほど多くないこ
ともある（ハンター，2016）。アメリカの方法を，日本にも取り入れていくこ
とは可能ではないか。

　最後に，デジタルならではの課題について述べる。フェイクの問題であ
る。フェイクニュース（fake news）とは，Cambridge Dictionary（n.d.）に
よると，「false stories that appear to be news, spread on the internet or
using other media, usually created to influence political views or as a
joke（虚偽のストーリー。ニュースのように見え，インターネットや他のメディアを使
用して拡散する。通常は政治的見解に影響を与えるために，または冗談として作成され
る。）」のことである。これは，デジタル時代になることで，大きな問題に
なった。特に，2016年のアメリカ大統領選挙期間において，多くのフェイ
クニュースが出回ったことは記憶に新しい。水谷（2019）によると，フェイ
クニュースの中にはトランプを否定するものもあったが，偽の選挙記事上位
20 件のうち17件がトランプを応援するもので，これらがトランプ大統領の
当選に寄与した。インターネットを通じたフェイクニュースの拡散が，民主
政治において人々の行動に影響を与えている。

　デジタル時代においては，ジャーナリズムは，こうした課題を突き付けら
れている（柿本他，2020；猪俣，2016）。

ケーススタディ⑮

YouTube　デジタル時代の最強メディアで Vtuber も活躍

　デジタル時代の最強メディアのひとつとして，YouTube のケースを見て
いこう。

　YouTube は米グーグル傘下の動画共有プラットフォームであり，2020年
時点で，月間ユーザー20数億人，1日当たりの視聴は10億時間，投稿動画

の量は毎分500時間と，膨大な数のユーザーと動画を持ち，メディアとして世界最大級の規模を誇っている。YouTube の名前の由来は，世界中であなた（You）がブラウン管（Tube）に何でも投稿できる，開かれた場である，というところからきている。少数のコンテンツ制作者が少数のチャネルで配信する地上波テレビ局とは逆のモデルである。膨大な数のユーザーがいることで，広告主も引き寄せられ，多額の広告費が動いている（東洋経済，2020）。

　YouTube を使って個人やタレントがビジネスを展開する場合，以前は，アクセス数や登録者数を増やして広告収入を得ることがほとんどだったが，現在では，アパレルブランドを立ち上げて EC サイトを運営したり，ファンクラブを運営したりと，多角化している。ビジネスとしての規模が大きくなり，人気 YouTuber の多くは UUUM などの事務所に所属するようになった。YouTuber トップ層の HIKAKIN，はじめしゃちょーなどはあらゆるメディアで影響力を持っている（東洋経済，2020）。

　こうしたなか，早くから YouTube の活用を進めてきたのが音楽業界である。自社アーティストの楽曲の認知を広げるための場として，YouTube の初期から多くの事務所がミュージックビデオやプロモーションビデオを公開してきた。以前は YouTube は PR 手段という側面が強かったが，今はファン深耕や新人発掘の場としての役割が拡大した。自身の楽曲を発信している YouTuber から新人を発掘し，レーベル契約に至ったケースもある。無料の YouTube で音楽を聴けてしまうと，CD やサブスクリプションサービスの売上が落ちると懸念を持つこともあったが，現在では，YouTube や TikTok で楽曲を公開して人気を盛り上げた後，さまざまなビジネスに結び付けることが一般化している。こうしたエコシステムの活用は，レーベルにとってもプラスになる（東洋経済，2020）。

　YouTuber のなかには，架空のキャラクターの姿を使って動画投稿・ライブ配信を行うバーチャル YouTuber（Vtuber）という存在がある。人気のあるバーチャル YouTuber は，YouTube にとどまらず，地上波 TV などへのレギュラー出演やオリジナル楽曲の CD 化，ニコニコ超会議などをはじめとした大規模イベントへの出演など，さまざまな形で活動の幅を広げている。

　日本のバーチャル YouTuber のなかでも成功した例として，汎用バー

チャル YouTuber である「キズナアイ」と，企業キャンペーン用バーチャル YouTuber「燦鳥ノム」について述べる。

　Kizuna AI official website（2019）によると，キズナアイは，2016年12月に活動を開始した世界初のバーチャル YouTuber であり，バーチャルタレントであった。活動の場としては，YouTube チャンネル「A.I.Channel」をはじめ，TikTok，Twitter，Instagram などを活用していた。また，アーティストとして SUMMER SONIC に出演したり，地上波 TV にも積極的に出演し，多様な活動を行っていた。キズナアイは，企業とのコラボレーションも積極的に行い，Kizuna AI official website（2019）によると，2019年11月には，ポッキー＆プリッツのキャンペーンを実施した。なお，キズナアイは，惜しまれつつ2022年2月に無期限の活動休止期間に入った。

　多様な活用を模索する汎用バーチャル YouTuber がある一方で，企業独自のキャラクター，キャンペーン用としてバーチャル YouTuber を活用する例もある。「燦鳥ノム」は，サントリーの公式バーチャル YouTuber である（燦鳥ノム，2019）。燦鳥ノムは，2018年8月の YouTube 公式チャンネル開設以降，サントリーの商品レビュー以外にも，既存楽曲を歌ってみた動画の投稿や，さまざまな企画動画，さらにはカルチャーイベントへの出演など，企業キャラクターとしての域を超えた活動をしてきた。例えば，2019年にはユニバーサルミュージックより，企業系バーチャル YouTuber 初となる歌手デビューを果たしている（ユニバーサルミュージック，2019；星野・進藤，2020）。

まとめ

　この章ではメディアとは何かについて扱った。まず，伝統メディアのデジタルトランスフォーメーションについて見た後，デジタル時代のメディアとして，動画配信サービス，ライブ配信サービスなどについて見た。そして，デジタルジャーナリズムについても検討した。最後にケースとして，デジタル時代の最強メディアのひとつとなった YouTube について吟味した。デジタル時代のメディアは大きく進化していることがわかった。

第14章

SDGs×デジタルマーケティング：デジタルソーシャルグッド

> 「わたしが指輪を持っていきます。」と彼は言いました。「でも，わたしは道を知りませんが・・。」
> J. R. R. トールキン，瀬田貞二・田中明子訳（1992）『指輪物語』

はじめに

　この章では，ソーシャルグッド，SDGs について扱う。そして，デジタル技術を活用してソーシャルグッド，SDGs をどのように実現するかについて述べる。

　デジタル時代のコミュニケーションにおいて，欠かせない概念である，ソーシャルグッドについて考えることで，第3部のまとめとしたい。

14-1　ソーシャルグッドとは何か

　さて，社会のために良いことをするのは重要であるという考え方は，現代社会で，広く認められるようになっている。社会的に良いこと，社会に良い行いを，ソーシャルグッドという。ソーシャルグッドの実現は，現代社会において大きな目標となっている（井上，2014）。この概念が，マーケティングに大きな影響を与え始めたのは2010年代である。コトラー他（2010）は，「マーケティング3.0」を，「世界をより良い場所にすること」を目標として

発表した。

　しかし，ソーシャルグッドの実現は容易なことではなく，多くの課題を解決していく必要がある。世界に存在する課題と，それらに関して達成すべき具体的な目標に関しては，2015年の国連サミットで「持続可能な開発目標（SDGs: Sustainable Development Goals）」としてまとめられている。SDGs は2016年に正式に発効し，2030年までの15年間の国際目標となった。この達成に向けて，多くの国，人々が結集し，取り組みを進めている（国際連合，n.d.）。

14-2　SDGs とは何か

　SDGs は人間と地球のための行動計画である。ここでは，貧困を撲滅することや，持続可能な開発の実現に必要な，さまざまな手段をとることを宣言している。また，誰一人取り残すことなく，持続可能な開発の3側面，すなわち経済，社会及び環境の3側面を調和させることをめざしている。そして17のゴールを提示している（国際連合，n.d.）（表14-1）。

　SDGs の実現に向けて，日本においても取り組みが行われている。日本政府は，2016年に，「SDGs 推進本部」を設置し体制を整えた。さらに，行政，民間セクター，NGO・NPO，有識者，国際機関，各種団体等を含む幅広いステークホルダー（利害関係者）によって構成される「SDGs 推進円卓会議」を開催し，「SDGs 実施指針」を決定した。また2019年には「拡大版 SDGs アクションプラン2019」を決定している（外務省，n.d.）。

　SDGs には政府だけでなく，企業もさまざまに取り組んでいる。たとえば，パナソニックは，「7　エネルギーをみんなにそしてクリーンに」という目標の達成に向けて，「ソーラーランタン10万台プロジェクト」に取り組んでいる。これは，パナソニックが専門とする，照明や電池，ソーラーエネルギー技術を利用してソーラーランタンを開発し，電気が通っていない地域で暮らす人々の生活の向上に貢献しようとする活動である（パナソニック，n.d.）。

　また，花王は，長年にわたり，障がいの有無に関係なく，すべての人々に

表14-1　SDGs の17のゴール

1	貧困をなくそう	あらゆる場所で，あらゆる形態の貧困に終止符を打つ
2	飢餓をゼロに	飢餓に終止符を打ち，食料の安定確保と栄養状態の改善を達成するとともに，持続可能な農業を推進する
3	すべての人に健康と福祉を	あらゆる年齢のすべての人々の健康的な生活を確保し，福祉を推進する
4	質の高い教育をみんなに	すべての人々に包摂的かつ公平で質の高い教育を提供し，生涯学習の機会を促進する
5	ジェンダー平等を実現しよう	ジェンダー（社会的性差）の平等を達成し，すべての女性と女児のエンパワーメントを図る
6	安全な水とトイレを世界中に	すべての人々に水と衛生へのアクセスと持続可能な管理を確保する
7	エネルギーをみんなにそしてクリーンに	すべての人々に手ごろで信頼でき，持続可能かつ近代的なエネルギーへのアクセスを確保する
8	働きがいも，経済成長も	すべての人々のための持続的，包摂的かつ持続可能な経済成長，生産的な完全雇用およびディーセント・ワーク（働きがいのある人間らしい仕事）を推進する
9	産業と技術革新の基盤をつくろう	レジリエンドな（復元力のある）インフラ（社会基盤）を整備し，包摂的で持続可能な産業化を推進するとともに，イノベーションの拡大を図る
10	人や国の不平等をなくそう	国内および国家間の不平等を是正する
11	住み続けられるまちづくりを	都市と人間の居住地を包摂的，安全，レジリエンドかつ持続可能にする
12	つくる責任，使う責任	持続可能な消費と生産のパターンを確保する
13	気候変動に具体的な対策を	気候変動とその影響に立ち向かうため，緊急対策を取る
14	海の豊かさを守ろう	海洋と海洋資源を持続可能な開発に向けて保全し，持続可能な形で利用する
15	陸の豊かさを守ろう	陸上生態系の保護，回復および持続可能な利用の推進，森林の持続可能な管理，砂漠化への対処，土地劣化の阻止および逆転，ならびに生物多様性損失の阻止を図る
16	平和と公正をすべての人に	持続可能な開発に向けて平和で包摂的な社会を推進し，すべての人々に司法へのアクセスを提供するとともに，あらゆるレベルにおいて効果的で責任ある包摂的な制度を構築する
17	パートナーシップで目標を達成しよう	持続可能な開発に向けて実施手段を強化し，グローバル・パートナーシップを活性化する

（出所）国際連合（n.d.）

安心して，わかりやすく，使いやすいという視点で商品を開発するよう努めている。こうした，誰でも公平に使え，使う上での自由度が高いように配慮されたデザインの方法をユニバーサルデザインと呼ぶが，ユニバーサルデザインの推進はSDGs の目標である「3　すべての人に健康と福祉を」に寄与する取り組みである（花王，n.d.；柿本他，2020）。

SDGs 実現のために VR ができること

　ソーシャルグッドの実現は現代社会において大きな目標となっている。しかし，ソーシャルグッドを達成するためには多くの課題を解決する必要がある。だが，SDGs の中には，当事者以外には実感しにくい目標もある。たとえば，きれいな水が豊富に安く入手可能な国に住んでいる人には，水の入手の困難さは実感しにくい。そのため，SDGs 達成への理解と共感が得られない可能性がある。

　現実には体験しにくい体験を疑似的に体験できるデジタル技術には，バーチャルリアリティ（VR）がある。これを活用すれば，当事者以外の人にも，SDGs 達成への理解と共感が得られるかもしれない。

　SDGs の17の目標すべてに対して VR を用いることが適しているわけではない。そこで，VR の特徴，すなわち，現実での経験が困難なものを体験させることで目標達成に貢献できるのか，真に迫った経験を体験させることで目標達成に貢献できるのか，さらに，研究として発展余地があるか，などの点で SDGs の17の目標を評価した。

　その結果，高橋・進藤（2018）の研究では SDGs の17の目標のうち，「つくる責任，使う責任」を対象にした。これは，日常生活で行われている商品の消費において，生産者は環境に配慮した作る責任を果たし，消費者は使う責任を果たしていくという目標である。

　さらに，これを社会貢献にとどまらず，ソーシャルビジネスとして実施できないかを検討した。ソーシャルビジネスとは，ムハマド・ユヌスによれば，飢餓，ホームレス，病気，公害，教育不足など，長きにわたって人類をむしばんできた社会問題，経済問題，環境問題の解決に専念するビジネスである（ユヌス，2010）。

　なお，VR をソーシャルグッドに活用しようとする活動は「VR for Good」（広告朝日，2016）と呼ばれている。たとえば，Ahn 他（2016）は，動物の感覚を体験可能な VR の実験を行っている。この実験では，被験者に VR の機材を装着させて動物の感覚を仮想体験することで，環境リスクがいかに切迫

した問題であるかなどを深く認識してもらった。その結果，被験者の環境問題への関与が促進されたことが示されている。

　これに対し，高橋・進藤（2018）の実験では，アフリカの草原に行ってゾウに近くで触れ合えるようなVRコンテンツを作成して，被験者に体験してもらった。VR用のハードウェア（ヘッドマウントディスプレイ等）には，Oculusのシリーズを使い，コンテンツを開発するゲームエンジンとしては，Unityを用いた。

　VRコンテンツで想定したシチュエーションや目標は以下である。アフリカでは，コーヒー豆の畑をふやしすぎていることで，環境破壊が起こっており，その結果，アフリカゾウの数が減っている。先進国の人は，アフリカの環境破壊には関心がないかもしれないが，実際には，日々コーヒーを大量に消費していることで，環境破壊やアフリカゾウの絶滅を促進している。こうした状況を先進国の人たちに臨場感を持って理解してもらい，環境保護とアフリカゾウの保護の重要性への共感を持ってもらうことを目標とした。

　実験では，被験者にはまず，カフェを想定したリアル空間に入ってもらう。そのカフェで，VRのヘッドマウントディスプレイを装着すると，あたかも自分がアフリカのサバンナのなかにいて，コーヒーを飲んだり，果物を食べたりしているように感じられる。このVR空間内ではコーヒーや果物はCGモデルとして提供したので，被験者はそれらを仮想的に手で持ったり掴んだりできる（写真14-1）。しかし，被験者がソーシャルグッドでないコーヒー，つまり，無理な畑の拡張で環境破壊を促進してアフリカゾウの絶滅につながったようなコーヒーを注文して飲むと，被験者の見ているVR内で，アフリカゾウは死に絶えてしまう。

　一方，環境保護につながるソーシャルグッドなコーヒーを注文して飲むと，アフリカゾウは元気に動き回るようになる（写真14-2）。実際の

（出所）高橋・進藤（2018）

写真14-1　ソーシャルグッドを体験する VRシステム

（出所）高橋・進藤（2018）

**写真14-2　ソーシャルグッドなVR内での活動により
生き生きとするアフリカゾウ**

アフリカゾウと同じ3〜4メートルのゾウが，間近に迫ってくる体験は，動物園ではできない。被験者はこれを通じてゾウの偉大さ，大切さを体感し，同時に，コーヒーを消費者として飲む者にも責任があることを体感できる。このように，VRで臨場感のある体験をしたことで，被験者は感情に訴えかけられ，環境への理解が深まることがわかった。VRで体験することは，消費者行動にも影響を与えうる。消費者の選択が変化することで，企業に対しても影響を与えることができるかもしれない（高橋・進藤，2018）。

まとめ

この章では，ソーシャルグッド，SDGsについて検討した。そして，デジタル技術によって実現するソーシャルグッドの例としてVRの活用について述べた。デジタル時代において，コミュニケーションを行う上で，ソーシャルグッドに貢献することは不可欠であり，そのためにVRといったデジタル技術が応用可能であることが確認できた。

むすび

> Live long and prosper.
> 長寿と繁栄を。
>
> Mr. Spock, by Gene Roddenberry（1967）Star Trek

　本書では，デジタルマーケティングを以下のように定義した。

　「人々が，自由な構想のもと，未来への意思を持って，デジタル技術を活用して，新しい価値創造の仕組みを作り，そこで創造したさまざまな価値を，社会に伝え，他の人々と共に進化していくことをめざす，マーケティング活動」

　そして，デジタルマーケティングを以下の公式で示した。

　デジタルマーケティング＝構想×未来への意思

　読者のみなさんが，本書を参考に，未踏の宇宙に出発し，すばらしい成功を手にされることを祈る。

　また，本書を通じて，日本のデジタル化の推進に貢献し，日本経済の飛躍の一助になることを願っている。

謝　辞

　本書の執筆にあたっては，多くの方にご支援をいただきました。心から感謝申し上げます。

引用文献・参考文献一覧

（注）
・各章の引用文献・参考文献について，章ごとに著者名の ABC 順，あいうえお順に掲載している。
・日本語の翻訳がある英文書籍等は，日本語訳を用いたため，そちらを掲載している。
・インターネット上の資料の最終確認日は，個別には記載していないが，すべて2022年 8 月22日である。

序　文
エピグラフ　Captain James T. Kirk, by Roddenberry, G.（1966）*Star Trek*

第 1 章
エピグラフ　Bowie, D.（1971）"Changes", *Hunky Dory*

American Marketing Association（2013）"Definition of Marketing"
　　URL: https://www.ama.org/listings/2013/01/17/definition-of-marketing/
Chaffey, D., and Ellis-Chadwick, F.（2019）*Digital Marketing*, 7th ed., Pearson
Gartner（n.d.）"Gartner glossary"
　　URL：https://www.gartner.com/en/information-technology/glossary?glossaryletter=D
JEITA（n.d.）「cps とは」
　　URL：https://www.jeita.or.jp/cps/about/
JIPDEC（n.d.）「プライバシーガバナンスとは」
　　URL：https://www.jipdec.or.jp/library/word/u71kba0000011qyj.html
Kannan, P. K.（2017）"Digital marketing: A framework, review and research agenda",
　　International Journal of Research in Marketing, 34（1）, pp.22-45
Levitt, T.（1960）"Marketing myopia", *Harvard Business Review, 38*, pp.45-56
Oxford Dictionary（2021）"digital"
　　URL: https://en.oxforddictionaries.com/definition/digital
Stolterman, E., and Croon Fors, A.（2004）"Information Technology and The Good
　　Life", Umeå University, Information Systems Research Relevant Theory and

Informed Practice, IFIP TC8/WG2 2004

阿部邦弘（2022）「Netflix 有料会員が 2 億 2 千万に」『Impress AV Watch』2022年1月21日

 URL：https://av.watch.impress.co.jp/docs/news/1382462.html

今井紀夫（2020）「デジタルトランスフォーメーションとその背景の理解」『マーケティングジャーナル』40（2），pp.65-73

ウェイド，マイケル／ルークス，ジェフ／マコーレー，ジェイムズ／ノロニャ，アンディ著，根来龍之監訳，武藤陽生／デジタルビジネス・イノベーションセンター訳（2017）『対デジタル・ディスラプター戦略―既存企業の戦い方』日本経済新聞出版社，p.16

ウェイル，ピーター／ウォーナー，ステファニー L. 著，野村総合研究所システムコンサルティング事業本部訳（2018）『デジタル・ビジネスモデル―次世代企業になるための 6 つの問い』日本経済新聞出版社，p.14

ケイン，ジェラルド C./フィリップス，アン・グエン／コバルスキー，ジョナサン R./アンドラス，ガース R. 著，三谷慶一郎・船木春重・渡辺郁弥訳（2020）『DX 経営戦略―成熟したデジタル組織をめざして』NTT 出版，p.46, p.254, p.384

小久保重信（2013）「栄枯盛衰，米国の老舗ビデオレンタル店が閉鎖　ホームエンターテインメントの一時代の終焉」『Yahoo! ニュース』2013年11月11日

 URL：https://news.yahoo.co.jp/byline/kokuboshigenobu/20131111-00029669

コトラー，フィリップ／ジェイン，ディパック C./マイアシンシー，スヴィート著，有賀裕子訳（2002）『コトラー　新・マーケティング原論』翔泳社

蔡東生（2021）「情報」

 URL：https://lecture.ecc.u-tokyo.ac.jp/~cai/chap2Analog&Digital.pdf

清水勝彦（2020）「ネットフリックスという世界的企業はいかに誕生したのか」『DIAMOND ハーバード・ビジネス・レビュー ウェブサイト』2020年9月15日

 URL：https://www.dhbr.net/articles/-/7044

ショー，A. W. 著，丹下博文訳（1992）『市場流通に関する諸問題』白桃書房

小学館（2012）「disruption」『プログレッシブ英和中辞典 第 5 版』小学館

進藤美希（2009）『インターネットマーケティング』白桃書房，p.15

総務省（2015）「ユビキタスから IoT へ」『平成27年版 情報通信白書』

 URL：https://www.soumu.go.jp/johotsushintokei/whitepaper/ja/h27/html/mc254110.html

総務省（2021）「デジタル・ディスラプション」『令和 3 年 情報通信白書』

 URL：https://www.soumu.go.jp/johotsushintokei/whitepaper/ja/r03/html/nd2220.html

タプスコット，ドン著，野村総合研究所訳（1996）『デジタル・エコノミー』野村総合研究所

ドラッカー，ピーター F. 著，上田惇生訳（2001）『【エッセンシャル版】マネジメント―基本と原則』ダイヤモンド社

日本マーケティング協会（1990）「マーケティングの定義」

URL：https://www.jma2-jp.org/jma/aboutjma/jmaorganization

根来龍之（2019）『集中講義デジタル戦略―テクノロジーバトルのフレームワーク』日経
BP，p.15，p.19

パイン，B. J. 二世／ギルモア，J. H. 著，電通「経験経済」研究会訳（2000）『経験経済』
流通大学出版

ハンソン，ワード著，上原征彦他訳（2001）『インターネットマーケティングの原理と戦
略』日本経済新聞社，p.34

平山洸太（2020）「Netflix が日本上陸5周年，今後もオリジナル作品を強化」『Phile
Web』2020年9月7日
URL：https://www.phileweb.com/news/d-av/202009/07/51076.html

フリードマン，トーマス著，伏見威蕃訳（2008）『フラット化する世界 増補改訂版』日本
経済新聞社

牧田幸裕（2017）『デジタルマーケティングの教科書：5つの進化とフレームワーク』東
洋経済新報社

ロジャース，デビッド著，笠原英一訳（2021）『DX 戦略立案書―CC-DIV フレームワーク
でつかむデジタル経営変革の考え方』白桃書房，p.254

第2章
エピグラフ　Shakespeare, W.（1611）*The Tempest*

Conti, M., Das, S. K., Bisdikian, C., Kumar, M. J., Ni, L., Passarella, A., Roussos, G.,
Tröster, G., Tsudik, G., Zambonelli, F.（2012）"Looking ahead in pervasive
computing: Challenges and opportunities in the era of cyber–physical convergence.",
Pervasive and Mobile Computing, 8（1），pp.2-21

Decentralized Web Summit（2016）
URL：https://archive-it.org/collections/7505

Internet Society（n.d.）"Origins of the Internet"
URL：https://www.internetsociety.org/internet/history-internet/brief-history-internet/?fb
clid=IwAR0x3uqVX6790UVxWRrAH6Bci6wEco8x9nhDw-LIxXyg8qnlwf0JYVcmu7Q

JPNIC（n.d.）「インターネット10分講座：IPv6アドレス〜技術解説〜」
URL：https://www.nic.ad.jp/ja/newsletter/No32/090.html

JPNIC（2022）「インターネット歴史年表」
URL：https://www.nic.ad.jp/timeline/

McCarthy, J.（2007）"WHAT IS ARTIFICIAL INTELLIGENCE?"
URL：http://www-formal.stanford.edu/jmc/whatisai/whatisai.html

SAS（2021）「IoT」
URL：http://www.sas.com/ja_jp/insights/big-data/internet-of-things.html

WIRED（2016）「レジは不要！ アマゾンの食料品店 Amazon Go に行ってみた」
URL：http://wired.jp/2016/12/07/amazon-go/

會田拓海（2022）「Web3.0トレンドを俯瞰する〜ブロックチェーン技術が実現する次世代

のインターネット〜」日本総研

    URL：https://www.jri.co.jp/page.jsp?id=103308

アスキー（n.d.）「ソフトウェア」『アスキーデジタル用語辞典』

    URL：https://yougo.ascii.jp/caltar/ソフトウェア

安達裕哉（2014）「『コンピュータに仕事が奪われる』は本当か」『ハフィントンポスト』2014年2月23日

    URL：https://www.huffingtonpost.jp/yuuya-adachi/computer-

井田昌之（2017）「井田昌之教授へのインタビュー」2017年7月21日

井上哲浩（2014）「ビッグ・データ環境下におけるマーケティング戦略と消費者行動」『マーケティングジャーナル』34（2），pp.5-18

柿本正憲・大淵康成・進藤美希・三上浩司（2020）『改訂メディア学入門』コロナ社

小泉耕二（2016）「「IoT」とは何か」『東洋経済オンライン』2016年4月19日

    URL：http://toyokeizai.net/articles/-/113807?page=2

国立情報学研究所（2012）「サイバーフィジカルシステムによる新たな価値創造に向けて」

    URL：https://www.nii.ac.jp/userimg/20130222_H24cyberf.pdf

コトラー，フィリップ（2013）「インタビュー：ビッグデータはマーケティングを変えるのか」『DIAMONDハーバード・ビジネス・レビュー』2013年10月号，pp.54-62

阪田史郎他（2005）『ZigBeeセンサーネットワーク—通信基盤とアプリケーション』秀和システム

坂村健編著（2006）『ユビキタスで作る情報社会基盤』東京大学出版会

小学館（n.d.a）「プログラム」『デジタル大辞泉』

    URL：https://dictionary.goo.ne.jp/word/プログラム/-/jn-19676/

小学館（n.d.b）「ラッダイト運動」『デジタル大辞泉』小学館

    URL：https://dictionary.goo.ne.jp/jn/229619/meaning/m0u/

進藤美希（2009）『インターネットマーケティング』白桃書房，p.6, p.189

進藤美希（2021）「伝統メディアにおける広告ビジネスのデジタル・トランスフォーメーションに関する研究：デジタル広告効果研究会報告」『日経広告研究所報』vol.317, pp.18-27

人工知能学会（n.d.）「人工知能って何？」

    URL：https://www.ai-gakkai.or.jp/whatsai/AIwhats.html

総務省（2012）「ビッグデータとは何か」『平成24年度版情報通信白書』

    URL：https://www.soumu.go.jp/johotsusintokei/whitepaper/ja/h24/html/nc121410.html

総務省（2016a）「人工知能（AI）研究の歴史」『平成28年度版情報通信白書』

    URL：http://www.soumu.go.jp/johotsusintokei/whitepaper/ja/h28/html/nc142120.html

総務省（2016b）「ICTの進化と未来の仕事」『平成28年度版情報通信白書』

    URL：http://www.soumu.go.jp/johotsusintokei/whitepaper/ja/h28/html/nc140000.html

総務省（2017）「ビッグデータの定義及び範囲」『平成29年度版情報通信白書』

URL：https://www.soumu.go.jp/johotsusintokei/whitepaper/ja/h29/html/nc121100.
html

総務省（2018）『平成30年版情報通信白書』
URL：https://www.soumu.go.jp/johotsusintokei/whitepaper/ja/h30/html/nd133310.
html

西本章宏（2014）「ビッグデータ時代の消費者行動分析―消費者行動データと消費者選択行動に関する一考察」『マーケティングジャーナル』34（2），pp.47-60

日本経済新聞（2019）「シンギュラリティとは　AIが人知を超える転換点　きょうのことば」
URL：https://www.nikkei.com/article/DGXKZO39592240R31C18A2NN1000/

日本経済新聞社（2022）「アクセスデータ」『NIKKEI Marketing Portal』
URL：https://marketing.nikkei.com/media/web/accessdata/

根来龍之（2019）『集中講義デジタル戦略―テクノロジーバトルのフレームワーク』日経BP, p.172, p.197

野村総合研究所（2018）「野村総合研究所，2024年度までのICT・メディア市場の規模とトレンドを展望」2018年12月6日
URL：https://www.nri.com/jp/news/newsrelease/lst/2018/cc/1206_1

ハクスリー，オルダス著，大森望訳（2017）『すばらしい新世界 新訳版』早川書房

流通ニュース（2020）「高輪ゲートウェイ駅／無人AI決済店舗「TOUCH TO GO」認識成功率90％」
URL：https://www.ryutsuu.biz/it/m051940.html

ロジャース，デビッド著，笠原英一訳（2021）『DX戦略立案書―CC-DIVフレームワークでつかむデジタル経営変革の考え方』白桃書房，p.119

第3章

エピグラフ　Conan Doyle, A.（1905）"The Adventure of the Abbey Grange", *The Return of Sherlock Holmes*

AWS（n.d）「データレイクとは」
URL：https://aws.amazon.com/jp/big-data/datalakes-and-analytics/what-is-a-data-lake/

BCG, ブライトハウス（n.d.）「パーパス（存在意義）」
URL：https://www.bcg.com/ja-jp/capabilities/business-organizational-purpose/overview

IDC Japan（2017）「Japan IT Market 2018 Top 10 Predictions: デジタルネイティブ企業への変革―DX エコノミーにおいてイノベーションを飛躍的に拡大せよ」IDC Japan報道発表資料，2017年12月14日

Mintzberg, H., and McHugh, A.（1985）"Strategy formation in an adhocracy", *Administrative Science Quarterly*, 30, p.160

Otonal（2022）「ラジオオーディオアドプログラマティック配信」

URL: https://otonal.co.jp/audioad/radiko/

radiko（2022）「月間ユニークユーザー数約900万人，スマートフォンやパソコン等でラジオを聴ける「radiko」日本全国のラジオ局が聴き放題のサービス『ラジコプレミアム（エリアフリー聴取）』の会員数が100万人に到達！」2022年8月30日報道発表資料
　　URL：https://prtimes.jp/main/html/rd/p/000000017.000007490.html

Rigby, D. K., Sutherland, J., and Takeuchi, H.（2016）"Embracing agile", *Harvard Business Review*, May 2016.（倉田幸信訳（2016）「アジャイル開発を経営に活かす6つの原則　臨機応変のマネジメントで生産性を劇的に高める」『DIAMOND ハーバード・ビジネス・レビュー』2016年9月号）

Stolterman, E., and Croon Fors, A.（2004）"Information Technology and The Good Life", Umeå University, Information Systems Research Relevant Theory and Informed Practice, IFIP TC8/WG2 2004

Stolterman, E.（2022）"A new definition of Digital Transformation together with the Digital Transformation Lab, Ltd."
　　URL：https://www.stoltermanbergqvist.com/post/a-new-definition-of-digital-transformation-together-with-the-digital-transformation-lab-ltd

「アジャイルソフトウェア開発宣言」（2001）
　　URL：https://agilemanifesto.org/iso/ja/manifesto.html

アンダーソン，クリス著，倉田幸信訳（2019）「ドローン・エコノミー：データ取得の革命がビジネスを変える」『テクノロジー経営の教科書』ダイヤモンド社，p.107

井口裕右（2017）「日本のIT人材不足，HRのプロはどう見ているか―ロバート・ウォルターズに聞く」『CNET Japan』2017月9月4日
　　URL：https://japan.cnet.com/article/35106575/

市川類（2021）「イノベーション論からみたデジタルトランスフォーメーション（DX）」IIR ワーキングペーパー，No.21-02，一橋大学

今井紀夫（2020）「デジタルトランスフォーメーションとその背景の理解」『マーケティングジャーナル』40（2），pp.65-73

ウェイド，マイケル／マコーレー，ジェイムズ／ノロニャ，アンディ／バービア，ジョエル著，根来龍之監訳，武藤陽生／デジタルビジネス・イノベーションセンター訳（2019）『DX 実行戦略―デジタルで稼ぐ組織をつくる』日本経済新聞出版，p.17, p.35, p.103, p.159

ウェイル，ピーター／ウォーナー，ステファニー L. 著，野村総合研究所システムコンサルティング事業本部訳（2018）『デジタル・ビジネスモデル―次世代企業になるための6つの問い』日本経済新聞出版社，p.14

エドモンドソン，エイミー C. 著，野津智子訳（2021）『恐れのない組織―心理的安全性が学習・イノベーション・成長をもたらす』英治出版, p.11

グラムコ（n.d.）「パーパスブランディング」
　　URL：https://www.gramco.co.jp/branding/469.html

経済産業省（2018a）「DX レポート～IT システム2025年の崖の克服と DX の本格的な展開～」2018年9月7日

　　URL：http://www.meti.go.jp/press/2018/09/20180907010/20180907010.html

経済産業省（2018b）「DX 推進ガイドライン」2018年12月

　　URL：https://www.meti.go.jp/press/2018/12/20181212004/20181212004.html

ケイン，ジェラルド C.／フィリップス，アン・グエン／コパルスキー，ジョナサン R.／アンドラス，ガース R. 著，三谷慶一郎・船木春重・渡辺郁弥訳（2020）『DX 経営戦略―成熟したデジタル組織をめざして』NTT 出版，p.94, p.150, p.166, p.236, p.271

琴坂将広（2016a）「経営戦略を読み解く〜実務と理論の狭間から〜」『DIAMOND ハーバード・ビジネス・レビュー ウェブサイト』2016年12月16日

　　URL：https://www.dhbr.net/articles/-/4612

琴坂将広（2016b）「経営戦略前史：紀元前からその歴史をたどる」『DIAMOND ハーバード・ビジネス・レビュー ウェブサイト』2016年12月 2 日

　　URL：https://www.dhbr.net/articles/-/4586

琴坂将広（2018）『経営戦略原論』東洋経済新報社

コトラー，フィリップ／スティリアーノ，ジュゼッペ著，恩蔵直人監修，高沢亜砂代訳（2020）『コトラーのリテール4.0―デジタルトランスフォーメーション時代の10の法則』朝日新聞出版, p.44

清水響子（2018）「データレイクとは」『Impress』, IT Leaders, 2018年11月 9 日

　　URL：https://it.impress.co.jp/articles/-/16979

小学館（2012）『プログレッシブ英和中辞典 第 5 版』小学館

進藤美希（2018）「デジタル広告効果研究会報告・AI で広告はどう変わるか・本研究の結論と今後の課題」『日経広告研究所報』vol.302, pp.13-15

進藤美希（2021）「伝統メディアにおける広告ビジネスのデジタル・トランスフォーメーションに関する研究：デジタル広告効果研究会報告」『日経広告研究所報』vol.317, pp.18-27

進藤美希・鈴木重徳（2021）「DX 推進に向けた日本の IT 技術者育成に関する一考察―職業イメージ醸成の視点から―」『日本マーケティング学会 マーケティングカンファレンス・プロシーディングス』2021年10月17日

総務省（2013）「クラウドサービスとは？」『国民のための情報セキュリティサイト』

　　URL：https://www.soumu.go.jp/main_sosiki/joho_tsusin/security/basic/service/13.html

デジタルトランスフォーメーション研究所（2022）「DX 定義の改訂」

　　URL：https://www.dxlab.jp/new-dx?fbclid=IwAR2vTG2IUGZFxQfQXFhzUVNZ76IdYLl6uCIUrWGANslQXXdwlrpQihnfigg

西川英彦・澁谷覚編著（2019）『1からのデジタル・マーケティング』碩学舎, p.223

日本経済新聞（2019）「デジタル変革に不可欠な 6 要素」『日本経済新聞』2019年 3 月19日

日本経済新聞（2021）「名ばかり CIO，場当たり DX」『日本経済新聞』2021年 7 月13日朝刊, p.13

野村総合研究所（2020a）『DX 推進から機関系システム再生まで―デジタルアーキテクチャ設計・構築ガイド』日経 BP, p.262, p.278, p.238

野村総合研究所（2020b）『IT ナビゲーター2021年版』東洋経済新報社, p.39, p.99, p.281,

p.305

バーニー，ジェイ著，岡田正大訳（2013）『企業戦略論』ダイヤモンド社

ハーバード・ビジネス・レビュー編集部（2019）「データドリブン経営の未来」『DIAMOND
　　ハーバード・ビジネス・レビュー ウェブサイト』2019年8月5日

平井直樹（2019）「アジャイルの導入と本質：開発プロセスから学習する組織活動へ」『立
　　教 DBA ジャーナル』10, pp.35-44.

ヒューマンリソシア（2020a）「92カ国をデータで見る IT エンジニアレポート」
　　URL：https://prtimes.jp/main/html/rd/p/000000995.000005089.html

ヒューマンリソシア（2020b）「IT 分野の卒業者数インドが1位，日本は9位で減少傾向」
　　URL：https://ict-enews.net/2020/07/03resocia

ヒューマンリソシア（2020c）「世界の IT 技術者の給与ランキング」
　　URL：https://git.resocia.jp/info/post-developers-around-the-globe-survey-salary/
　　?fbclid=IwAR08WEVPd_TRsYHIoRB6KyC4oqy0Z6kQAcdHH_Ah3Ye46afVxOF
　　V3p0QqNQ

プロヴォスト，フォスター／フォーセット，トム著，武田正和監訳（2014）『戦略的デー
　　タサイエンス入門―ビジネスに活かすコンセプトとテクニック』オライリー・ジャパ
　　ン, p.6

ポーター，マイケル著，土岐坤・服部照夫・中辻万治訳（1995）『競争の戦略』ダイヤモ
　　ンド社

マイナビニュース（2020）「米 Microsoft 2桁の増収増益 2年分のデジタル変革が2カ月
　　で起きた」2020年4月30日
　　URL：https://news.mynavi.jp/article/20200430-1026535/

メラ，カール F.／クーパー，ブライアン著，高橋由香理訳（2021）「自社の課題を正しく
　　認識しているか 流行りのマーケティングテクノロジーに飛び付くな」『DIAMOND
　　ハーバード・ビジネス・レビュー』2021年9月号

リチャーズ，チェット著，原田勉訳（2019）『OODA LOOP』東洋経済新報社, p.313

ロジャース，デビッド著，笠原英一訳（2021）『DX 戦略立案書―CC-DIV フレームワー
　　クでつかむデジタル経営変革の考え方』白桃書房, p.2, p.9, p.111

第4章

エピグラフ　Will Graham, by Fuller, B.（2013）*Hannibal*, TV Show on NBC
　　URL：http://livingdeadguy.com/wp-content/uploads/2014/02/Hannibal-Ep-101-
　　Aperitif.pdf

LIVE BOARD（n.d.a）「サービス紹介」
　　URL：https://liveboard.co.jp/service/

LIVE BOARD（n.d.b）「LIVE BOARD の新しい OOH」
　　URL：https://liveboard.co.jp/new_ooh/

LIVE BOARD（2022a）「シスコと LIVE BOARD，屋内デジタル OOH のインプレッショ
　　ン計測モデルを共同開発」

　　URL：https://liveboard.co.jp/information/202205001439.html

LIVE BOARD（2022b）「埼玉高速鉄道の車両内デジタルサイネージの広告運営開始」
　　URL：https://liveboard.co.jp/information/202202000083.html

Shindo, M.（2007）"An Open Product Development Model for the Internet Age:Vendor-Organized User-Community-Driven Product Development Model and its Application to NTT goo lab: Trial Case and Assessment", *Proceeding of The International Conference on Internet-Business: Business Trends, Systems, and Education*, iBiZ2007, 2007/2/27, pp.202-211.

小川進（2006）『競争的共創論―革新参加社会の到来』白桃書房

楠木建（2010）『ストーリーとしての競争戦略』東洋経済新報社

クリステンセン，クレイトン著，玉田俊平太・伊豆原弓訳（2001）『イノベーションのジレンマ』翔泳社

国土交通省（2008）「屋外広告物制度の概要」
　　URL: https://www.mlit.go.jp/toshi/townscape/toshi_townscape_tk_000023.html

国立国語研究所（n.d.）「イノベーション」
　　URL：https://www2.ninjal.ac.jp/gairaigo/Teian1_4/Words/innovation.gen.html

シュンペーター，ジョセフ著，塩野谷祐一・中山伊知郎・東畑精一訳（1977）『経済発展の理論』岩波文庫

進藤美希（2009）『インターネットマーケティング』白桃書房, pp.21-34

進藤美希（2021）「伝統メディアにおける広告ビジネスのデジタル・トランスフォーメーションに関する研究：デジタル広告効果研究会報告」『日経広告研究所報』vol.317, pp.18-27

宣伝会議（2022a）「コンテンツ連動とトリプルスクリーンで生活者の潜在的なニーズにアプローチ」
　　URL：https://www.advertimes.com/20220331/article380243/

宣伝会議（2022b）「ロケーションデータの活用事例から学ぶ, プログラマティックDOOHの現在地と将来展望」
　　URL：https://www.advertimes.com/20220721/article388964/

チェスブロウ，ヘンリー著，大前恵一朗訳（2004）『オープンイノベーション』産業能率大学出版部, pp.6-9

ティッド，ジョー／パビット，キース／ベサント，ジョン著，後藤晃・鈴木潤監訳（2004）『イノベーションの経営学』NTT出版

一橋大学イノベーション研究センター（2001）『イノベーション・マネジメント入門』日本経済新聞社, p.90

三菱総研（2003）「報道発表資料」
　　URL：http://www.mri.co.jp/PRESS/2003/pr0312300.html

第5章
エピグラフ　ジュール・ヴェルヌの手紙より

コトラー，フィリップ／カルタジャヤ，ヘルマワン／セティアワン，イワン著，恩藏直人監訳，藤井清美訳（2017）『コトラーのマーケティング4.0―スマートフォン時代の究極法則』朝日新聞出版社

コトラー，フィリップ／カルタジャヤ，ヘルマワン／セティアワン，イワン著，恩藏直人監訳，藤井清美訳（2022）『コトラーのマーケティング5.0―デジタル・テクノロジー時代の革新戦略』朝日新聞出版社

コトラー，フィリップ／スティリアーノ，ジュゼッペ著，恩藏直人監修，高沢亜砂代訳（2020）『コトラーのリテール4.0―デジタルトランスフォーメーション時代の10の法則』朝日新聞出版，p.292

第6章

エピグラフ　クラーク，アーサー C. 著，伊藤典夫訳（2001）『3001年終局への旅』早川書房

CYBERDYNE（n.d.）「CYBERDYNE ホームページ」
　　URL：https://www.cyberdyne.jp/

Kannan, P. K.（2017）"Digital marketing: A framework, review and research agenda", *International Journal of Research in Marketing*, 34（1），pp.22-45

アンダーソン，クリス著，篠森ゆりこ訳（2006）『ロングテール―「売れない商品」を宝の山に変える新戦略』早川書房

ヴァーリイ，ジョン著，浅倉久志訳（1994）『ブルー・シャンペン』早川書房

上田早夕里（2015）「ブルー・シャンペン　切なくて，苦くて―そしてエロティックな孤独」『海外 SF ハンドブック』早川書房，p.192

小塩篤史・中嶋聞多（2015）「プロトタイピングで未来の情報を獲得する実験力」『事業構想』2015年1月号
　　URL：https://www.projectdesign.jp/201501/designforpd/001831.php

小野譲司・酒井麻衣子・神田晴彦（2020）「サービス・カスタマイゼーション―ハイタッチとハイテクによる個別対応―」『マーケティングジャーナル』40（1），pp.6-18

カード，オースン・スコット著，田中一江訳（2018）『エンダーのゲーム 新訳版』早川書房

岸本好弘（2020）「きっしーのゲーミフィケーション入門講座」2020年1月19日
　　URL：https://note.com/jgamifa/n/n9a0e78413488

黒岩健一郎・浦野寛子（2022）『サービス・マーケティング』有斐閣，pp.3-11

小塚仁篤（2020）「SF プロトタイピング」『広告朝日』2020年9月10日
　　URL：https://adv.asahi.com/keyword/13672815.html

コトラー，フィリップ著，恩藏直人監修，月谷真紀訳（2001）『コトラーのマーケティングマネジメント　ミレニアム版 第10版』ピアソン・エデュケーション，p.485, pp.487-488

コトラー，フィリップ／カルタジャヤ，ヘルマワン／セティアワン，イワン著，恩藏直人監訳，藤井清美訳（2017）『コトラーのマーケティング4.0―スマートフォン時代の究極法則』朝日新聞出版社

コトラー，フィリップ／ジェイン，ディパック C.／マイアシンシー，スヴィート著，恩蔵
　　直人解説，有賀裕子訳（2002）『コトラー　新・マーケティング原論』翔泳社

三省堂（2004）『デイリーコンサイス国語辞典』三省堂

三省堂（2006）『大辞林』三省堂

シェロドフ，ネイサン／ノエセル，クリストファー著，安藤幸央監訳（2014）『SF 映画で
　　学ぶインタフェースデザイン―アイデアと想像力を鍛え上げるための141のレッスン』
　　丸善出版，p.3

シャピロ，カール／バリアン，ハル R. 著，千本倖生・宮本喜一訳（1999）『ネットワーク
　　経済の法則』IDG コミュニケーションズ

小学館（1993）『ランダムハウス英和大辞典』小学館

小学館（n.d）『デジタル大辞泉』小学館

ジョンソン，ブライアン・デイビッド著，細谷功監修（2013）『インテルの製品開発を支
　　える SF プロトタイピング』亜紀書房

進藤美希（2009）『インターネットマーケティング』白桃書房，pp.59-86

ソフトバンク（2020）「図解デジタルツインとは？やさしく解説」『FUTURE　STRIDE』
　　2020年 9 月18日
　　URL：https://www.softbank.jp/biz/future_stride/entry/technology/20200919/

西川英彦・澁谷覚編著（2019）『１からのデジタル・マーケティング』碩学舎，pp.81-94

早川書房編集部（2015）『海外 SF ハンドブック』早川書房，pp.221-279

ハンソン，ワード著，上原征彦監訳，長谷川真実訳（2001）『インターネットマーケティ
　　ングの原理と戦略』日本経済新聞社，p.301，p.303

一橋大学イノベーション研究センター（2001）『イノベーション・マネジメント入門』日
　　本経済新聞社，pp.151-187

福田豊（1997）『情報経済論』有斐閣，pp.67-73

藤本隆宏・安本雅典（2000）『成功する製品開発』有斐閣，pp.236-237

宮樹式明（2015）「少年と宇宙戦争とシミュレーション『エンダーのゲーム』―フィクショ
　　ンの中の VR【第 2 回】」『Mogulive』2015年10月26日
　　URL：https://www.moguravr.com/ender-game/

宮本道人監修・編著，難波優輝・大澤博隆編著（2021）『SF プロトタイピング―SF から
　　イノベーションを生み出す新戦略』早川書房，p.3，p.6，p.9

山口裕康（2015）「デュポン―100年単位のメガトレンド分析」『JPX 日経400』
　　URL：http://www.jpx400.jp/30/

ラブロック，クリストファー／ライト，ローレン著，小宮路雅博監訳，高畑泰・藤井大拙
　　訳（2002）『サービス・マーケティング原理』白桃書房，p.4，p.61

レビット，セオドア（2001）「特集　T. レビットのマーケティング論」『DIAMOND ハー
　　バード・ビジネス・レビュー』2001年11月号

第 7 章

エピグラフ　ハマトン，P. G. 著，渡部昇一・下谷和幸訳（1991）『知的生活』講談社

Garfinkel, S., and Spafford, G.著，安藤進・株式会社クイープ　遠藤美代子訳（2002）『Web
　　セキュリティ，プライバシー＆コマース　第2版』（上）（下），オライリー・ジャパン

Kannan, P. K.（2017）"Digital marketing: A framework, review and research agenda",
　　International Journal of Research in Marketing, 34（1），pp.22-45

Raju, J., and Zhang, Z. J.（2010）*Four Key Qualities of Any "Pay as You Wish" Pricing
　　Strategy*, Pearson Education

アンダーソン，クリス著，小林弘人監修，高橋則明訳（2009）『フリー——〈無料〉からお
　　金を生みだす新戦略』NHK出版

市川明彦・佐々木良一（2000）『インターネットコマース——新動向と技術』共立出版, p.51

一般社団法人日本クレジット協会（2021）「クレジットカード不正利用被害の集計結果に
　　ついて」2021年3月31日
　　URL：https://www.j-credit.or.jp/download/news20210331b1.pdf

奥瀬喜之（2012）「価格を決めない価格戦略——「ペイ・ワット・ユー・ウォント」方式に関
　　する考察」『マーケティングジャーナル』32（2），pp.20-36

奥瀬喜之（2020）「デジタル化時代のプライシング」『組織科学』54（2），pp.16-25

加藤出（2018）「"定価"がなくなる!? 映画やライブの「価格変動制」が話題」『ダイヤモ
　　ンド・オンライン』2018年6月14日
　　URL：https://diamond.jp/articles/-/172110?page=2

グプタ，スニル（2010）「FREE時代の顧客価値創造」『DIAMONDハーバード・ビジネ
　　ス・レビュー』2010年7月号

経済産業省（2021）「令和2年度電子商取引に関する市場調査」2021年7月30日
　　URL：https://www.meti.go.jp/policy/it_policy/statistics/outlook/ie_outlook.html

経済産業省（n.d.）「キャッシュレス」
　　URL：https://www.meti.go.jp/policy/mono_info_service/cashless/index.html

小谷恵子（2021）「福岡ソフトバンクホークスのファンコミュニケーション戦略」『日本
　　マーケティング学会　ワーキングペーパー』8（3）

コトラー，フィリップ著，恩蔵直人監修，月谷真紀訳（2001）『コトラーのマーケティン
　　グマネジメント　ミレニアム版　第10版』ピアソン・エデュケーション, p.564

サイモン，ヘルマン／ドーラン，ロバートJ.著，吉川尚宏・エコノミクスコンサルティ
　　ング研究会訳（2002）『価格戦略論』ダイヤモンド社, p.75

進藤美希（2009）『インターネットマーケティング』白桃書房, pp.87-106

鈴木拓也（2021）「ダイナミック・プライシング研究の現状と課題」『静岡大学経済研究』
　　25（4），pp.25-38

鈴木忠志（n.d.）「利賀での公演は，すべての人に開かれています」
　　URL; https://www.scot-suzukicompany.com/scotclub/

ダイナミックプラス（2020）「【ダイナミックプライシング　野球事例】38,500席が1席単
　　位で15分ごとに価格を変える。次世代チケット販売システム③」2020年2月25日
　　URL: http://www.dynamic-plus.com/articles/%E3%80%90%E3%83%80%E3%82%A4
　　%E3%83%8A%E3%83%9F%E3%83%83%E3%82%AF%E3%83%97%E3%83%A9%E3%8
　　2%A4%E3%82%B7%E3%83%B3%E3%82%B0%E3%80%80%E9%87%8E%E7%90%83%E

4%BA%8B%E4%BE%8B%E3%80%9138500%E5%B8%AD%E3%81%8C1-3/

東洋経済（2021）「ソフトバンクホークスが特損で75億円の最終赤字」東洋経済オンライン，2021年6月5日

　　URL：https://toyokeizai.net/articles/-/432520

西川英彦・澁谷覚編著（2019）『1からのデジタル・マーケティング』碩学舎, pp.109-122

日経テレコン（n.d.）「NFT」

　　URL：https://www.nikkei.com/compass/theme/41385#%E8%A7%A3%E6%B1%BA%E3%81%99%E3%82%8B%E8%AA%B2%E9%A1%8C

根来龍之（2019）『集中講義デジタル戦略―テクノロジーバトルのフレームワーク』日経BP, pp.154-169, pp.229-238

野村総合研究所（2022）『IT ナビゲーター2022年版』東洋経済新報社, pp.184-199, pp.255-257

福岡ソフトバンクホークス（2019）「2020年シーズン　ホークス主催試合　ダイナミックプライシング全面展開について」2019年11月21日

　　URL：https://www.softbankhawks.co.jp/news/detail/00002956.html

福岡ソフトバンクホークス（2020）「おうちで VR 観戦応援セット登場！」2020年6月11日

　　URL：https://www.softbankhawks.co.jp/news/detail/00003376.html

福岡ソフトバンクホークス（2021）「第53期決算公告」

　　URL：https://catr.jp/settlements/14e52/201233

福岡ソフトバンクホークス（n.d.）「福岡ソフトバンクホークスホームページ」

　　URL：https://www.softbankhawks.co.jp

舞台制作 PLUS+（2013）「【鈴木忠志主宰】劇団 SCOT が今夏より公演入場料を寄付方式に」2013年4月2日

　　URL：http://seisakuplus.com/news/?p=9964

吉川尚宏・井上和久・中島久雄（2001）「e 時代のバリューベースプライシング」『DIAMOND ハーバード・ビジネス・レビュー』2001年4月号, p.87

渡部和章（2018）ネットショップ担当者フォーラム 2017　セミナーレポート「プロ野球も導入した「ダイナミックプライシング」を EC に活用したらどうなる？　利益増を達成した EC サイト事例」『Impress Business Media』2018年2月8日

　　URL：https://netshop.impress.co.jp/node/5113

第8章

エピグラフ　ベジャール，モーリス著，前田允訳（1999）『モーリス・ベジャール回想録』劇書房

Gielens, K., Gijsbrechts, E., and Geyskens, I.（2021）"Navigating the Last Mile: The Demand Effects of Click-and-Collect Order Fulfillment", *Journal of Marketing*, 85（4）, pp.158-178

NHK（2020）「売らない店舗」2020年9月28日

PRTIMES（2021）「話題の最新家電やフィットネス機器が使いたい放題になる定額プラン『アリスプライム（仮称）』，ひとり親世帯へのサポートプログラム『Single Parent Support Program』発表」2021年9月15日

    URL：https://prtimes.jp/main/html/rd/p/000000031.000042763.html

Weblio（n.d.）「リテールテック」

    URL：https://www.weblio.jp/content/%E3%83%AA%E3%83%86%E3%83%BC%E3%83%AB%E3%83%86%E3%83%83%E3%82%AF

石淵順也（2020）「ショッパー・サイエンス」『マーケティングジャーナル』40（2），pp.3-6

インフォマート（n.d.）「Info Mart Corporation」

    URL：https://www.infomart.co.jp/index.asp

経済産業省（2021）「令和2年度電子商取引に関する市場調査」2021年7月30日

    URL：https://www.meti.go.jp/policy/it_policy/statistics/outlook/ie_outlook.html

コトラー，フィリップ著，恩蔵直人監修，月谷真紀訳（2001）『コトラーのマーケティングマネジメント　ミレニアム版 第10版』ピアソン・エデュケーション，pp.602-603

コトラー，フィリップ／スティリアーノ，ジュゼッペ著，恩蔵直人監修，高沢亜砂代訳（2020）『コトラーのリテール4.0―デジタルトランスフォーメーション時代の10の法則』朝日新聞出版

消費者庁（2020）「ライブコマースの動向整理」

    URL：https://www.caa.go.jp/policies/policy/consumer_policy/meetingmaterials/assets/internet_committee_200717_00002.pdf

進藤美希（2009）『インターネットマーケティング』白桃書房，pp.107-129

須田昭久（2018）「3Dプリンターは「流通」をどう変革するか？」『ダイヤモンド・オンライン』2018年3月23日

    URL：http://diamond.jp/articles/-/163964?page=2

総務省（2015）『平成27年度版　情報通信白書』

    URL：http://www.soumu.go.jp/johotsusintokei/whitepaper/ja/h27/html/nc242110.html

西川英彦・澁谷覚編著（2019）『1からのデジタル・マーケティング』碩学舎，pp.139-151

日本経済新聞（2018）「レンタルのメルカリ目指せ　貸し借りアプリの勝算」2018年2月28日

    URL：https://www.nikkei.com/article/DGXMZO26731920Z00C18A2000000/?unlock=1

日本経済新聞社（2020）「ネット消費，スマホ経由が35%増　年6万4000円に　本社調査」2020年10月14日

    URL：https://www.nikkei.com/article/DGKKZO64949330T11C20A0TJ2000/?unlock=1

日本経済新聞（2021a）「ピーステックラボ，22億円調達　物品倉庫を4倍に拡張」2021年7月6日

    URL：https://www.nikkei.com/article/DGXZQOUC30BMD0Q1A630C2000000/

日本経済新聞（2021b）「アリススタイル，家電など個人間で試して買える機能」2021年1

月21日
　　　URL：https://www.nikkei.com/article/DGXZQODZ210YY0R20C21A1000000/
日本経済新聞（2021c）「野村不動産パートナーズ，ピーステックラボと協業し賃貸借契約
　　者限定サービスとしてモノのシェアリングサービスを提供開始」2021年12月20日
　　　URL：https://www.nikkei.com/article/DGXLRSP624198_Q1A221C2000000/
ヌーンズ，ポール F./セスペデス，フランク V.（2004）「賢い顧客を逃さないチャネル
　　戦略」『DIAMOND ハーバード・ビジネス・レビュー』2004年 6 月号
野村総合研究所（2006）『2010年の流通』東洋経済新報社
野村総合研究所（2020）『IT ナビゲーター2021年版』東洋経済新報社
　　　URL：https://www.nhk.or.jp/ohayou/biz/20200928/index.html
ハフィントンポスト（2015）「ビル・ゲイツ，「人間の排泄物からできた水」を飲む」『ハ
　　フィントンポスト』2015年 1 月 8 日
　　　URL：https://www.huffingtonpost.jp/2015/01/08/bill-gates-drink-poop-water-_
　　n_6434224.html
ハンソン，ワード著，上原征彦監訳，長谷川真実訳（2001）『インターネット・マーケ
　　ティングの原理と戦略』日本経済新聞社
ピーステックラボ（n.d.）「運営会社」「アリスプライム」
　　　URL：https://peaceteclab.co.jp/
水迫尚子（2020）「イノベーションを買えるマーケットプレイス？ 業界最大手「InnoCentive」
　　のポテンシャル」『#AMP Reviewed』2020年12月 1 日
　　　URL：https://ampmedia.jp/2020/12/01/innovation-marketplace/
宮下淳・箸本健二（2002）『流通ビジネスモデル』中央経済社
宮武徹郎・草野三木（2020）「Airbnb，Uber から学ぶマーケットプレイスの作り方」
　　TechCrunch，2020年 2 月21日
　　　URL：https://jp.techcrunch.com/2020/02/21/how-to-kickstart-and-scale-a-market
　　place-business-1/
向井鹿松（1963）『流通総論・マーケティングの原理』中央経済社
森川郁子（2018）「ウーバーは「悪者」イメージを払拭できるか　空飛ぶタクシーで描く
　　未来の新戦略」東洋経済オンライン，2018年 9 月 2 日
　　　URL：https://toyokeizai.net/articles/-/235999
山口真弘（2018）「未来の物流に変革をもたらす3D プリンタ最前線」ITmedia，2018年 9
　　月14日
　　　URL：http://www.itmedia.co.jp/pcuser/articles/1809/15/news007.html

第 9 章
エピグラフ　Forster, E. M.（1910）*Howards End*

American Marketing Association（n.d.a）"Definitions of Marketing", "Promotion"
　　　URL：https://www.ama.org/the-definition-of-marketing-what-is-marketing/
American Marketing Association（n.d.b）"Advertising"

URL：https://www.ama.org/topics/advertising/

DuckDuckGo（n.d.）「DuckDuckGo ホームページ」

 URL：https://duckduckgo.com/

Google（n.d.a）「Google 広告　ヘルプセンター」

 URL：https://support.google.com/adwords/answer/2404190?hl=ja

Google（n.d.b）「Google の使命は，世界中の情報を整理し，世界中の人がアクセスできて
使えるようにすることです。」

 URL：http://www.google.co.jp/tenthbirthday/index.html#start

Google（n.d.c）「Google 広告　よくある質問」

 URL：http://ads.google.com/intl/ja-jp/home/faq/

安藤茂宏（2020）「デジタル広告の健全性と広告測定の重要性」2020年7月31日

 URL：https://www.exchangewire.jp/2020/07/31/cci-adverification/

石川志帆・進藤美希（2016）「スマートフォンゲームアプリケーションにおける動画リ
ワード広告の広告効果を高める手法に関する研究」『第20回日本情報ディレクトリ学
会全国大会予稿集』日本情報ディレクトリ学会，2016年9月2日，pp.7-10

市嶋洋平（2020）「アップルがアプリ広告を21年初から制限，同意なしのアプリは削除」
『日経クロストレンド』2020年12月15日

 URL：https://xtrend.nikkei.com/atcl/contents/18/00109/00112/

伊藤真美（2021）「強力なデジタルシフトを宣言した資生堂！　グローバルブランド
「SHISEIDO」のコミュニケーションプランとは？」『Impress Business Media』
2021年5月18日

 URL：https://webtan.impress.co.jp/e/2021/05/18/39632

井指啓吾（2015）「「コンテンツマーケティング」対応の新たな購買行動モデル─電通・内
藤敦之氏が提唱」『CNET Japan』2015年11月26日

 URL：https://japan.cnet.com/article/35073852/

インテージ（n.d.）「ブランドリフトとは」

 URL：https://www.intage.co.jp/glossary/592/

数江良一監修（1997）『MBA マーケティング』グロービス，p.171

コトラー，フィリップ著，恩蔵直人監修，月谷真紀訳（2001）『コトラーのマーケティン
グマネジメント　ミレニアム版 第10版』ピアソン・エデュケーション

佐藤達郎（2012）「広告表現におけるクリエイティビティの現在」『広告科学』57，pp.1-
16

佐藤達郎（2014）「広告コミュニケーションのイマとコレカラ」東京工科大学大学院特別
講義，2014年7月15日

佐藤達郎（2019）「日経広告研究所公開座談会」2019年12月2日

資生堂（2016）「資生堂の WEB 動画が世界三大広告賞すべてでゴールドを受賞！」2016
年10月13日

 URL：https://prtimes.jp/main/html/rd/p/000000706.000005794.html

資生堂（2020）「WIN 2023 and Beyond」

 URL：https://corp.shiseido.com/report/jp/2020/strategy/formation/?tab=2

資生堂（n.d.）「歴史」「会社プロフィル」「事業概要」
　　　URL：https://corp.shiseido.com/jp/company/history/
　　　URL：https://corp.shiseido.com/jp/company/info/
　　　URL：https://corp.shiseido.com/jp/company/business/
進藤美希（2007）「書評『次世代ネット広告テクノロジー 究極のターゲティング』」『TechTarget ジャパン』ITmedia
　　　URL：http://techtarget.itmedia.co.jp/tt/news/0702/05/news3.html
進藤美希（2009）『インターネットマーケティング』白桃書房，pp.131-163
進藤美希（2017）「アドテクノロジー研究会報告・動画広告の活用における現状と課題・本研究の成果と課題」『日経広告研究所報』vol.293，pp.27-29
進藤美希（2018）「デジタル広告効果研究会報告・AI で広告はどう変わるか・本研究の結論と今後の課題」『日経広告研究所報』vol.302，pp.13-15
進藤美希・松本数実・土山誠一郎（2016）「動画広告における課題整理」『日本広告学会第47回全国大会報告要旨集』日本広告学会，2016年10月16日，pp.57-60
セレクト・ワン（2021）「コンテンツマーケティングとネイティブ広告の違いとは？」2021年 8 月16日
　　　URL：https://selectone.in/105-2/
セレクト・ワン（n.d.）「コンテンツマーケティングとは」
　　　URL：https://selectone.in/service/contents-marketing/
竹内淑恵（2010）『広告コミュニケーション効果─ホリスティック・アプローチによる実証分析』千倉書房
塚本輝雄（2003）『広告辞典』日本実業出版社，p.102
デジタルマーケティングラボ（n.d.）「アドネットワークの仕組みと特徴」
　　　URL：http://dmlab.jp/adtech/adn.html
電通（2011）「電通「サトナオ・オープン・ラボ」がソーシャルメディアに対応した消費行動モデル概念『SIPS』を発表」
　　　URL：https://www.dentsu.co.jp/news/release/pdf-cms/2011009-0131.pdf
電通（2021）「2020年　日本の広告費」
　　　URL：https://www.dentsu.co.jp/knowledge/ad_cost/
豊田惇司（2000）『青山学院大学国際マネジメント研究科　豊田惇司先生　2000年講義資料』
中川雅博（2020）「グーグル「閲覧データ」提供停止に広がる波紋」『東洋経済オンライン』2020年 1 月17日
　　　URL：https://toyokeizai.net/articles/-/325063
仁科貞文編（2001）『広告効果論─情報処理パラダイムからのアプローチ』電通
日経広告研究所（2005）『広告に携わる人の総合講座』日本経済新聞社
日経広告研究所（2007）『広告白書　2007年版』日経広告研究所
日経広告研究所（2015）『広告コミュニケーションの総合講座2016』日本経済新聞出版
　　　URL：https://selectone.in/service/contents-marketing/
日本経済新聞（2021）「追跡広告見直し機運　サッポロビール予算 7 割減」2021年 7 月29

日

URL：https://www.nikkei.com/article/DGXZQOUC028JC0S1A600C2000000/

日本経済新聞（2022）「足跡で見えるの？ 本当の私」2022年2月28日

URL：https://www.nikkei.com/article/DGKKZO80470530V20C22A2TL5000/?unlock=1

博報堂（2021）「いまさら聞けないインフルエンサーマーケティングとは〜その本質と最新手法を探る〜」2021年5月14日

URL：https://www.hakuhodo.co.jp/magazine/90747/

博報堂DYメディアパートナーズ（2016）『広告ビジネスに関わる人のメディアガイド2016』宣伝会議

博報堂DYメディアパートナーズ（2017）『広告ビジネスに関わる人のメディアガイド2017』宣伝会議

日髙哲郎（2019）『情報処理教科書 応用情報技術者 テキスト＆問題集 2020年版』翔泳社

藤崎実（2017）「WOMマーケティングのメカニズムに関する研究—Amplified WOM実現の方法論」『カンファレンス2017予稿集』日本マーケティング学会，2017年10月12日，pp.47-48

馬渕邦美（2017）「PESOモデルから考えよう 広報主導のオウンドメディア」『広報会議』2017年10月号

URL：https://mag.sendenkaigi.com/kouhou/201710/introductory-own-media/011513.php

水野由多加（2006）「地上波民放テレビ媒体の今日的状況に関する考察」日本商業学会研究会，2006年7月15日

水野由多加・妹尾俊之・伊吹勇亮（2015）『広告コミュニケーション研究ハンドブック』有斐閣

三井雄一（2016）「広告に求められる役割についての考察：マーケティング・コミュニケーション定義の変遷から見る広告効果の変化」『清泉女学院短期大学研究紀要』35，pp.60-77

森寛弘（2018）『結果が出る「SNSマーケティング」てっぱん法則』扶桑社

森寛弘・進藤美希（2019）「デジタル広告効果研究会 SNSの天才が語る結果を出すデジタルマーケティング」日経広告研究所，2019年12月18日

山森康平（2022）「cookie規制って結局，何が変わるの？ 2022年の改正個人情報保護法，注目すべきポイントを解説」『ITmedia』

URL：http://www.itmedia.co.jp/business/articles/220/303/nows009.html/

横山隆治（2005）『インターネット広告革命』宣伝会議

横山隆治（2006）『究極のターゲティング—次世代ネット広告テクノロジー』宣伝会議，p.105

横山誠・上林憲行・進藤美希（2020）「生活者がコントロールするデジタル広告サービスの研究」『日本情報ディレクトリ学会誌』日本情報ディレクトリ学会，pp88-93

流通ニュース（2021）「資生堂／アクセンチュアとデジタルマーケティング・IT合弁会社を7月設立」2021年5月11日

URL：https://www.ryutsuu.biz/strategy/n051114.html

レバイン，リック／ロック，クリストファー／サールズ，ドク／ワインバーガー，デビッド著，倉骨彰訳（2001）『これまでのビジネスのやり方は終わりだ―あなたの会社を絶滅恐竜にしない95の法則』日本経済新聞社

ロイター（2017）「特別リポート：米グーグル帝国の「死角」，持株会社は有効か」
URL：https://jp.reuters.com/article/alphabet-tensions-idJPKBN19P02T

第10章

エピグラフ　ベジャール，モーリス著，前田允訳（1999）『モーリス・ベジャール回想録』劇書房

BEAMS（n.d.）「企業理念」
URL：https://www.beams.co.jp/company/about/philosophy

FASHIONSNAP（2010）「連載ふくびと BEAMS 社長 設楽洋」2010年8月19日
URL：https://www.fashionsnap.com/article/fukubito-beams-yo-shitara/

FASHIONSNAP（2021）「YouTuber のファッションブランドはどこまで増える？アパレル不況に初日売上6000万円超えも」
URL：https://www.fashionsnap.com/article/2021-08-17/youtuber-brands/

HIKKY（2021）「NTT ドコモがバーチャルマーケット2021の渋谷と秋葉原をドコモ一色にジャック!!」
URL：https://prtimes.jp/main/html/rd/p/000000155.000034617.html

modelpress（2021）「ヒカル，現在の年商は約50億円 1 番の収入源・稼ぎ続ける理由は？」
URL：https://mdpr.jp/news/detail/2648338

アーカー，デービッド A. 著，陶山計介・中田善啓・尾崎久仁博・小林哲訳（1994）『ブランド・エクイティ戦略』ダイヤモンド社

アーカー，デービッド A. 著，陶山計介・小林哲・梅本春夫・石垣智徳訳（1997）『ブランド優位の戦略―顧客を創造する BI の開発と実践』ダイヤモンド社

海老原修一・進藤美希（2013）「ブランド構築に寄与するサウンドロゴの制作の方法論及びプロモーションに関する研究」『第17回日本情報ディレクトリ学会全国大会予稿集』日本情報ディレクトリ学会，2013年 9 月14日，pp.47-52

岡本晶（2021a）「YouTuber によるアパレルブランドの経営に関する研究」東京工科大学メディア学部2021年度卒業論文

岡本健太郎（2021b）「サウンドロゴとその権利」『宣伝会議』2021年12月号
URL：https://mag.sendenkaigi.com/senden/202112/copyright-all-whateverQandA/022825.php

尾原和啓（2021）「ビームス，コロナ禍の EC 化率は43%　秘訣は人にあり　設楽社長」『日経 XTREND』2021年 6 月 1 日，p.38
URL：https://xtrend.nikkei.com/atcl/contents/18/00400/00003/

恩蔵直人（2013）「ブランド」『imidas』
URL：https://imidas.jp/genre/detail/A-125-0082.html

久保田進彦・阿久津聡・余田拓郎・杉谷陽子（2019）「ブランド研究の現状と課題」『マーケティングジャーナル』39（1），pp. 61-74

ケラー，ケビン・レーン著，恩蔵直人・亀井昭宏訳（2000）『戦略的ブランド・マネジメント』東急エージェンシー

澁谷覚（2020）「デジタル社会におけるブランドのあり方」『マーケティングジャーナル』39（3），pp.3-6

田中洋編（2014）『ブランド戦略全書』有斐閣，p.2, p.6, p.7, p.14, p.15, p.38, p.40

ダワル，ニラジ（2019）「アレクサ時代のマーケティング」『テクノロジー経営の教科書』ダイヤモンド社，pp.53-74

日経トレンディ（2022）「メタバースコマース―ビームスが仕掛ける新時代ECはデジタル接客がキモ」『日経トレンディ』1月号

日本経済新聞（2022）「足跡で見えるの？ 本当の私」2022年2月28日
　　URL：https://www.nikkei.com/article/DGKKZO80470530V20C22A2TL5000/ ?unlock=1

松下拓海・進藤美希（2020）「企業特有のノイズを活用したオーディオアドの研究」マーケティングカンファレンス2020，日本マーケティング学会，2020年10月18日

第11章
エピグラフ　トルストイ，レフ N. 著，望月哲男訳（2021）『戦争と平和』光文社

Content Marketing Institute（n.d.）"What Is Content Marketing?"
　　URL：https://contentmarketinginstitute.com/what-is-content-marketing/

e-Words（n.d.）「ネットワーク」
　　URL：https://e-words.jp/w/%E3%83%8D%E3%83%83%E3%83%88%E3%83%AF%E3%83%BC%E3%82%AF.html

HIKKY（2021a）「NTT ドコモがバーチャルマーケット2021の渋谷と秋葉原をドコモ一色にジャック！！」
　　URL：https://prtimes.jp/main/html/rd/p/000000155.000034617.html

HIKKY（2021b）「世界最大の VR イベントバーチャルマーケットを運営する HIKKY，メタバースマーケティングソリューションの提供を開始」
　　URL：https://prtimes.jp/main/html/rd/p/000000131.000034617.html

HIKKY（n.d.）「会社情報」「サービス」
　　URL：https://www.hikky.co.jp/

KDDI（2020）「渋谷区公認，配信プラットフォーム「バーチャル渋谷」を 5 月19日からオープン」
　　URL：https://news.kddi.com/kddi/corporate/newsrelease/2020/05/15/4437.html

KDDI（2021）「バーチャル渋谷 au 5G ハロウィーンフェス 2021〜 FUN FOR GOOD 〜を開催」
　　URL：https://news.kddi.com/kddi/corporate/newsrelease/2021/09/13/5393.html

Lockheed Martin（2016）"Field Trip to Mars"
　　URL：https://www.youtube.com/watch?v=FIS_JkNnCeI

Lucy（2021）「コンテンツマーケティングとは？」2021年8月18日
URL：https://bazubu.com/contentmarketing-14765.html

NTT 東日本（n.d.）「IR 網移行の概要」
URL：https://web116.jp/2024ikou/outline.html

浅田恵・細井浩一（2009）「コミュニケーション支援環境としての仮想世界—メタバースを利用した居住者コミュニティ形成の可能性と課題」『アート・リサーチ』9, pp.37-47

映像産業振興機構（2018）「VR 等のコンテンツ制作技術活用ガイドライン2018」
URL：https://www.vipo.or.jp/u/I-2_How-to-make-VR-content.pdf

エドウイン（2020）「ハキカタ改革始めました。島耕作を迎え, 使えるビジネスデニムエドウイン・デニスラを発売。」
URL：https://edwin.co.jp/shop/t/t1237/

岡田有花（2022）「"早すぎたメタバース"Second Life とは何だったのか　再ブームはあり得るか？」『ITmedia ニュース』2022 年1月18日
URL：https://www.itmedia.co.jp/news/articles/2201/18/news091.html

神崎洋治・西井美鷹（2006）『体系的に学ぶ携帯電話のしくみ』日経 BP, p.32

キャラクターマーケティングプロジェクト（2002）『図解でわかるキャラクターマーケティング』日本能率協会マネジメントセンター

講談社（2013）「島耕作による日本に本物のジェントルマンを育てるプロジェクト CLUB GENT supported by TOYOTA CAMRY 発動！」『現代ビジネス』2013年10月25日
URL：https://gendai.ismedia.jp/articles/-/37260

講談社（2021）「講談社ブランドストーリー」
URL：https://brandstory.kodansha.co.jp/purpose/

講談社ライツ・メディアビジネス局（2021a）「【島耕作×SDGs】島耕作起用が, なぜ企業の SDGs 活動支援につながるのか。」『C-station』
URL：https://c.kodansha.net/news/detail/38330/

講談社ライツ・メディアビジネス局（2021b）「【長野県×島耕作 事例レポート】マンガを使って認知拡大, パブリシティ効果を実現！」『C-station』
URL：https://c.kodansha.net/news/detail/38184/

コトラー, フィリップ／スティリアーノ, ジュゼッペ著, 恩蔵直人監修, 高沢亜砂代訳（2020）『コトラーのリテール4.0　デジタルトランスフォーメーション時代の10の法則』朝日新聞出版, pp.17-34, p.54

斎藤清二（2001）「第2回ナラティブ・ベイスト・メディスン・カンファレンス」医学書院
URL：http://www.igaku-shoin.co.jp/nwsppr/n2001dir/n2460dir/n2460_03.htm

サンリオ（n.d.）「ハローキティ」
URL：https://www.sanrio.co.jp/character/hellokitty/#char_profile

小学館（n.d.a.）「インターフェイス」『デジタル大辞泉』小学館
URL：https://dictionary.goo.ne.jp/word/%E3%82%A4%E3%83%B3%E3%82%BF%E3%83%BC%E3%83%95%E3%82%A7%E3%83%BC%E3%82%B9/

小学館（n.d.b.）「物語」『デジタル大辞泉』小学館

URL：https://dictionary.goo.ne.jp/word/%E7%89%A9%E8%AA%9E/

進藤美希（2007）「携帯電話」青山学院大学大学院国際マネジメント研究科編，伊藤文雄・堀内正博編集代表『MBA 国際マネジメント事典』中央経済社

進藤美希（2013）『コミュニティメディア』コロナ社

進藤美希（2021）「伝統メディアにおける広告ビジネスのデジタル・トランスフォーメーションに関する研究：デジタル広告効果研究会報告」『日経広告研究所報』vol.317, pp.18-27

進藤美希・前田果穂・鈴木重徳（2015）「ソーシャルメディアキャラクターの活用による高関与・低頻度・高価格製品およびサービスへの理解促進手法に関する研究―Twitter 上の事例を中心に（研究ノート）」『Direct Marketing Review』14, 日本ダイレクトマーケティング学会，pp.85-105

スティーヴンスン, ニール著，日暮雅通訳（2022）『スノウ・クラッシュ 新版』早川書房

総務省（n.d.）「電気通信サービスの概要」
　　URL：https://www.soumu.go.jp/soutsu/kanto/com/jigyo/index.html

総務省（2007）『平成19年度版情報通信白書』

総務省（2017）「総務省 ICT スキル総合習得プログラム講座資料　位置情報の活用と xR」
　　URL：https://www.soumu.go.jp/ict_skill/

総務省（2018）『平成30年版情報通信白書』
　　URL：https://www.soumu.go.jp/johotsusintokei/whitepaper/ja/h30/html/nd133420.html

高槻芳（2022）「仮想空間が生活圏に―メタバース」『日経コンピュータ』2022年1月6日号，p.26

辻大介・是永論・関谷直也（2014）『コミュニケーション論をつかむ』有斐閣

電気通信事業者協会（2021）「事業者別契約数　2021年6月」
　　URL：https://www.tca.or.jp/database/index.html

東方敬信（1995）『物語の神学とキリスト教倫理』教文館，p.169, p.194

東方敬信（2009）『生きるための教育』教文館，p.164, p.168

内閣府（n.d.）「ムーンショット目標1　2050年までに，人が身体，脳，空間，時間の制約から解放された社会を実現」
　　URL：https://www8.cao.go.jp/cstp/moonshot/sub1.html

日経クロストレンド（2021）「メタバース時代の覇権を握る「本命」とは　強さを3つのCで解明」『日経クロストレンド』2021年11月26日
　　URL：https://xtrend.nikkei.com/atcl/contents/18/00543/00004/

日経クロストレンド（2022）「メタバースで変わるビジネス」『日経クロストレンド』, p.16

日本 ITU 協会（2018）「電気と電気通信の関係」2018年3月23日
　　URL：https://www.ituaj.jp/?page_id=14854

日本経済新聞（2017）「ポスト平成の未来学　第1部　若者たちの新地平　脳が世界を動かす」『日本経済新聞』2017年11月30日朝刊

日本経済新聞（2022）「複眼　メタバースの扉は開いた」『日本経済新聞』2022年3月7日朝刊7面

日本バーチャルリアリティ学会（2012）「VR とは」
　　URL：https://vrsj.org/about/virtualreality/
任天堂（n.d.）「主要タイトル販売実績　2021年12月末現在」
　　URL：https://www.nintendo.co.jp/ir/finance/software/index.html
野村総合研究所（2013）『IT ロードマップ』東洋経済新報社
パイン，B. J. 二世／ギルモア，J. H. 著，電通「経験経済」研究会訳（2000）『経験経済』流通大学出版
長谷川良平（n.d.）「脳の情報を読み取り，重度運動障害者のコミュニケーションを支援」
　　URL：https://www.terumozaidan.or.jp/labo/technology/06/index.html
広井良典（2009）『コミュニティを問いなおす―つながり，都市，日本社会の未来』ちくま新書
ベイレンソン，ジェレミー著，倉田幸信訳（2018）『VR は脳をどう変えるか？』文藝春秋
ポーター，マイケル E.／ヘルプマン，ジェームス E.／有賀裕子訳（2019）「AR 戦略：拡張現実の並外れた可能性」『テクノロジー経営の教科書』ダイヤモンド社，pp.75-106
松岡由希子（2020）「イーロン・マスクが進める脳とコンピュータをつなぐ技術，ここまで来た」『ニューズウイーク』2020年 9 月 2 日
　　URL：https://www.newsweekjapan.jp/stories/world/2020/09/post-94328.php
山川悟（2007）『事例でわかる物語マーケティング』日本能率協会マネジメントセンター
レヴィ，ジェレミー著，安藤幸央監訳，長尾高弘訳（2016）『UX 戦略』オライリー・ジャパン
渡邊恵太（2015）『融けるデザイン』BNN, p.8, p.25, p.33, p.43, p.45, p.50, p.69, p.126, p.137, p.163
渡辺潤監修（2021）『新版コミュニケーション・スタディーズ』世界思想社
　　URL：https://sekaishisosha.jp/book/b552647.html

第12章
エピグラフ　トールキン，J. R. R. 著，瀬田貞二・田中明子訳（1992）『指輪物語』評論社

FSF（1985）「GNU 宣言」
　　URL：http://www.gnu.org/japan/manifesto-1993j-plain.html
Tosca, S.・石川淳一・中村彰憲（2019）「鼎談：トランスメディア・ストーリーテリングとは何か」『立命館映像学』12, pp.45-57
井田昌之・進藤美希（2006）『オープンソースがなぜビジネスになるのか』毎日コミュニケーションズ
鴨川啓信（2015）「物語アーカイヴスの拡大―〈シャーロック・ホームズ〉物語を事例とした考察―」『英語と英米文学』50, pp.19-32
北原尚彦（2015）「シャーロック・ホームズの冒険」『海外ミステリハンドブック』早川書房, pp.24-25
北原尚彦（2020）『初歩からのシャーロック・ホームズ』中央公論新社

河野良一（2021）『 e スポーツのブランドイメージ向上に関する研究』東京工科大学メディア学部2020年度卒業論文

ジェンキンズ，ヘンリー著，渡部宏樹・北村紗衣・阿部康人訳（2021）『コンヴァージェンス・カルチャー──ファンとメディアがつくる参加型文化』晶文社，p.24, p.51, p.172, p.201, p.282

情報管理（2014）「シャーロック・ホームズはパブリックドメイン」『情報管理』56（11），pp.808-811

進藤美希（2007）「フリーソフトウェア」「オープンソースソフトウェア」青山学院大学大学院国際マネジメント研究科編，伊藤文雄・堀内正博編集代表（2007）『MBA 国際マネジメント辞典』中央経済社

進藤美希（2009）『インターネットマーケティング』白桃書房，pp.189-215, p.235, p.249

進藤美希（2013）『コミュニティメディア』コロナ社

進藤美希（2021）「コンテンツのデジタルエコシステムへの広告主企業の参加事例の研究」『日本広告学会第52回全国大会報告要旨集』2021年11月21日，pp.33-36

杉光一成（2019）「IP ランドスケープ総論～定義に関する一考察～」『情報の科学と技術』69（7），pp.282-291

宝塚歌劇団（2021）「公演解説」
    URL：https://kageki.hankyu.co.jp/revue/2021/sherlockholmes/info.html#intro

東洋経済（2020）「YouTube の極意　マーケティングの最強兵器」『週刊東洋経済』2020年11月14日号
    URL：https://premium.toyokeizai.net/articles/-/25139

徳力基彦（2016）「ソーシャルメディア活用の基本と事例」2016年 2 月10日
    URL：http://blog.tokuriki.com/2015/02/post_823.html

トフラー，アルビン著，徳岡孝夫訳（1982）『第三の波』中央公論新社

中尾真理（2016）『ホームズと推理小説の時代』筑摩書房，p.42

日本 e スポーツ連合（n.d.）「 e スポーツとは」
    URL：https://jesu.or.jp/contents/about_esports/

日本シャーロック・ホームズ・クラブ（n.d,）「日本シャーロック・ホームズ・クラブ（JSHC）とは」
    URL：http://www.holmesjapan.jp/

日本シャーロック・ホームズ・クラブ月例会（2021）「シャーロッキアンが語る宙組ホームズ」アーカイブ
    URL：https://www.youtube.com/watch?v=kBFAH8AhJTg

野村総合研究所（2020）『IT ナビゲーター2021年版』東洋経済新報社，p.173

広井良典（2009）『コミュニティを問いおなす──つながり，都市，日本社会の未来』ちくま新書

藤崎実（2016）「アンバサダー顧客はなぜ無償で推奨行為を行うのか：アンバサダー・プログラムにおける推奨動機の定性調査より」『立教ビジネスデザイン研究』13, pp.57-69

ボーストレム，マティアス著，平山雄一監訳，ないとうふみこ・中村久里子訳（2020）

『〈ホームズ〉から〈シャーロック〉へ——偶像を作り出した人々の物語』作品社，p.306

第13章
エピグラフ　クラーク，アーサー C. 著，伊藤典夫訳（2001）『3001年終局への旅』早川書房

Akamai（2016）「ネットワーク事業者ソリューション」
　　URL：https://www.akamai.com/jp/ja/solutions/products/network-operator/
Amazon（n.d.）「Prime video」
　　URL: https://www.amazon.co.jp/b?node=2351649051
Amazon（2016）「Amazon CloudFront - コンテンツ配信ネットワーク」，Amazon Web Services
　　URL：https://aws.amazon.com/jp/cloudfront/
Arango, T.（2009）"G.E. makes it official: NBC will go to comcast", *The New York Times*, 2009/12/03
　　URL：http://www.nytimes.com/2009/12/04/ business/media/04nbc.html?_r=0
Cambridge Dictionary（n.d.）"fake news"
　　URL：https://dictionary.cambridge.org/dictionary/english/fake-news
CGWORLD（2016）「キーマンに率直に聞いてみた！　オリジナル作品に力を注ぐ Netflix の日本戦略とは？」
　　URL：http://cgworld.jp/interview/201607-netflix-gp.html
CNET Japan（2014）「有料ネットチャンネル「フジテレビ NEXTsmart」を 4 月 1 日開始——見逃し配信も」
　　URL：http://japan.cnet.com/entertainment/35043967/
CNET Japan（2017）「USEN と U-NEXT が経営統合」
　　URL：https://japan.cnet.com/article/35096735/
Comcast（2013）"NBCUniversal Transaction Overview"
　　URL：http://corporate.comcast.com/ news-information/nbcuniversal-transaction
Disney（n.d.）「Disney+」
　　URL：https://disneyplus.disney.co.jp/about.html
Forbes JAPAN（2017a）「世界 1 億人突破の Netflix, 創業者の資産額は2400億円以上に」
　　URL：https://news.biglobe.ne.jp/economy/0720/fbj_170720_0272417529.html
Forbes JAPAN（2017b）「ネットフリックス，ディズニーの「看板プロデューサー」を引き抜き」
　　URL：https://headlines.yahoo.co.jp/article?a=20170815-00017339-forbes-bus_all&p=1
Forbes JAPAN（2022）「Netflix とディズニーが「2 億人」でほぼ拮抗，激動のストリーミング業界」
　　URL：https://news.yahoo.co.jp/articles/b38e35456079c0a5f6dca14b1ed4065c85407be9
GEM Partners（2019）「テレビのデジタルメディアの市場規模」

　　URL：https://www.nikkei.com/article/DGXMZO41503990Q9A220C1000000/

Google（2015）"Bringing you more flexibility and better Cloud Networking performance,
　　GA of HTTPS Load Balancing and Akamai joins CDN Interconnect", Google Cloud
　　Platform Blog, 2015/11/19
　　URL：https://cloudplatform.googleblog.com/2015/11/bringing-you-more-flexibility-
　　and-better-Cloud- Networking-performance-GA-of-HTTPS-Load-Balancing-and-
　　Akamai-joins-CDN-Interconnect.htm

Impress（2007）「ローリングストーンズがインターネットで米テキサス州ダラスのライ
　　ブを生中継」『日本のインターネット歴史年表1994年（平成 6 年)』
　　URL：http://i.impressrd.jp/e/2007/08/24/112

Kizuna AI（2019）「BIOGRAPHY」
　　URL：https://kizunaai.com/biography/

NHK（n.d.）「放送のインターネット同時配信について知りたい」
　　URL：https://www.nhk.or.jp/faq-corner/5internet_service/01/05-01-03.html

NTT 東日本（2000）「マルチメディアに向けた取り組み」
　　URL：http://www.ntt-east.co.jp/databook/2000/pdf/maruchimedhia_176.pdf

NTT ドコモ（2015）「報道発表資料 d ビデオ powered by BeeTV のブランドを dTV に変
　　更」
　　URL：https://www. nttdocomo.co.jp/info/news_release/2015/04/02_00.html

NYT（1999）"Making a Media Giant: The Overview; Viacom To Buy Cbs, Forming 2d
　　Largest Media Company", *The New York Times*, 1999/09/08
　　URL：http://www.nytimes.com/1999/09/08/business/ making-media-giant-overview-
　　viacom-buy-cbs-forming-2d-largest-media-company.html?pagewanted=all

radiko（2018）「決算公告」
　　URL：https://kessan.laboneko.jp/settlements/30054

Softbank（2012）「ウェブコンテンツやアプリケーションへの高速接続を実現するクラウ
　　ド型 CDN サービスを提供開始」ソフトバンク，2012/07/09
　　URL：http://www.softbank.jp/corp/group/sbtm/news/press/2012/20120709_01/

SPICE（2020）「サザンオールスターズ，横浜アリーナから "感謝" と "笑顔" を日本中
　　に届けた無観客配信ライブ公式レポート」2020年 6 月26日
　　URL：https://spice.eplus.jp/articles/271565

Strauss, N.（1994）"Rolling Stones Live on Internet: Both a Big Deal and a Little
　　Deal", *The New York Times*, 1994/11/24
　　URL：http://www.nytimes.com/1994/11/22/arts/ rolling-stones-live-on-internet-
　　both-a-big-deal-and-a-little-deal.html

TVer（n.d.）「TVer では何ができますか？」
　　URL：https://help.tver.jp/hc/ja

TWC（2016）「Full Service Network」Time Warner Cable
　　URL：http://m.history.timewarnercable.com/ the-twc-story/era-1990-1995/Story.
　　aspx?story=56

U-NEXT（n.d.）「U-NEXT ホームページ」
　　URL：https://video.unext.jp/
USEN（2010）「会社分割（簡易吸収分割）による当社子会社への U-NEXT 事業及び個人
　　向け光回線等販売事業の承継並びに当該子会社株式の譲渡に関するお知らせ」
　　URL：http://www.usen.com/cms_data/ newsrelease/pdf/2010/20101115_863.pdf
猪俣征一（2016）『増補 実践的新聞ジャーナリズム入門』信濃毎日新聞社
小黒純他（2010）『超入門ジャーナリズム　101の扉』晃洋書房
柿本正憲・大淵康成・進藤美希・三上浩司（2020）『改訂メディア学入門』コロナ社
河井保博（2001）「国内で活気付くコンテンツ・デリバリ市場」『ITpro』2001年 5 月15日
　　URL：http://itpro.nikkeibp.co.jp/members/NIT/ITARTICLE/20010508/3/
小池良次（2010）「放送通信融合サービスの実現に挑む インターネットと戦う米国ケーブ
　　ルテレビ（CATV）の挑戦」
　　URL：https://www.blwisdom.com/technology/series/trend/item/1863-56/1863-56.
　　html?start=1
サイバーエージェント（n.d.）「新しい未来のテレビ ABEMA（アベマ）」
　　URL：https://www.cyberagent.co.jp/service_product/id=20073
境治（2016a）『拡張するテレビ』宣伝会議
境治（2016b）「テレビ局各局，ネットでも放送と同じ内容を送信〜同時再送信（サイマ
　　ル）の公共性〜」
　　URL：http:// bylines. news.yahoo.co.jp/sakaiosamu/20160416-00056673/
サザンオールスターズオフィシャルサイト（2020）「サザンオールスターズ 特別ライブ
　　2020 Keep Smilin' 〜 皆さん，ありがとうございます !! 〜」
　　URL：https://2020live625.southernallstars.jp/
燦鳥ノム（2019）
　　URL：https://www.suntory.co.jp/enjoy/socialmedia/nomu/
柴田厚（2016）「既存の放送メディアを揺さぶるアメリカの OTT サービス」『放送研究と
　　調査』2016年 3 月
　　URL：https://www.nhk.or.jp/bunken/research/oversea/pdf/20160301_7.pdf
島田純（2022）「NHK プラスで24時間同時配信へ，ネット接続 TV 向けにも公式アプリ
　　提供」『ケータイ Watch』2022年1月14日
　　URL：https://k-tai.watch.impress.co.jp/docs/news/1380611.html
ジャービス，ジェフ著，夏目大訳・茂木崇監修解説（2016）『デジタル・ジャーナリズム
　　は稼げるか』東洋経済新報社
庄司亮一（2019）「NHK が民放無料見逃し配信 TVer 参加へ。週 5 〜10番組程度」『マイ
　　ナビニュース』2019年8月23日
　　URL：https://news.mynavi.jp/article/20190823-882138/
出版科学研究所（2018）「日本の出版統計」
　　URL：https://www.ajpea.or.jp/statistics/
進藤美希（2013）『コミュニティメディア』コロナ社
進藤美希（2019）「日本における 4 マスの広告ビジネスのデジタルトランスフォーメー

　　ションに関する一考察」『日本マーケティング学会 カンファレンス・プロシーディン
　　グス』8, pp.120-121

進藤美希（2020）「ライブ・エンタテインメントのリアルタイム配信ビジネスに関する一
　　考察―コロナ禍のもとでの演劇ビジネスを中心に―」『日本マーケティング学会 カン
　　ファレンス・プロシーディングス』9, pp.232-238

進藤美希（2021）「複数の有料ライブ配信プラットフォームによる協調的ビジネスモデル
　　に関する研究」『日本情報ディレクトリ学会学会誌』19, pp.10-15

進藤美希・鈴木重徳（2017）「インターネット上の映像配信サービスのビジネス発展上の
　　課題〜 SVOD を中心に〜」『日本マーケティング学会 カンファレンス・プロシーディ
　　ングス』6, pp.289-299

新聞協会（n.d.）「ニュースとはなにか」NIE（Newspaper in Education）
　　URL：http://nie.jp/newspaper/news/

デジタル・クリエイターズ連絡協議会（2003）「マルチメディア・インターネット事典」
　　URL：http://www.jiten.com/

電通（2019）「2018年　日本の広告費」
　　URL：https://www.dentsu.co.jp/news/release/pdf-cms/2019023-0228.pdf

東洋経済（2016）「Netflix トップが語る上陸 2 年目の課題」
　　URL：http://toyokeizai.net/articles/-/125399

東洋経済（2020）「YouTube の極意　マーケティングの最強兵器」『週刊東洋経済』2020
　　年11月14日号
　　URL：https://premium.toyokeizai.net/articles/-/25139

内閣府（2017）「主要耐久消費財等の長期時系列表」
　　URL：http://www.esri.cao.go.jp/jp/stat/shouhi/shouhi.html#taikyuu

西田宗千佳（2017）「Hulu になにが起きたか　トラブルで露呈した未成熟さ」
　　URL：https://style.nikkei.com/article/DGXMZO19000610Z10C17A7000000? channel=
　　DF160520172511

日経パソコン（2016）「放送のネット同時再送信，前向きな NHK と慎重な民放」
　　URL：http://pc.nikkeibp.co.jp/atcl/trend/15/1000281/033100019/

日本経済新聞（2019）「日経電子版，有料会員60万人に　登録会員は400万人超え」
　　URL：https://www.nikkei.com/article/DGXMZO31470480X00C18A6905M00/

日本経済新聞（2023）「ドコモ，動画配信 dTV 刷新月990円の Lemino に」
　　URL：https://www.nikkei.com/article/DGXZQOUC062JT0W3A300C2000000/

日本新聞協会（2018）「新聞社の総売上高の推移」
　　URL：https://www.pressnet.or.jp/data/finance/finance01.php

日本テレビホールディングス（2017）「2016年度 決算説明会資料」
　　URL：http://www.ntvhd.co.jp/ir/library/presentation/booklet/pdf/2016_4q.pdf

ニールセン（2016）「米市場において同レベルに達した SVOD と DVR 普及率」
　　URL：http://www.netratings.co.jp/nielsen_watch_weekly/popup/2016/07/nielsen-
　　watch-weekly20160705.html

博報堂ＤＹメディアパートナーズ メディア環境研究所（2019）「メディア定点調査2019」

URL：http://mekanken.com/news/1045/

ハンター，マーク・リー著，高嶺朝一・高嶺朝太訳（2016）『調査報道実践マニュアル』旬報社

ぴあ総研（2020）「2020年のライブ・エンタテインメント市場は，対前年約8割減に。ぴあ総研が試算値を下方修正」2020年10月27日
URL：http://corporate.pia.jp/news/detail-live-enta_20201027.html

星野佑太・進藤美希（2020）「日本のバーチャル YouTube の中国進出に向けた bilibili 動画の活用についての研究」『日本情報ディレクトリ学会誌』18, pp.82-87

水谷瑛嗣郎（2019）「思想の自由市場の中のフェイクニュース」『慶應義塾大学メディア・コミュニケーション研究所紀要』69, pp.55-68

水野泰志（2022）「受信料に守られた NHK しか助からない　民放キー局が一斉に飛び込んだ"ネット同時配信"という沼」『PRESIDENT Online』2022年4月7日
URL：https://president.jp/articles/-/56362?page=1

民放連（2019）「2019年度のテレビ，ラジオ営業収入見通し」
URL：https://www.j-ba.or.jp/category/topics/jba102747

村中智津子（2010）「日本製テレビドラマの米国市場における展開の可能性」
URL：http://www.jamco.or.jp/ jp/symposium/19/7/

ユニバーサルミュージック（2019）「サントリー公式バーチャル YouTuber 燦鳥ノム，企業系 VTuber 初となる歌手デビュー！」
URL：https://www.universal-music.co.jp/jp/suntory-nomu/news/2019-05-28/

読売新聞（2022）「スポーツ中継　進むネット配信」『読売新聞』2022年12月19日夕刊8面

第14章

エピグラフ　トールキン，J. R. R. 著，瀬田貞二・田中明子訳（1992）『指輪物語』評論社

Ahn, S. J. G., Bostick, J., Ogle, E., Nowak, K. L., McGillicuddy, K. T., and Bailenson, J. N.（2016）"Experiencing nature: Embodying animals in immersive virtual environments increases inclusion of nature in self and involvement with nature", *Journal of Computer-Mediated Communication*, 21（6）, pp.399-419

井上一郎（2014）「ソーシャルグッド」ウェブ広告朝日
URL：https://adv.asahi.com/keyword/11053389.html

外務省（n.d.）「JAPAN SDGs Action Platform」
URL：https://www.mofa.go.jp/mofaj/gaiko/oda/sdgs/index.html

花王（n.d.）「ユニバーサルデザインの取り組み」
URL：https://www.kao.com/jp/corporate/sustainability/universal-design/

柿本正憲・大淵康成・進藤美希・三上浩司（2020）『改訂メディア学入門』コロナ社

広告朝日（2016）「マーケティングキーワード「VR for Good」」

国際連合（n.d.）「2030アジェンダ」「我々の世界を変革する：持続可能な開発のための2030アジェンダ」
URL：https://www.unic.or.jp/activities/economic_social_development/sustainable_

development/2030agenda/

URL：https://adv.asahi.com/keyword/11061546.html

コトラー, フィリップ／カルタジャヤ, ヘルマワン／セティアワン, イワン著, 恩藏直人
　　監訳, 藤井清美訳（2010）『コトラーのマーケティング 3.0—ソーシャル・メディア時
　　代の新法則』朝日新聞出版

高橋良輔・進藤美希（2018）「VR を活用したソーシャルグッドビジネスに関する研究」
　　『日本情報ディレクトリ学会誌』16 2018, pp.66-71.

パナソニック（n.d.）「SDGs 達成に向けたパナソニックの取り組み」
　　URL：http://panasonic.net/sustainability/jp/lantern/commitments.html

ユヌス, ムハマド著, 岡田昌治監修, 千葉敏生訳（2010）『ソーシャル・ビジネス革命—
　　世界の課題を解決する新たな経済システム』早川書房

むすび

エピグラフ　Mr. Spock, by Roddenberry, G.（1967）*Star Trek*

図表一覧

主要人名注釈

アーチー・ウイルキンソン・ショー　Arch Wilkinson Shaw
　1867年－1962年。アメリカの起業家，経営理論家。「マーケティングの父」とも言われる。

アルビン・トフラー　Alvin Toffler
　1928年－2016年。アメリカの研究者，未来学者。著書に『第3の波』『富の未来』など。

エリック・ストルターマン　Erik Stolterman
　スウェーデン・ウメオ大学教授，インディアナ大学教授等を歴任。デジタルトランスフォーメーションの最初の定義を2004年に提唱した。

クレイトン・クリステンセン　Clayton M. Christensen
　1952年－2020年。アメリカの経営学者。ハーバード・ビジネス・スクール教授などを歴任。代表作に『イノベーションのジレンマ』など。

ジェームズ・T・カーク　James Tiberius Kirk
　2233年－2293年。架空の人物。ジーン・ロッデンベリーの作品，『スタートレック』のテレビ第一シリーズの主要登場人物。惑星連邦艦隊所属の宇宙船 U.S.S. エンタープライズ号 (NCC-1701) の艦長。

ジョセフ・シュンペーター　Joseph Alois Schumpeter
　1883年－1950年。オーストリア出身の経済学者。イノベーション理論で知られる。著書に『経済発展の理論』など。

ジーン・ロッデンベリー　Gene Roddenberry
　1921年－1991年。アメリカのテレビ・映画のプロデューサー，脚本家。SFドラマ『スタートレック』（StarTrek）シリーズの創作者。

セオドア・レビット　Theodore Levitt
　1925年－2006年。ドイツ生まれ，アメリカの経営学者。元ハーバードビジネススクール

名誉教授。マーケティングの第一人者の一人。論文に『マーケティング近視眼』など。

デヴィッド・ボウイ　David Bowie
　1947年－2016年。イギリス出身のロックミュージシャン，作詞・作曲家，アーティスト，俳優。20世紀の音楽界に最も大きな影響を与えたアーティストの一人。代表作に「ジギー・スターダスト」など。

ピーター・ウェイル　Peter Weill
　マサチューセッツ工科大学スローン・スクール・オブ・マネジメント情報システム研究センター（CISR）議長，シニア・リサーチ・サイエンティスト。著書に『デジタル・ビジネスモデル　次世代企業になるための6つの問い』など。

フィリップ・コトラー　Philip Kotler
　1931年－。アメリカの経営学者。ノースウェスタン大学ケロッグ経営大学院SCジョンソン特別教授。「マーケティングの神様」，「近代マーケティングの父」などと呼ばれる。著書に『マーケティング・マネジメント』など。

ヘンリー・チェスブロウ　Henry W. Chesbrough
　1956年－。アメリカの経営学者。カリフォルニア大学バークレー校ハースビジネススクール・コーポレートイノベーションセンターのディレクター兼准教授。著書に『オープンイノベーション』など。

マイケル・ウェイド　Michael Wade
　スイス，IMDビジネススクール教授。デジタルトランスフォーメーションのビジネス戦略の世界的権威。著書に『DX実行戦略〜デジタルで稼ぐ組織をつくる』『対デジタル・ディスラプター戦略〜既存企業の戦い方』など。

モーリス・ベジャール　Maurice Béjart
　1927年－2007年。フランス出身のバレエ振付家。20世紀バレエ団，ベジャール・バレエ・ローザンヌを主宰。20世紀最大の巨匠と言われる。代表作に「ボレロ」「バレエ・フォー・ライフ」など多数。

リード・ヘイスティングス　Reed Hastings
　1960年－。アメリカの経営者。Netflix創業者。スタンフォード大学大学院コンピューターサイエンス修士課程修了。

ブックガイド

(注)本書執筆のために活用した書籍については，引用文献・参考文献一覧にまとめている。
ここでは，デジタルマーケティングについてさらに知りたい方のために，おすすめの
本を何冊か紹介する。

＜デジタルマーケティングの基本について＞
ハーバード・ビジネス・レビュー編集部（2019）『テクノロジー経営の教科書』ダイヤモンド社
「ハーバード・ビジネス・レビュー」に掲載された名論文をまとめた本。デジタル
マーケティングと書名にはうたっていないが，デジタルマーケティングを理解する上
での基本書となりうる内容になっている。

フィリップ・コトラー，ヘルマワン・カルタジャヤ，イワン・セティアワン，恩藏直人監
訳，藤井清美訳（2017）『コトラーのマーケティング4.0―スマートフォン時代の究極法
則』朝日新聞出版社
マーケティングの神様，コトラーが，デジタルマーケティングについて論じた本。基
本的な概念が，この本にまとめられている。

フィリップ・コトラー，ヘルマワン・カルタジャヤ，イワン・セティアワン，恩藏直人監
訳，藤井清美訳（2022）『コトラーのマーケティング5.0―デジタル・テクノロジー時代
の革新戦略』朝日新聞出版社
コトラーによって継続的に書かれているシリーズの2022年時点における最新作。マー
ケターの能力を模倣する　技術の組み合わせが，マーケティング5.0の実現を可能にす
るとしている。

セオドア・レビット，有賀裕子訳（2007）『T. レビット　マーケティング論』ダイヤモン
ド社
マーケティングの泰斗，レビットの主要なコンセプトについてまとめて読むことがで
きる。デジタルについて語っているわけではないが，デジタルマーケティングを理解
する上での基本的な要素が深く理解できる。

<産業のデジタル化，プラットフォーム戦略について>
根来龍之（2019）『集中講義デジタル戦略―テクノロジーバトルのフレームワーク』日経 BP
　　産業のデジタル化，プラットフォーム戦略について，豊富な図表を用いて丁寧に解説している。デジタルが起こした変化について，俯瞰的に，大きくとらえることができる。

<デジタルトランスフォーメーションに向けた組織やビジネスモデルの変革について>
ジェラルド・C・ケイン，アン・グエン・フィリップス，ジョナサン・R・コパルスキー，ガース・R・アンドラス，三谷慶一郎・船木春重・渡辺郁弥訳（2020）『DX 経営戦略―成熟したデジタル組織をめざして』NTT 出版
　　「MIT スローン・マネジメント・レビュー」とデロイトが実施した調査に基づき，デジタル破壊を乗り越え，発展していく組織とはどのようなものであるかについて具体的に提言している。

マイケル・ウェイド，ジェイムズ・マコーレー，アンディ・ノロニャ，ジョエル・バービア，根来龍之監訳，武藤陽生・デジタルビジネス・イノベーションセンター訳（2019）『DX 実行戦略―デジタルで稼ぐ組織をつくる』日本経済新聞出版
　　スイスのビジネススクール IMD と，シスコが設立した研究拠点による著書で，企業がデジタルトランスフォーメーションを進める上で不可欠な要素を提示している。

デビッド・ロジャース，笠原英一訳（2021）『DX 戦略立案書―CC-DIV フレームワークでつかむデジタル経営変革の考え方』白桃書房
　　デジタル経営変革を戦略的マーケティングの立場から論じている本。企業におけるデジタルトランスフォーメーション立案に必要な要素をひととおり学ぶことができる。

<デジタル技術の活用について>
野村総合研究所（2020）『DX 推進から基幹系システム再生まで　デジタルアーキテクチャー設計・構築ガイド』日経 BP
　　デジタルトランスフォーメーションを推進するために，情報システム戦略を検討したいと考える人向けに，包括的な解説を行っている本。技術者でなくても，十分理解可能な丁寧な解説がなされている。

フォスター・プロヴォスト，トム・フォーセット，竹田正和監訳（2014）『戦略的データサイエンス入門―ビジネスに活かすコンセプトとテクニック』オライリー・ジャパン
　　データサイエンスを使ってビジネスを発展させたいと考える人向けの本。ビジネスに必要なデータサイエンスの基礎について，わかりやすく解説している。

<コミュニティについて>
ヘンリー・ジェンキンズ，渡部宏樹・北村紗衣・阿部康人訳（2021）『コンヴァージェンス・カルチャー――ファンとメディアがつくる参加型文化』晶文社
　　デジタル上のコミュニティで，消費者，ファンがどのように活動し，創作しているかについて，大局的にまとめられている。事例も豊富に掲載されている。

索　引

事　項

人名・社名・製品名

■著者略歴

進藤　美希（しんどう　みき）

マーケティング学者。専門はデジタルマーケティング。

2005年，青山学院大学大学院国際マネジメント研究科博士後期課程修了。

博士（経営管理）。

日本電信電話株式会社において，最初期のビデオオンデマンドサービスの開発や，マーケティング等に携わった。

2008年，東京工科大学に着任し，2022年現在，メディア学部教授として，デジタルマーケティング，コンテンツマーケティング，アドテクノロジー等に関する研究，教育を行っている。

青山学院大学大学院国際マネジメント研究科非常勤講師として，「デジタルマーケティング」の講義を行っている。

日経広告研究所 客員研究員。

NPO法人フリーソフトウェアイニシアティブ理事として，フリー/オープンソースソフトウェアに関する広報，啓発活動を実施している。

日本情報ディレクトリ学会理事。

日本経営システム学会編集委員。

日本マーケティング学会会員

著書に『インターネットマーケティング』（2009，白桃書房），『コミュニティメディア』（2013，コロナ社），『オープンソースがなぜビジネスになるのか』（共著，2006，MYCOM新書），『改訂メディア学入門』（共著，2020，コロナ社）などがある。

ホームページ：https://drshindomikilab.wixsite.com/website

■ **デジタルマーケティング大全**
新時代のビジネスモデルを切り拓く

〈検印省略〉

■ 発行日──2023年 3 月31日　初 版 発 行
　　　　　　2024年 5 月16日　初版 3 刷発行

■ 著　者──進藤美希

■ 発行者──大矢栄一郎

■ 発行所──株式会社　白桃書房
　　　　　　〒 101-0021　東京都千代田区外神田 5-1-15
　　　　　　☎ 03-3836-4781　📠 03-3836-9370　振替 00100-4-20192
　　　　　　https://www.hakutou.co.jp/

■ 印刷／製本──アベル社

Ⓒ SHINDO Miki 2023 Printed in Japan
ISBN 978-4-561-65244-1　C3063